tremont
Pompeji
Troja
Pergamon
Çatalhöyük
Akrotiri
Ephesus
Knossos
Palmyra
Babylon
Tanis
Leptis Magna
Alexandria
Petra
Persepolis
Harappa
Mohenjo-Daro
Meroe
Fujiwara-kyō
Angkor
Groß-Simbabwe

# Lost Cities

## Versunkene Städte der Vergangenheit

# Lost Cities

## VERSUNKENE STÄDTE DER VERGANGENHEIT

JOEL LEVY

THEISS

Bibliografische Information der
Deutschen Nationalbibliothek
Die Deutsche Nationalbibliothek verzeichnet diese Publikation in der Deutschen Nationalbibliografie; detaillierte bibliografische Daten sind im Internet über http://dnb.d-nb.de abrufbar.

Englische Originalausgabe:
Lost Cities of the Ancient World

First published in Poland by Publicat S.A.
Published in the United Kingdom
by New Holland Publishers (UK) Ltd.

Aus dem Englischen übersetzt
von Gabriele Stein

Umschlaggestaltung: Stefan Schmid Design, Stuttgart, unter Verwendung einer Aufnahme von Galen Rowell/ Mountain Light/ IPN (Machu Picchu, Peru und einer Aufnahme aus dem Band (Rückseite: Babylon, Prozessionsstraße, Detail)

Deutschsprachige Ausgabe:

Übersetzung: Dr. Gabriele Stein, Köln
Lektorat: Thomas Theise, Regensburg
Satz: DOPPELPUNKT Auch & Grätzbach GbR, Stuttgart
ISBN 978-3-8062-2207-4

Besuchen Sie uns im Internet: www.theiss.de

# INHALT

KAPITEL EINS

## DER NAHE UND MITTLERE OSTEN 14

KAPITEL ZWEI

## EUROPA 64

KAPITEL DREI

## AFRIKA 90

KAPITEL VIER

## SÜDASIEN UND DER FERNE OSTEN 122

KAPITEL FÜNF

## AMERIKA 146

# EINLEITUNG

Von der Jungsteinzeit bis ins Mittelalter, von den Wüsten Arizonas bis zu den Ebenen Japans – dieses Buch erzählt die Geschichten versunkener Metropolen der unterschiedlichsten Epochen und Regionen. Für viele der »versunkenen Metropolen«, die hier beschrieben werden, könnte diese Bezeichnung jedoch in einem der Bestandteile oder in beiden fragwürdig erscheinen. Was macht eine Metropole im Unterschied zu einer Stadt oder einer bloßen Ansiedlung aus? Und was bedeutet »versunken«? Beide Begriffe werden recht frei interpretiert, was den Vorteil hat, dass sie eine breite, vielfältige und interessante Palette von Themen abdecken.

## Leben in der Metropole

Was macht eine Metropole aus? Im klassischen, konventionellen Sinn war eine Metropole eine große städtische Ansiedlung, die bestimmte Merkmale aufwies. Eine Mindesteinwohnerzahl war zwar nicht unbedingt erforderlich, doch in den meisten Fällen zeichnete sich eine Metropole durch eine klar strukturierte, in Schichten unterteilte Bevölkerung aus, an deren Spitze eine Elite und gegebenenfalls ein Herrscher standen. Die Schicht darunter bestand aus Bürgern, die keine Landwirtschaft betrieben oder zumindest nicht davon lebten, sondern ihr Geld als Handwerker oder Händler verdienten. Darunter wiederum befand sich die breite Masse der Menschen, deren landwirtschaftliche Betätigung die anderen Gruppen ernährte. Diese Stufe der sozialen »Entwicklung« war in der Regel erst möglich, wenn die landwirtschaftliche Technologie so weit fortgeschritten war, dass die Bauern mehr produzieren konnten, als sie für ihren eigenen Lebensunterhalt benötigten. Die Anführungszeichen sind hier angebracht, weil eine solche Entwicklung selten den unteren Ständen zugute kommt: Untersuchungen von Skelettfunden über eine gewisse Zeitspanne hinweg lassen nach dem Übergang zu einer hierarchischen Schichtengesellschaft, verglichen mit der Zeit davor, tendenziell auf eine geringere Lebenserwartung, schlechtere Ernährung, häufigere Erkrankungen und allgemein eine niedrigere Lebensqualität schließen.

Neben dieser sozialen Organisation wies eine Metropole in der Regel weitere charakteristische Merkmale auf. Nicht selten spielte etwa ein gewisses Maß an funktionale Differenzierung eine Rolle, mit anderen Worten: Eine Metropole bestand aus verschiedenen Bezirken, die verschiedene Aufgaben erfüllten. Das Zentrum lag vermutlich dort, wo die herrschende Elite lebte und wo administrative oder militärische Einrichtungen angesiedelt waren, während die anderen Viertel nach Klassen oder unter gewerblichen Gesichtspunkten eingeteilt sein konnten. So war vielleicht ein Künstlerviertel vorhanden. Üblicherweise gab es auch einen religiösen Bezirk oder Stadtteil. Mit einigen dieser Funktionen verband sich zudem eine öffentliche Architektur – Gebäude, die keinem rein privaten Zweck dienten, wie Plätze, Foren, Tempel, Festhallen u. ä. Da viele dieser Merkmale als Kennzeichen der Zivilisation betrachtet wurden, ist die Entwicklung von Metropolen auch hinsichtlich der Definition von »Zivilisation« von Bedeutung.

Die meisten in diesem Buch vorgestellten Ansiedlungen erfüllen diese »Metropolen-Kriterien«, jedoch nicht alle. Der erste beschriebene Ort ist Çatalhöyük, eine jungsteinzeitliche Siedlung in der Türkei, die die Kriterien größtenteils nicht erfüllt, während andere Stätten – etwa Entremont, ein antikes gallisches Oppidum (befestigte Siedlung aus der Eisenzeit) in Südfrankreich; Akrotiri, ein Hafen auf der damals Thíra genannten Insel in der Ägäis oder Machu Picchu, die Bergzitadelle der Inka – einige der Kriterien erfüllen, doch wahrscheinlich zu klein waren und nur als Städte betrachtet werden können. Dennoch sind sie in diesem Buch erfasst – teils aufgrund ihrer faszinie-

*El Caracol oder »Die Schnecke«: ein Gebäude in der Maya-Stadt Chichén Itzá, das als Observatorium diente. Seinen Namen hat es von dem spiralförmigen Treppenaufgang im Inneren.*

renden individuellen Geschichte und teils deshalb, weil sie in stadthistorischer Hinsicht wichtige Meilensteine darstellen. Andere Plätze wie Groß-Simbabwe, Knossos und die Pueblos im Chaco Canyon bringen einige unserer Vorstellungen von einer Metropole ins Wanken. An diesen drei Orten finden sich die ersten Besiedlungsspuren aus einer einzelnen Zentralstruktur, die sich zwar über eine sehr große Fläche erstreckt, ursprünglich jedoch unter Umständen gar nicht besiedelt gewesen ist. Dennoch lässt sich nahezu mit Gewissheit sagen, dass sie das Zentrum ihrer jeweiligen Kulturen und Gesellschaften bildeten und wahrscheinlich von Wohngebieten umgeben waren, die – aus welchen Gründen auch immer – keine Spuren hinterlassen haben. Selbst so große Ansiedlungen wie der gewaltige Tempelkomplex von Angkor, die monolithischen Ruinen des bolivianischen Tiahuanaco und die mächtigen Überreste von Tikal in Guatemala sind zeitweise für weitgehend unbewohnte zeremonielle Bauten und nicht für »echte« Metropolen gehalten worden, obwohl diese Theorie in den drei genannten Fällen heftig umstritten war. Mithin ist es sinnvoll, sich im Umgang mit dem Begriff der Metropole eine gewisse Flexibilität zu bewahren.

## Versunken und wieder aufgetaucht

Man kann auch darüber streiten, was »versunken« bedeutet. Die klassischen versunkenen Metropolen sind vermutlich die großen Ruinenstädte der Maya – Tikal beispielsweise. Seinerzeit war Tikal eine riesige Metropole mit rund 60.000 Einwohnern, die eine Fläche von 121,75 Quadratkilometer bedeckte. Fünfhundert Jahre nach seinem Untergang war davon nur noch so wenig zu sehen, dass eine spanische Armee in nächster Nähe daran vorüberzog, ohne von seiner Existenz auch nur etwas zu ahnen. Tikal bewahrte dieses unauffällige Äußere noch weitere dreieinhalb Jahrhunderte. Die einst blühende Metropole, die weite Teile Mittelamerikas beherrscht hatte, war von der Landkarte verschwunden und ab-gesehen von einer Handvoll Einheimischer restlos vergessen worden.

Hierzu bedurfte es einer einzigartigen Kombination von Umständen: eines Ökosystems, das in der Lage war, eine große Zahl von Menschen so lange zu ernähren, dass eine blühende und mächtige Stadt entstehen konnte, und das andererseits wild genug war, um eine ganze Zivilisation innerhalb eines Jahrhunderts zu zerstören. Zusammen mit der Tatsache, dass die Region zumindest gemessen an den Erwartungen europäischer Invasoren relativ arm an Bodenschätzen war, und der völligen Vernichtung der Mayakultur durch die Spanier führte diese merkwürdig ambivalente Umgebung dazu, dass ganze Metropolen auf dem Höhepunkt ihrer Macht aufgegeben wurden und schon bald vom üppigen Pflanzenwerk des Dschungels überwuchert waren.

In den meisten anderen Weltgegenden herrschten völlig andere Bedingungen, und für viele der in diesem Buch erfassten Städte ist der Begriff »versunken« eher im weiteren Sinne zu verstehen. Er kann sich auf Metropolen beziehen, die – wie etwa Babylon, dessen ungefähre Lage nie wirklich in Vergessenheit geriet – bis in die Gegenwart hinein wohlbekannt geblieben sind oder sogar wie Alexandria oder Tenochtitlán kontinuierlich bewohnt waren, obwohl sich die frühere Stadt – und das rechtfertigt ihre Erwähnung in diesem Buch – in beiden Fällen sehr von der unterschied, die heute ihren Platz einnimmt. Im Allgemeinen haben die versunkenen Städte der Alten Welt sichtbare Spuren wie Hügel oder Ruinen hinterlassen und lagen oft im Zentrum dicht besiedelter und vielbereister Gegenden. Die antiken Indus-Metropolen Harappa und Mohenjo-Daro beispielsweise waren bei den Menschen der Region für ihre gewaltigen Hügel bekannt, von denen Ziegelpfeiler aufragten, auch wenn sie nicht genau verstanden, was es damit auf sich hatte. Selbst das antike Pompeji, das unter einer dicken Schicht aus Asche, Bimsstein und dem Schmutz der Jahrtausende begraben lag, war dank der Schriften antiker Autoren und der einheimischen Überlieferung bekannt.

## Urbane Apokalypse

Wie versinken Metropolen? Eigentlich besteht diese Frage aus zwei Teilen, nämlich erstens: Warum hören Menschen auf, in der Metropole zu leben? Und zweitens: Wie ist die äußere Struktur der Metropole verfallen oder versunken, sodass sie in Vergessenheit geriet? Die nächstliegende Antwort auf beide Fragen ist vielleicht eine plötzlich hereinbrechende – natürliche oder menschengemachte – Katastrophe. Pompeji und Akrotiri waren blühende Städte, bis in ihrer Nähe ein Vulkan ausbrach. Troja – oder zumindest eine seiner Besiedlungsschichten – ist womöglich von einer Horde griechischer Eroberer dem Erdboden gleichgemacht worden. Entremont wurde von römschen Legionen belagert und eingenommen, die einen Großteil der Bevölkerung in die Sklaverei verschleppten und einige Jahrzehnte später zurückkehrten, um auch noch die Reste »aufzuräumen«. Tenochtitlán wurde von den Konquistadoren einfach ersetzt: Sie bauten an seiner Stelle eine neue Stadt.

Darüber hinaus lassen sich noch einige weitere Faktoren nennen, die zum Verfall einer Metropole beitragen konnten:

*Geographische Faktoren:* Städte werden an bestimmten Plätzen gegründet, die entweder ökologische, strategische oder wirtschaftliche Vorteile aufweisen oder möglicherweise auch in religiös-spiritueller Hinsicht von Bedeutung sind; letzteres ist ohne gute zeitgenössische Quellen allerdings nur schwer nachzuweisen. Wenn etwas geschieht, was diese Vorteile zunichte macht, verliert die Stadt unter Umständen ihre Daseinsberechtigung, was verhältnismäßig rasch zu ihrem Niedergang führen kann. Ist eine Stadt beispielsweise an einem Fluss erbaut, der dann seinen Lauf ändert oder austrocknet, droht sie ihre wirtschaftliche und ökologische Grundlage zu verlieren. Beispiele dafür sind die ägyptische Stadt Tanis, die an einem später versandeten Nilarm erbaut worden war, und Mohenjo-Daro, das darunter zu leiden hatte, dass ein nahegelegener Fluss seinen Lauf wechselte und ein anderer austrocknete. Auch Ephesus war ursprünglich eine blühende Hafenstadt, liegt jedoch inzwischen mehrere Meilen weit im Inland. Doch selbst in diesen Fällen sind direkte Umwelteinflüsse nur ein Teil der Geschichte.

*Wirtschaftliche Faktoren:* Wie Flüsse können auch Handelsstraßen ihren Verlauf ändern und die ökonomischen Grundlagen von Städten gefährden. Ein gutes Beispiel dafür ist Petra, das ursprünglich deshalb besiedelt worden war, weil es gut zu verteidigen war und über Wasserquellen verfügte – und vielleicht auch aus religiösen Gründen –, dessen eigentliche Blütezeit sich jedoch der Tatsache verdankte, dass wichtige Handelsstraßen nahe vorbeiführten. Als die Römer eine neue Straße bauten, welche die Stadt umging und den Handel größtenteils umlenkte, verlor Petra seine wirtschaftlichen Grundlagen, und sein Niedergang begann. Auch größere wirtschaftliche Zusammenhänge konnten eine Rolle spielen. Der Verfall von Leptis Magna, einer römischen Hafenstadt in Nordafrika, begann mit einer Wirtschaftskrise im dritten Jahrhundert unserer Zeitrechnung, von der das gesamte Imperium betroffen war.

*Ökologische Faktoren:* Archäologen und Historiker schätzen die Rolle, die ökologische Faktoren beim Untergang einer Stadt spielen, zunehmend hoch ein. Metropolen mit ihrer großen Bevölkerungsdichte und ihrem Ressourcenverbrauch – von Nahrung und Wasser bis hin zu Feuerholz, Baumaterialien und Industrierohstoffen – stellen eine erhebliche Umweltbelastung dar. Kulturen, die jahrtausendelang mit ihrer Umwelt im Einklang gelebt haben, müssen zuweilen nach dem Übergang zum urbanen Leben feststellen, dass dieses Verhältnis sich geändert hat. Und da der ökologische Zusammenbruch, sobald ein gewisses Stadium erreicht ist, unter Umständen sehr rasch und plötzlich erfolgt, kann die Katastrophe binnen kürzester Zeit über eine Metropole hereinbrechen – oft gerade dann, wenn sie ihren Zenit erreicht hat. Deutliche Beispiele für dieses Phänomen finden sich in Amerika, wo urbane Zentren wie die Pueblos des Chaco Canyon und die klassischen Mayastädte relativ empfindliche Ökosysteme zerstörten, deren Vernichtung für die Einwohner verheerende Folgen hatte. In den südlichen Niederungen der Mayaregion sind, so schätzt man, über eine Million Menschen ums Leben gekommen oder emigriert, nachdem die zunehmend prächtigen urbanen Errungenschaften aus sechshundert Jahren in wenig mehr als einem Jahrhundert untergegangen waren. Ähnliche Prozesse haben vielleicht auch dazu beigetragen, dass Städte wie Angkor, Groß-Simbabwe und Cahokia aufgegeben wurden. In den meisten Fällen dürften natürliche Klimaveränderungen mit Trockenperioden und Dürrezeiten zur Verschärfung der ökologischen Situation oder zur Auslösung der Katastrophe beigetragen haben.

*Politische Faktoren:* Nicht wenige Imperien und Königreiche der Menschheitsgeschichte wurden von Despoten und Diktatoren mit absoluter Macht regiert. Solche Individuen sind in der Lage, eine Stadtgründung etwa aus strategischen oder wirtschaftlichen Erwägungen einfach zu befehlen, wie es bei Alexander dem Großen und Alexandria, Darius dem Großen und Persepolis oder Temmu und Fujiwara-kyō der Fall war. Und genauso können sie die Existenz solcher Metropolen auch wieder beenden. Als spätere Herrscher entschieden, eine neue Hauptstadt im Norden zu gründen, wurde Fujiwara-kyō zum

Beispiel aller verwertbaren Materialien beraubt und verfiel. Im Allgemeinen jedoch wirken politische Faktoren über einen längeren Zeitraum und mit anderen Faktoren zusammen. So erlebte Alexandria, als die neuen Herrscher nach der islamischen Eroberung ihre Hauptstadt Kairo gegründet hatten, eine lange Phase des Niedergangs. Einige andere Städte, darunter Tanis, Meroe und Angkor, verloren Ansehen, Macht, Geld und schließlich auch ihre Bewohner an konkurrierende Städte oder gerieten durch politische Entwicklungen ins Abseits.

*Krieg:* Viele der in diesem Buch beschriebenen Metropolen wurden zwar nicht in einer einzigen Schlacht zerstört, aber durch Gewaltakte in den Untergang gestürzt. Beispiele hierfür sind Persepolis, das Alexander der Legende nach aus Rache in Brand gesteckt hat; Leptis Magna, das sich von der Eroberung durch die Vandalen und einem sogar noch schlimmeren Überfall der Berber nie wieder ganz erholen konnte; und Palmyra, das auf dem Gipfel seines Ruhms von den Römern erobert wurde.

*Erschöpfung:* Manchmal kann eine Stadt nach einer Folge von Angriffen und Unglücksfällen auch einfach »erschöpft« sein. Babylon zum Beispiel war Jahrtausende lang eine der größten Metropolen, erholte sich im Lauf seiner Geschichte ein ums andere Mal von verheerenden Katastrophen und bewahrte sich in mehreren aufeinanderfolgenden Reichen seine Vormachtstellung. Schließlich jedoch wurden seine menschlichen und materiellen Ressourcen in den nicht enden wollenden Kriegen nach dem Zusammenbruch von Alexanders kurzlebigem Reich so gründlich aufgezehrt, dass es kein Zurück mehr gab. Selbst das Bewässerungssystem, das es dem Umland ermöglicht hatte, eine so große Stadt zu ernähren, verfiel. Eine ähnliche Leidensgeschichte erlebte Ephesus, einst die größte Stadt in Kleinasien. Zwischen dem 7. und dem 15. Jahrhundert n. Chr. wurde es wieder und wieder angegriffen, geplündert oder in anderer Weise heimgesucht – von der Malaria, der Verschiebung der Küste und dem wirtschaftlichen Zusammenbruch ganz zu schweigen.

## Tot und begraben

Die gut erhaltenen Überreste der Pueblos im Chaco Canyon zeigen, dass die äußere Struktur einer versunkenen Metropole bei günstigen Bedingungen in einem bemerkenswerten Zustand überleben kann. Warum sind dennoch so viele Städte auch hinsichtlich ihrer Bausubstanz »versunken«? Wie kann eine Metropole aus massiven Gebäuden buchstäblich von der Bildfläche verschwinden?

Der erste Faktor ist schlicht und einfach die Zeit. Die Kraft der Natur wird leicht unterschätzt, und um den Verfall einer Stadt zu verhindern, müssen ihre Bauwerke fortwährend instandgehalten und repariert werden. Bei tropischen Verhältnissen kann eine Stadt schon nach wenigen Jahren der Vernachlässigung von dichter Vegetation überwuchert sein, und Baumwurzeln können selbst das solideste Mauerwerk auseinanderbrechen und gewaltige Blöcke umstürzen. Die beeindruckenden Bauten von Chichén Itzá und Angkor beispielsweise sind weitgehend das Ergebnis intensiver Rekonstruktions- und Instandhaltungsmaßnahmen – bei ihrer Wiederentdeckung waren einige von ihnen nur wenig mehr als Haufen eingestürzten Mauerwerks. Unter trockeneren Bedingungen dauert es sehr viel länger, bis die Bausubstanz verschwindet, doch die Kombination aus natürlicher Erosion, die das Gemäuer zum Einsturz bringt, und natürlichen oder durch den Menschen verursachten Ablagerungen, die sie bedecken, kann selbst eine große Stadt in eine amorphe Aufschüttung – auch bekannt als »Tell« – verwandeln, die einem natürlichen Hügel ähnelt. Viele Städte bleiben in der langen Zeit ihres Verfalls teilweise weiterhin bewohnt, und da es vermutlich keine städtische Müllabfuhr gab, wuchsen die Berge aus Schmutz und Abfall rasch empor. Der auch unter dem Namen Troja bekannte Hügel von Hisarlık an den Dardanellen birgt erwiesenermaßen mindestens neun Bebauungsphasen, obwohl er mindestens 1.300 Jahre lang gänzlich unbewohnt war.

Dieser Prozess kann durch dramatische Naturgewalten beschleunigt werden. Viele römische und griechische Städte der Antike wurden in Gebieten mit hoher seismischer Aktivität erbaut und waren damit von Erdbeben, gelegentlichen Vulkanausbrüchen und Tsunamis bedroht. Alexandria beispielsweise wurde von mehreren Erdbeben schwer beschädigt und war zudem auch von einer längerfristigen plattentektonischen Entwicklung betroffen, die zum Absinken der nordafrikanischen Küste und zum Anstieg des Meeresspiegels führte. Deshalb liegt der Stadtkern des antiken Alexandria heute größtenteils unter Wasser.

Oft jedoch spielt die Natur gegenüber der menschlichen Aktivität eine untergeordnete Rolle. Städte wurden nach der Eroberung häufig geplündert: Mauern wurden eingerissen, Gebäude durchwühlt und verwüstet, und schließlich wurde alles in Brand gesteckt. Manchmal entdecken Archäologen eine vielsagende Kohlenschicht, die vom feurigen Ende einer Stadt oder zumindest einer ihrer Bebauungsphasen erzählt – wie im Fall von Troja VIIa, das von vielen als das Troja der Ilias betrachtet wird. Tenochtitlán wurde in einer langen und erbitterten Belagerung durch die Spanier und ihre einheimischen Verbündeten Haus für Haus dem Erdboden gleichgemacht.

Zu den zerstörerischsten Kräften, die auf versunkene Städte einwirken, gehört die einheimische Bevölkerung, die im Vergleich zu den Verhältnissen, die Wachstum und Bestand der ursprünglichen Metropolen gesichert hatten, meist ein sehr viel ärmlicheres Leben führt. Für sie sind die Überreste vor ihrer Türschwelle meist kein Erbe, sondern Ressourcen. Vor allem in einer antiken Stadt fanden sich oft ein großer Reichtum an bearbeiteten, zugerichteten Blöcken aus qualitativ hochwertigem Stein, die man sonst nur unter großen Mühen und Kosten hätte beschaffen können, und Millionen von Ziegeln.

Die Überreste von Harappa im Indus-Tal beispielsweise wurden im 19. Jahrhundert verwüstet, als Arbeiter sie auf der Suche nach Ziegeln plünderten, die sie als Schotter für die nahegelegene Eisenbahnstrecke verwenden wollten. Ein Großteil der Mauern des ägyptischen Tanis ging verloren, weil Kalkbrenner ihre großen Kalksteinblöcke als Rohstoff benutzten. Dagegen haben die Ruinen von Leptis Magna in einem hervorragenden Erhaltungszustand überlebt, weil sich in dieser Gegend über Hunderte von Jahren keine anderen Städte mehr entwickelten.

Ein letzter Punkt, der hier erwähnt werden muss, ist die Tatsache, dass die meisten antiken Städte anders als große öffentliche Bauten wie Monks Mound in Cahokia oder das Amphitheater in Pergamon nicht für die Ewigkeit gebaut waren. An Orten wie Cahokia oder Groß-Simbabwe bestand die überwiegende Mehrheit der Gebäude aus kurzlebigen Naturmaterialien. In den meisten antiken Städten rechnete man nicht einmal damit, dass Mauern aus Ziegeln und Stein trotz beständiger Reparatur und Instandhaltung mehr als eine Generation überdauerten. Die Konservatoren von Pompeji weisen zum Beispiel darauf hin, dass viele der Gebäude, die im 18. Jahrhundert erstmalig ausgegraben worden sind, nun seit über zweihundert Jahren den Elementen trotzen, während sie ursprünglich für nur wenige Jahrzehnte erbaut worden waren.

## Städte in Gefahr

Viele dieser Faktoren sind auch heute noch wirksam; dazu kommen andere und erhöhen das Risiko, dass die Überreste alter Städte nicht wieder gutzumachenden Schaden nehmen. Ausgraben heißt den Elementen aussetzen, und ohne entsprechende Instandhaltungsmaßnahmen kann dies die Ruinen ruinieren. Viele der archäologischen Stätten liegen jedoch in armen Ländern, die sich die Instandhaltungskosten nicht leisten können. In manchen Gebieten drohen klimatische Veränderungen die Erosionsprobleme zu verschärfen. Vielerorts werden die Ruinen auch heute noch nach Ziegeln und Steinblöcken durchstöbert – und das Problem der Plünderungen nimmt zu, da auch der Markt für illegale Antiquitäten im Zuge der Globalisierung wächst. Noch heute und selbst an vermeintlich so gut geschützten Stätten wie Angkor plündern Diebesbanden auf Bestellung ganze Fassaden. Und nicht zuletzt ist es einmal mehr der Krieg, der manch alte Metropole zu vernichten droht. Babylons Bausubstanz hat das Schlachtengetümmel mehrerer Jahrtausende überlebt, doch in den vergangenen Jahren haben die in und um die antike Stätte herum stationierten amerikanischen Truppen ihr erheblichen Schaden zugefügt. Viele der Metropolen in diesem Buch drohen erneut zu versinken – dieses Mal für immer.

## Hinweise zu den Angaben

Zu jeder Metropole findet sich eingangs eine Reihe grundlegender Informationen über die geographische Lage, wichtige Merkmale, den Zeitpunkt der Erbauung und das Ende der Besiedlung. Es muss darauf hingewiesen werden, dass diese Daten sich im Allgemeinen auf die jeweils früheste bedeutende Besiedlungs- oder Erbauungsphase sowie auf die späteste Besiedlungsphase beziehen. An vielen Stätten lassen sich die Spuren der Besiedlung jedoch bis in Zeiten zurückverfolgen, die deutlich vor der ersten Hauptphase liegen – manchmal sogar bis in die Steinzeit –, und in den meisten Fällen wurden die Plätze wenn überhaupt nur ganz allmählich vollständig aufgegeben. Oft blieb ein Dorf oder eine zumindest zeitweise bewohnte Nomadensiedlung bis in die Gegenwart erhalten.

# DER NAHE UND MITTLERE OSTEN

Die ersten Städte in diesem Teil der Welt – Vorboten einer Zivilisation im herkömmlichen Sinne – entstanden in der Jungsteinzeit, also im 8. Jahrtausend v. Chr. Hier, im Nahen und Mittleren Osten, siedelten sich die ersten aus Afrika ausgewanderten Menschen an, und hier führte das Zusammentreffen bestimmter äußerer Umstände – Pflanzen, die angebaut, und Tiere, die domestiziert werden konnten, geeignete Lebensräume und klimatische Veränderungen – dazu, dass aus Jägern und Sammlern Vollzeitlandwirte wurden, die sich später mit anderen Farmern in großen Siedlungen zusammenschlossen. Und hier war es auch, wo sich aus ersten urbanen Siedlungen wie Çatalhöyük erste Metropolen wie Babylon entwickelten.

Der Nahe und Mittlere Osten war auch Schauplatz einiger der größten Dramen der alten Geschichte, angefangen bei den Supermächten der Bronzezeit bis hin zu den Titanenkämpfen der klassischen Ära. In diesem Kapitel finden sich einige der faszinierendsten Stätten der Geschichte wie das fast mythische Babylon oder das legendäre Troja, die von verheerenden Kriegen und dem Aufeinanderprallen großer Reiche künden. Es umfasst auch einige der schönsten alten Metropolen wie Petras steinerne Verzückung oder die anmutigen Säulen von Palmyra.

Historisch gesehen besitzt diese Region einen Reichtum und eine Vielfalt, die ihresgleichen sucht und sich in den hier vorgestellten Städten widerspiegelt. Sie spannen den zeitlichen Bogen von der Jungsteinzeit bis in die Spätantike und umfassen Reiche und Kulturen von den alten Assyrern über die Achämeniden bis hin zu Griechen und Römern. Städte wie Petra und Palmyra belegen die Bedeutung ihrer Region als historische Schnittstelle und verbinden in ihrer Architektur kulturelle Elemente des Mittelmeerraums und des Mittleren Ostens. Andere bestimmen selbst den Stil ihrer jeweiligen Zivilisation – sei es nun Babylon, wo viele Ausdrucksformen der Stadt überhaupt erst erfunden wurden, oder Pergamon, wo die klassische Metropole ihre vielleicht größte Vollendung erreicht hat.

*Das »Kloster« (Ed-Deir) in Petra, ein in den Fels gehauenes Grab, das vermutlich auf das 1. Jahrhundert n. Chr. zurückgeht, jedoch möglicherweise von byzantinischen Mönchen als Kirche benutzt worden ist – daher der Name. In der Mitte des Giebels sieht man eine riesige Urne, ein typisches Element der nabatäischen Architektur.*

# Çatalhöyük

**LAGE:** ZENTRALTÜRKEI
**ERBAUUNGSZEIT:** CA. 7400 V. CHR.
**VERLASSEN:** CA. 6000 V. CHR.
**ERBAUER:** JUNGSTEINZEITLICHE JÄGER, SAMMLER UND BAUERN
**BESONDERHEITEN:** KEINE STRASSEN – ANEINANDERGEBAUTE HÄUSER MIT DACHZUGANG; UNTERIRDISCHE BEGRÄBNISSE; INNENDEKORATION, WANDGEMÄLDE UND FIGUREN

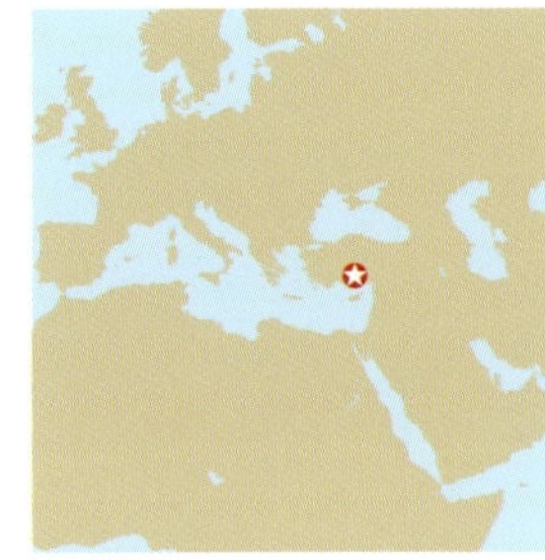

Çatalhöyük, das von seinem ersten Ausgräber als die älteste Stadt der Welt bezeichnet wurde, ist eine jungsteinzeitliche Siedlung von bis dato nahezu unbekannten Ausmaßen mit vielen bemerkenswerten Eigenschaften – angefangen bei seinem geschlossenen Erscheinungsbild bis hin zum künstlerischen und symbolischen Reichtum seiner Wandverzierungen.

Nahe der anatolischen Stadt Konya erheben sich zwei Hügel über der halbtrockenen Hochebene, die durch den Lauf des inzwischen versiegten Flusses Carsamba voneinander getrennt sind. Hier liegt Çatalhöyük, was im Türkischen »Gabelhügel« bedeutet und sich auf eine Weggabelung am Fuß des höheren Hügels, Ost-Çatalhöyük, bezieht. In der Jungsteinzeit – zwischen 7400–6000 v. Chr. – lag hier eine Siedlung mit bis zu 8.000 Bewohnern, die in 2.000 Häusern auf einer Gesamtfläche von über 12,25 Hektar (30 Morgen) lebten. Obwohl es sich hierbei nicht um die früheste neolithische Siedlung handelt – Siedlungen an Orten wie Jericho gehen auf die Zeit um 9000 v. Chr. zurück –, war sie eine der größten und lag bezeichnenderweise außerhalb des levantinischen Gebiets, das als das Kernland der fortgeschrittenen jungsteinzeitlichen Zivilisation galt. Zudem erwies sie sich dank der im Verlauf der beiden ersten Ausgrabungsphasen – unter James Mellaart in den späten 50er und frühen 60er Jahren des 20. Jahrhunderts und unter Ian Hodder seit den 1990er Jahren bis heute – freigelegten ungewöhnlichen Funde auch als eine der bemerkenswertesten prähistorischen Siedlungen überhaupt. Um es mit den Worten des leitenden Archäologen Colin Renfrew zu sagen: »Çatalhöyük ist die Ausgrabung des neuen Jahrtausends.«

## Die Stadt ohne Straßen

Das Auffallendste an Çatalhöyük ist, dass es dort keine Straßen gab. Die Häuser waren so eng aneinandergebaut, dass sie eine einzige kompakte Masse bildeten und der Weg durch die Stadt und in die Häuser hinein über die Dächer führte. Die Gebäude selbst waren rechteckig, wahrscheinlich einstöckig, und ihre Grundfläche betrug 11–48 Quadratmeter. Sie waren aus Lehmziegeln erbaut, hölzerne Pfosten trugen das Flachdach aus Holzbalken, das mit Schilfbündeln und einer Lehmschicht gedeckt war. Alles, auch die inneren Einrichtungsgegenstände wie Öfen, Plattformen und Regale waren mit einem kalkhaltigen Gips verputzt. Von einer kleinen quadratischen Öffnung an der Südseite des Dachs führte eine Kantholzleiter ins Haus. Über sie gelangte man in den Hauptraum, wo ein Großteil der häuslichen Aktivitäten stattfand. Vom Hauptraum aus kam man durch niedrige Türen in kleinere Räume, die recht eng und nicht sehr hoch gewesen sein müssen; dabei handelte es sich vermutlich um Vorratskammern. Fenster oder Nebeneingänge gab es nicht.

Der Ofen oder Herd befand sich unter der Deckenöffnung, damit der Rauch abziehen konnte. Asche und aus dem Herd herausgekratzte Ablagerungen machten den Boden in diesem Teil des Raums relativ schmutzig. Er wurde durch Erhöhungen im Boden oder durch höher gelegene Plattformen, die als Schlafstätten oder anderen Zwecken dienten, von den sauberen Bereichen des Raumes getrennt. Einige der Plattformen waren mit Schilfmatten bedeckt. Bei schönem Wetter fand ein Großteil der Aktivitäten wahrscheinlich auf den Hausdächern

statt, während der bitterkalten Winter werden sich die Familien in ihren gemütlichen Häusern eingekuschelt haben. Experimente mit einer modernen Rekonstruktion eines Hauses von Çatalhöyük zeigen, dass das Innere der Häuser mit seinem weißen Gipsputz bei gutem Wetter dank des durch die Dachöffnung einfallenden Sonnenlichts hübsch und hell war, dass die Öfen/Herde jedoch nur über einen geringen Abzug verfügten und die Häuser daher nachts und im Winter sehr dunkel und rauchig gewesen sein müssen. Dies wird dadurch bestätigt, dass die Skelette der Bewohner von Çatalhöyük an den Rippen Rußablagerungen aufweisen. Dieser Ruß hatte sich im Laufe eines in raucherfüllten Häusern verbrachten Lebens in ihren Lungen abgelagert und war nach dem Tod und nach der Zersetzung des Lungengewebes auf den Rippen zurückgeblieben.

*Ein ausgegrabener Herd. Die kalkhaltigen Lehmböden konnten mittels Erhöhungen und Plattformen in verschiedene Funktionsbereiche unterteilt werden.*

*Nächste Seite: Panoramablick auf die derzeitigen Ausgrabungen unter Leitung von Ian Hodder. Bisher sind mindestens achtzig verschiedene Gebäude entdeckt worden, obwohl erst ein Bruchstück des Geländes ausgegraben ist.*

### Die Ahnen unter den Füßen

Ein anderes auffälliges Merkmal von Çatalhöyük ist die Tatsache, dass seine Bewohner ihre Toten direkt unter dem Fußboden ihrer Wohnräume begruben. Der Bereich rund um den Herd wurde für die Beerdigung von vermutlich bei der Geburt gestorbenen Säuglingen und als Lager für Obsidianvorräte benutzt und wies Hohlräume für Gefäße oder andere kleine Gegenstände auf. Unterhalb der höher gelegenen Plattformen begrub man dagegen die Leichname der größeren Kinder und der Erwachsenen, die üblicherweise in Schilfmatten eingehüllt oder in Körbe gebettet wurden. Manche der gefundenen Skelette waren durcheinandergeraten, was zu Spekulationen Anlass gab, dass sie vielleicht ursprünglich an einem anderen Ort begraben oder liegengelassen worden waren, damit sie vor der Beerdigung verwesten oder von Aasfressern gesäubert wurden. Allgemein wird angenommen, dass diese Gräber durch spätere Begräbnisse durcheinandergebracht worden sind. Einigen der Verstorbenen fehlt der Kopf – sie waren vermutlich wichtige Persönlichkeiten oder besonders angesehene Ahnen, deren Schädel vielleicht mit Gips übermodelliert, bemalt und entweder im Haus aufbewahrt oder mit jemand anderem zusammen begraben wurde.

Nach einer gewissen Zeit – womöglich, wenn ein Haus baufällig wurde oder genügend Menschen darin begraben worden waren – bauten seine Bewohner auf demselben Grundstück ein neues Haus. Das bestehende Gebäude wurde bis zu einer Höhe von ungefähr einem Meter abgerissen und dann sorgfältig ausgefüllt. Zuweilen wurden gezielt rituelle Gegenstände oder Talismane zwischen das Füllmaterial gelegt. Auf diesem Fundament erbaute man sodann das neue Haus. So konnten die Einwohner von Çatalhöyük in enger Verbindung mit ihren zum Teil schon seit Jahrhunderten verstorbenen Ahnen leben, und der stetig wachsende Siedlungshügel – der sich bis zu zwanzig Meter über der umgebenden Ebene erhob und aus 18 Wohnschichten bestand – stellte die sichtbare Verkörperung ihrer Gruppenidentität und soziokulturellen Werte dar.

### Leoparden und Stiere

Die dritte bemerkenswerte Eigenschaft von Çatalhöyük ist die ausgeprägte Kunst und Symbolik seiner Wandgemälde und Figuren. Die prähistorischen Siedler bedeckten die weiß gegipsten Innenwände mit einer Vielfalt von Wandgemälden, darunter abstrakte Muster wie Kreise, aber auch farbenprächtige und mitreißende Jagdszenen. Hierzu gehörten zahlreiche Szenen von Männern – ihr Geschlecht ist an ihrem ithyphallischen Erscheinungsbild, das heißt an ihrem erigierten Glied, und gelegentlich auch am Bartwuchs zu erkennen –, die jagen oder erbeutete wilde Tiere wie Auerochsen (prähistorische Stiere) und Leoparden zur Schau stellen. Im Gegensatz dazu gibt es keine Darstellungen landwirtschaftlicher Tätigkeiten. Das vielleicht berühmteste Wandgemälde datiert von 6.500 v. Chr. und scheint eine Stadtansicht zu zeigen; im Hintergrund erkennt man die Zwillingsgipfel des nahegelegenen Vulkans Hasan Daği. Wenn diese Interpretation zutrifft, ist das Wandgemälde die älteste Landkarte und/oder das älteste Landschaftsgemälde, das jemals entdeckt worden ist.

Darüber hinaus bestand die Innendekoration aus Tierhörnern, die an den Wänden befestigt waren, und Schädeln von Tieren – und möglicherweise auch von Ahnen –, die mit Lehm übermodelliert und bemalt wurden. Andere Figuren wurden unterhalb des Fußbodens oder in den ausgefüllten Zwischengeschossen gefunden. Zu ihren vielfältigen Formen gehören Tiere, Menschen ohne Geschlechtsmerkmale und in den höheren, späteren Besiedlungsschichten üppige Frauenfiguren. Ein berühmter Fund aus einem Getreidebehälter ist eine üppige Frauenfigur auf einem Stuhl oder Thron, die von einem Paar Leoparden flankiert wird. Sie sollte vielleicht die Fruchtbarkeit steigern oder gewährleisten.

Die Entdeckung solcher Beispiele wie der »Leopardenkönigin« veranlasste Mellaart zu der Annahme, dass es sich hierbei um Darstellungen von Muttergottheiten handelt, und er schloss daraus, dass die Bewohner von Çatalhöyük eine weibliche Obergottheit verehrt und in einer matriarchalischen, von Frauen beherrschten Gesellschaft gelebt hätten. Hodders Forschungen ergaben dafür nur wenige Anhaltspunkte und weisen eher darauf hin, dass zwischen den Geschlechterrollen kaum unterschieden wurde, da Männer und Frauen bei den Begräbnissen der Vornehmen gleichermaßen vertreten waren, sich in derselben Weise ernährten und auch die häuslichen Rollen teilten – mit einer Ausnahme: Die Jagd war wahrscheinlich eine Aktivität der Männer und wird im Gegensatz zu der vermutlich weiblich dominierten Landwirtschaft in der Kunst von Çatalhöyük gefeiert.

## Leben in Çatalhöyük

Die Bewohner von Çatalhöyük verfügten über eine steinzeitliche Technologie. Sie verwendeten Obisidian – ein vulkanisches Glas – zur Fertigung von scharfen und nützlichen Werkzeugen und waren mit Töpferei, Webkunst und anderen Herstellungsweisen vertraut. Sie betrieben eine elementare Landwirtschaft, die im Lauf der Zeit für die Stadt immer wichtiger wurde, und ergänzten ihren Speiseplan durch die Jagd und das Sammeln wildwachsender Lebensmittel. Die Umgebung von Çatalhöyük war sumpfig und lieferte reichliche Wasservorräte, Fisch und Wild, außerdem Baumaterialien wie Lehm und Schilf.

Vermutlich beherbergte jedes Gebäude eine fünf- bis zehnköpfige Familie, deren Aktivitäten bei gutem Wetter wohl hauptsächlich auf den Dächern stattfanden. Das Töpfern und die Herstellung von Werkzeugen aus Obsidian war wahrscheinlich gleichermaßen Männer- wie Frauensache und bildete zusammen mit der Landwirtschaft den wichtigsten Erwerbszweig der Stadt, dessen Produkte man gegen Holz aus den nahen Hügeln, unbearbeiteten Obsidian aus dem rund 145 Kilometer entfernten Kappadokien und sogar gegen Güter eintauschen konnte, die von sehr viel weiter her kamen wie etwa Körbe aus Mesopotamien oder Muscheln vom Roten Meer. Die Abfälle jedes Haushalts einschließlich der Fäkalien warf man einfach in die Lücken zwischen den Häusern oder um sie herum, sodass die Gebäude de facto in einem gigantischen Misthaufen lagen. Die Asche der Feuerstellen und Öfen trug zwar in gewissem Maße zur Abtötung von Keimen bei, der Gestank und die Mengen von Ungeziefer müssen dennoch erheblich gewesen sein.

*Ein Tonsiegel in der Form eines Bären. Man fand ähnlich gestaltete Wandreliefs, denen jedoch stets die Köpfe oder die unteren Extremitäten fehlten, sodass man sie fälschlicherweise für die Darstellungen von Göttinnen hielt. Solche Artefakte wurden vielleicht für Haut- oder Körperbemalungen benutzt.*

Heute besitzt der Siedlungshügel von Çatalhöyük zwei Spitzen, was darauf hindeutet, dass die Stadt in prähistorischer Zeit tatsächlich aus zwei leicht voneinander getrennten Bebauungsgebieten bestand. Dies würde zu einer endogamen Kultur passen – einer Kultur, in der die Menschen nur innerhalb der Gruppe, des Stammes oder, wie in diesem Fall, der Siedlung heiraten. Solche Gesellschaften sind häufig in zwei Untergruppen oder Stämme geteilt, die untereinander heiraten, um inzestuöse Eheschließungen zu vermeiden, was eine Erklärung für die Zwillingsgipfel des Siedlungshügels sein könnte. Auch die fehlenden Hinweise auf weitere Siedlungen in diesem Gebiet sprechen dafür, dass Ehe und Verwandtschaft stark ortsgebunden waren.

Ian Hodder wirft die Frage auf, ob Çatalhöyük als Metropole im eigentlichen Sinne des Wortes betrachtet werden kann, da seine Anlage und die Einheitlichkeit der Gebäude darauf hinweisen, dass es nur wenige oder gar keine öffentlichen Plätze oder Bauwerke und keinen zentralen Bezugspunkt wie etwa einen Palast oder Tempel gegeben hat, und auch nichts für eine gesellschaftliche Hierarchie oder eine berufliche Spezialisierung spricht. Es scheint, dass jeder Haushalt für sich selbst verantwortlich war, und es finden sich auch keinerlei Anzeichen für eine Verteidigungsgemeinschaft. Warum diese Menschen sich in Çatalhöyük zusammengefunden haben, bleibt ein Geheimnis – ebenso wie der Grund dafür, dass die Stadt um das Jahr 6000 v. Chr. aufgegeben wurde. Im Westen des eigentlichen Stadtgebiets war eine kleinere Ansiedlung zwischen 6000 und 5700 noch bewohnt. Ist die Bevölkerung von Çatalhöyük wirklich einfach nur weggezogen, und wenn ja, warum?

# Persepolis

**LAGE:** PROVINZ FARS, IRAN
**ERBAUUNGSZEIT:** 513 V. CHR.
**VERLASSEN:** CA. IM 8. JAHRHUNDERT N. CHR.
**ERBAUER:** DAREIOS DER GROSSE, HERRSCHER DES PERSISCHEN ACHÄMENIDENREICHS
**BESONDERHEITEN:** MONUMENTALE TERRASSE; TOR ALLER VÖLKER; APADANAHALLE; HUNDERT-SÄULEN-SAAL; KÖNIGSGRÄBER; PALÄSTE VON DAREIOS UND XERXES; SCHATZHAUS UND HAREM; RELIEFS; TONTAFELN

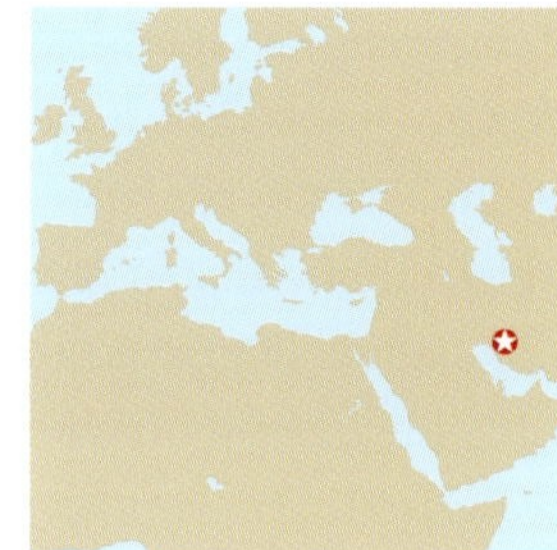

Im gebirgigen Hochland des heutigen Iran legen schweigende Ruinen auf einer gewaltigen Terrasse stummes Zeugnis vom Ruhm eines längst verschwundenen Königreichs ab – des Reichs der Achämeniden, das zuweilen auch als das erste Weltreich bezeichnet wird. Wo einst ein Wald aus mächtigen Säulen massige Zedern- und Teakholzdächer trug, finden sich heute nur noch wenige Überreste. Doch gut erhaltene Reliefs und Steinmetzarbeiten künden davon, wie pompös und prächtig das Leben in dieser vornehmen Stadt gewesen sein muss.

Die Ruinen von Persepolis liegen rund siebzig Kilometer nordöstlich der Stadt Schiraz im östlichen Teil der Marv-Dasht-Ebene in der Provinz Fars. Der Name selbst ist die griechische Form des ursprünglichen Namens Parsa; beides heißt einfach »Stadt der Perser«. Persepolis wurde gebaut, weil es dem Achämenidenreich als repräsentative Hauptstadt dienen sollte.

Die Achämeniden waren eine Dynastie persischer Könige, die bis zur Mitte des 6. Jahrhunderts relativ unbekannt waren. Ihr Aufstieg begann, als Kyros II. – auch bekannt als Kyros der Große; regierte von 559 bis 530 v. Chr. – die zerstrittenen persischen Königtümer einte und den Mittleren und Nahen Osten überrannte, um ein riesiges Reich zu erobern: Er errang die Herrschaft über das einstige mesopotamische Kernland und besetzte ein Territorium, das sich von der Levante bis nach Baktrien und Sogdien in Zentralasien erstreckte. Seine Erben dehnten ihr Herrschaftsgebiet auf Ägypten, Kleinasien und bis nach Griechenland aus und schufen ein weltumspannendes Machtsystem, das als erstes den Mittelmeerraum und die an Indien und China grenzenden Länder in einem Königreich vereinte.

## Neuer Herrscher, neue Hauptstadt

Kyros hatte Pasargadae als Hauptstadt benutzt, doch nach dem Tod seines Nachfolgers Kambyses (522 v. Chr.) brachen heftige Thronstreitigkeiten aus, die erst endeten, als Dareios I. – auch er später bekannt als »der Große«; regierte von 521 bis 486 v. Chr. – die Krone übernahm. Um die Legitimität seines Anspruchs zu untermauern und Macht und Majestät für sich sprechen zu lassen, gründete er eine neue, herrliche Hauptstadt, eine Stadt von solcher Pracht, dass sie seinen Anspruch, die Welt als König der Könige zu beherrschen, verkündet und untermauerte. Entsprechend beeindruckend war auch der Platz, an dem man mit den Arbeiten begann: Auf einer weitläufigen und mächtigen Terrasse sollten sich großartige Bauwerke erheben, die Untertanen und staatsbesuchende Herrscher gleichermaßen mit Ehrfurcht erfüllen würden. Die Archäologen entdeckten Bauplätze, die noch vom Bauschutt befreit werden mussten, was zeigt, dass die Arbeiten auch unter Dareios' Nachfolgern fortgesetzt worden sind, bis das Achämenidenreich im späten 4. Jahrhundert v. Chr. schließlich erobert wurde.

## Terrasse und Hauptgebäude

Eine gewaltige Steinterrasse wurde teilweise aus dem felsigen Hügel (Kuh-e Rahmat oder »Berg des Erbarmens«) herausgemeißelt, der sich im Rücken des Areals erhebt, und oberhalb der umliegenden Ebene aufgeschüttet. Sie war 450 Meter lang und 300 Meter breit, bedeckte also eine Fläche von über 125.000 Quadratmetern und erhob sich 14 Meter über der Ebene. Obwohl heute nichts mehr von ihnen zu sehen ist, berichten antike Quellen, dass die Terrasse von drei gewaltigen Wällen begrenzt gewesen sei, deren größter 27 Meter hoch war. Von der Ebene aus führten mächtige Treppenaufgänge auf die Terrasse, deren Stufen so breit und flach waren, dass Pferde bequem hinauf- und hinunterlaufen konnten.

Der Hauptaufgang auf die Plattform lag an der nordwestlichen Ecke und führte zu einem von Xerxes erbauten riesigen Tor – bekannt als das Xerxes-Tor oder »Tor aller Völker«, als Symbol für die Ausdehnung des achämenidischen Herrschaftsgebiets –, dessen Ruinen noch heute erhalten sind. Durch mächtige, mit Metall beschlagene hölzerne Doppeltüren gelangte man in eine Halle mit zwölf Meter hohen Säulen. Zwei andere Zugänge führten zum östlichen und südlichen Bereich der Terrasse. Die Tore waren von riesigen in Stein gehauenen Stieren und Mischwesen – geflügelten Stieren mit Menschenköpfen – flankiert: Symbole der königlichen Macht, die ursprünglich aus Mesopotamien stammten.

Südlich des Tores stand das größte Gebäude: die Apadana, eine von Dareios begonnene und unter Xerxes vollendete Audienzhalle. Die Haupthalle war auf jeder Seite sechzig Meter lang; das Dach bestand aus levantinischen Eichen- und Zedernstämmen und ruhte auf 72 neunzehn Meter hohen Säulen. Das Kapitell einer jeden Säule war in Form eines Tierkopfs gemeißelt. An drei Seiten befanden sich tiefe Portiken mit weiteren großen Säulen, und gewaltige Treppen führten hinauf zur Nord- und Ostfassade. Diese stehen noch heute und sind mit beeindruckenden Reliefs geschmückt, die zu den schönsten erhaltenen Beispielen der Achämenidenkunst zählen. Sie zeigen 23 Paare von Abgesandten der Völker des Reichs, die dem König Tribut entrichten. Einige von ihnen tragen Barsomzweige – Bündel aus Ästen oder Gräsern, die einem sakral-zeremoniellen Zweck dienten –, und man vermutet, dass das Relief die Feier des persischen Neujahrsfestes zeigt.

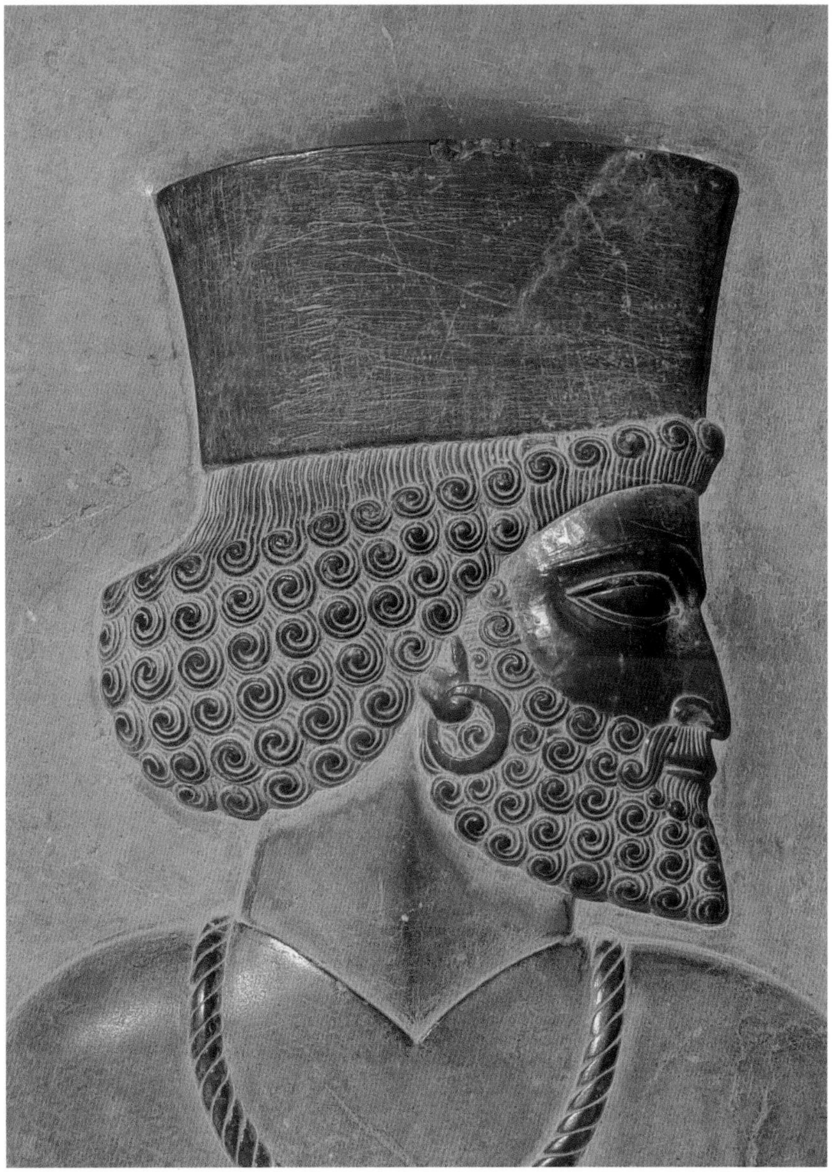

*Ein Detail des Flachreliefs von der Treppe zur Apadana, das den Kopf eines persischen Soldaten zeigt – möglicherweise ein Mitglied der kaiserlichen Elitegarde, die als die Unsterblichen oder Apfelträger bekannt war.*

Es ist erwähnenswert, dass der König auf den Darstellungen in Persepolis deutlich größer als seine Untertanen erscheint, was an den letzten Zweck dieser Dekoration, ja der gesamten Stadtarchitektur erinnert.

Auf der Ostseite der Terrasse finden sich Überreste einer weiteren Audienzhalle, des Einhundert-Säulen-Saals, auch bekannt als Thronhalle oder Ehrenhalle der Kaiserlichen Armee, wobei der letztgenannte Name an ihre spätere Verwendung als kaiserliches Museum erinnert. In dieser quadratischen Halle mit ihren je siebzig Meter langen Seiten standen hundert Säulen. Dahinter liegt ein kleineres Gebäude, das Schatzhaus, in dem Archäologen eine Sammlung von Tontafeln entdeckten. Diese Tontafeln – weitere fanden sich in den Stadtmauern – erwiesen sich als Dossiers, die die Finanzbeamten angelegt hatten.

Hinter der Apadana liegen nebeneinander zwei großartige Paläste. Im Westen befinden sich die Überreste dessen, was einst der Palast des Dareios war, mit Raumfluchten, die an einer Säulenhalle entlang verlaufen. Kunstvolle Steinmetzarbeiten zeigen den Heldenkönig im Kampf mit realen und mythischen Tieren. Östlich davon liegen die Ruinen des noch größeren Xerxes-Palastes, und daneben befindet sich ein langgestrecktes Gebäude, das traditionell als der Harem des Xerxes bezeichnet wird, obwohl es keine Beweise dafür gibt, dass es tatsächlich diesem Zweck gedient hat.

## Pomp und Pracht

Es liegt auf der Hand, dass Persepolis eher eine repräsentative und symbolische Hauptstadt als ein echtes Regierungszentrum war. Zunächst einmal war seine Lage im Hinblick auf die Größe des persischen Reichs nicht eben günstig. Städte wie Babylon und Susa lagen, was Bevölkerungsdichte, wirtschaftliche Aktivität und Transportwege betrifft, zentraler. Persepolis war vergleichsweise abgelegen und unzugänglich, was sich auch in der Tatsache widerspiegelt, dass die Stadt bei den alten Griechen vor Alexanders Einfall in Persien verhältnismäßig unbekannt war. Auch an der Anlage selbst wird deutlich, dass sie als größeres Bevölkerungszentrum nicht unbedingt geeignet war. Das Rohrsystem und die Kanalisation waren relativ begrenzt, und es gibt weitere Hinweise darauf, dass Menschen eher in der Ebene

*Dieses großartige Flachrelief von einem Treppenaufgang in Persepolis zeigt einen Löwen, der einen Stier angreift. Dieses Motiv ist in der persischen und mesopotamischen Kunst weit verbreitet und möglicherweise ein Symbol mit astrologischer Bedeutung.*

um die Terrasse herum als auf der Terrasse selbst gelebt haben. Eine erhaltene Inschrift von einer Säulenbasis in der Ebene weist darauf hin, dass Xerxes selbst dort einen Palast hatte und demnach sogar dann in der Ebene lebte, wenn er offiziell »residierte«.

Dagegen erscheint es plausibel, dass eine der wichtigsten Funktionen von Persepolis darin bestand, bei den seltenen Gelegenheiten, da der Hof anwesend war, als eine Art Theater zu dienen, in dem ausgefeilte Zeremonien die Herrlichkeit und Macht des Königs demonstrierten, um die Legitimität seiner Herrschaft zu unterstreichen und Würdenträger auf Staatsbesuch sowie die Adligen, Generäle und Vasallen des Großreichs zu beeindrucken. Die Dimensionen, die Anmut der Architektur und die prächtige Ausstattung verliehen dieser Botschaft Gewicht, und man kann sich unschwer vorstellen, mit welcher Ehrfurcht ein Besucher zwischen den gigantischen Steintieren, den mächtigen Toren und den langen Gängen aus riesigen Säulen einhergeschritten sein muss, während die Höflinge und Krieger des Reichs in prächtigem Aufputz um in herum posierten.

In Abwesenheit des Hofs haben wohl nur wenige Menschen tatsächlich auf der Terrasse gelebt. Den Aufzeichnungen aus dem Schatzhaus zufolge waren etwa 1.300 Arbeiter als eine Art Notpersonal für die Anlage verantwortlich, die wahrscheinlich gemeinsam mit ihren Familien in einfacheren Gebäuden gleich jenseits der Stadtmauer wohnten.

### Königsgräber

Zu den zeremoniellen Funktionen der Stadt gehörten vermutlich die Begräbnisfeiern für den verstorbenen König. Drei Gräber sind in die Felsen hinter der Stadt hineingemeißelt: ein unvollendetes und zwei vollendete, die wahrscheinlich den späteren Königen Artaxerxes II. und Artaxerxes III. gehörten. Einige Kilometer nördlich von Persepolis liegt eine bedeutendere Anlage, wo sich hinter prachtvollen, in eine Felswand gehauenen Fassaden die Gräber von vier Königen befinden. Der Ort heißt Naqs-i Rustam – »Bild des Rustam«. Rustam oder Rostam war ein persischer Volksheld im Mittelalter, also zu einer Zeit, als das Wissen über die antiken Achämeniden weitgehend verlorengegangen war, und es scheint, als habe die Einheimischen die kunstfertigen Steinmetzarbeiten für Darstellungen aus dem Leben ihres legendären Helden gehalten.

### Der Oxus-Schatz

In Wirklichkeit gehören diese Gräber Dareios dem Großen, Xerxes und ihren Nachfolgern. Einst waren sie mit grandiosen Schätzen gefüllt, wurden jedoch vermutlich noch in der Antike geplündert und stehen nun leer. Dem, der sich dennoch ein ungefähres Bild von den möglichen Grabbeigaben machen will, mag der Oxus-Schatz als Anhaltspunkt dienen: die herrlichste erhaltene Sammlung kunsthandwerklicher Erzeugnisse aus der Achämenidenzeit. Dieser Schatz kam im späten 19. Jahrhundert ans Licht, als er aus einem Hügel am zentralasiatischen Oxus-Fluss ausgegraben, an Händler verkauft, von Banditen gestohlen und schließlich von einem britischen Staatsbeamten sichergestellt wurde. Der größte Teil gelangte ins Britische Museum in London. Man geht derzeit davon aus, dass dieser Schatz aus goldenen und silbernen Schmuckgegenständen, Figurinen, Edelsteinen, Votivgaben, Münzen und diversen anderen Kostbarkeiten zum Schutz vor Räubern vergraben wurde, ursprünglich jedoch aus einem Tempel in Baktrien am äußeren Rand des Achämenidenreiches stammte und zumindest teilweise aus geplünderten Grabbeigaben bestand. Viele Stücke zeigen Motive, die denen der Reliefs in Persepolis ähneln oder praktisch mit ihnen identisch sind, und die Annahme scheint plausibel, dass sie die Körper und Gewänder von Besuchern am Hof schmückten, ehe sie den Gräbern beigegeben oder nach Baktrien gebracht wurden.

### Alexanders Rache

333 n. Chr. fiel Alexander der Große in das persische Großreich ein, und drei Jahre später stand er vor den Toren von Persepolis. Antiken Berichten zufolge war der mazedonische König höchst erstaunt über die großen Reichtümer der Metropole. Es heißt, er habe zu deren Abtransport 20.000 Maultiere und 3.000 Kamele gebraucht. Nachdem er Persepolis geplündert und sich etwa drei Monate dort aufgehalten hatte, zerstörte er es vermutlich aus strategischen Gründen – es wäre gefährlich gewesen, eine befestigte Stadt im Rücken zu haben.

Antike Quellen wie Diodorus Siculus überliefern dagegen eine farbenfrohe Geschichte von einem betrunkenen Höfling, der Alexander angestachelt habe, Persepolis niederzubrennen und so Rache dafür zu nehmen, dass Xerxes über ein Jahrhundert zuvor während des zweiten persischen Krieges die Akropolis in Athen geschleift hatte.

Welche Gründe er auch gehabt haben mag: Alexanders zerstörerischer Besuch war für Persepolis der Anfang vom Ende. Unter seinen Nachfolgern und dem zweiten persischen Reich der Sassaniden bewahrte sich der Ort seinen Status als regionale Hauptstadt, gewann jedoch wahrscheinlich nie mehr als nur einen Bruchteil seiner früheren Herrlichkeit zurück. Nach der islamischen Eroberung verfiel die Stadt weiter, bis sie schließlich vollkommen aufgegeben wurde. In jüngerer Vergangenheit, 1971, bildete die Stätte das Herzstück der extravaganten Feierlichkeiten zum 2.500-jährigen Bestehen der iranischen Monarchie, und man errichtete dort eine Zeltstadt, um die Staatsoberhäupter und anderen Gäste zu beherbergen, die der üppigen Zeremonie beiwohnten.

*Ein Kapitell in Form eines zweiköpfigen Greifs. Die Köpfe sind Konsolen, die den tragenden Deckenbalken (Architrav) stützten. Andere Kapitelle in Persepolis hatten die Form von Stieren, Löwen und anderen symbolischen Kreaturen.*

# Babylon

**LAGE:** FLUSS EUPHRAT, SÜDLICH VON BAGDAD, IRAK
**ERBAUUNGSZEIT:** VOR 2400 V. CHR.
**VERLASSEN:** CA. IM 1. JAHRHUNDERT N. CHR.
**ERBAUER:** BABYLONIER
**BESONDERHEITEN:** STADTMAUERN; ISCHTARTOR; PROZESSIONSSTRASSE; ZIKKURAT VON ETEMENAKI; ESAĜILA-TEMPEL; HÄNGENDE GÄRTEN

Babylon, eine so großartige und prächtige Stadt, dass ihr Name und ihr Ruhm ihren tatsächlichen Bestand bei weitem überdauert haben, war nacheinander die Hauptstadt der Welt, die größte Stadt der Welt und der mutmaßliche Standort eines der sieben Weltwunder der Antike. Es war ein Ort der Magie und Gelehrsamkeit, der Verbannung und Traurigkeit, der Macht und Herrlichkeit, die der Weltkultur ihren unauslöschlichen Stempel aufgedrückt hat – selbst jetzt noch, da sie mit zunehmender Geschwindigkeit zu Staub zerfällt.

An den Ufern des Euphrat etwa achtzig Kilometer südlich des heutigen Bagdad gelegen, war Babylon fast zwei Jahrtausende lang eine große Metropole, die jedoch um die Zeitenwende herum aufgegeben wurde. Obwohl es vermutlich nicht zu den ältesten der mesopotamischen Stadtstaaten zählte, existierte Babylon bereits während der akkadischen Periode der sumerischen Zivilisation und findet auf einer Tafel aus der Regierungszeit des Akkaderkönigs Sar-kali-sarri – je nach Chronologie also vielleicht schon im 23. Jahrhundert v. Chr. – erstmals Erwähnung.

## Die Stadt des Gesetzgebers

Unter dem babylonischen König Hammurabi, der von 1792 bis 1750 v. Chr. regierte und das heute so genannte altbabylonische Königreich gründete, gelangte Babylon erstmals zu Ansehen und Macht. Unter ihm begann die erste Prachtentfaltung, und Babylon wurde wahrscheinlich zu einer der größten Städte der Welt. Tempel, Schreine und öffentliche Bauten wuchsen rasch empor, und die Stadt erhielt massive Wälle. Hammurabi ist noch heute für seinen Kodex berühmt, der zu den ältesten bekannten Gesetzeswerken der Menschheit gehört und in Akkadisch, der damaligen Alltagssprache der Babylonier, auf große Stelen geschrieben und für alle sichtbar in der Öffentlichkeit aufgestellt wurde.

Das altbabylonische Reich war kurzlebig und wurde schon bald zunächst von den Hethitern und dann von den Kassiten erobert. Die Stadt selbst blieb jedoch über mehrere Jahrhunderte hinweg die regionale Hauptstadt, bis sie aufgrund von klimatischen Verschiebungen, Hungersnöten, Seuchen und Plünderungen räuberischer Nomaden, die Tribut verlangten, an Bedeutung verlor. In der Zwischenzeit wuchs die Macht der Assyrer im Norden, und schließlich fiel Babylon um das Jahr 800 v. Chr. unter ihre Herrschaft.

Die Stadt hatte unter den Assyrern zu leiden und profitierte gleichzeitig von ihnen. Einerseits war Babylon von zentraler religiöser, politischer und strategischer Bedeutung, und indem sie es instandsetzten und vergrößerten, konnten die Assyrer ihre Hegemonie über die Region untermauern. Andererseits führten sie unablässig Krieg, um die rebellischen Babylonier zu unterdrücken. 689 v. Chr. plünderte und schleifte der assyrische

*Eine irakische Rekonstruktion des Ischtar-Tores. Die meisten Überreste des Originals brachte der Archäologe Robert Koldewey aus Babylon fort und verwendete sie für eine Rekonstruktion im Berliner Pergamonmuseum. Andere Teile finden sich in Museen überall auf der Welt.*

König Sanherib die Stadt, doch nur wenige Jahrzehnte später brach das Reich der Assyrer zusammen, und König Nabopolassar gründete eine neubabylonische Dynastie, die unter seinem Sohn Nebukadnezar (er regierte von 604 bis 562 v. Chr.) ihren Höhepunkt erreichte.

### Nebukadnezar und die Hängenden Gärten

Unter Nebukadnezar gelangte die Stadt zu ihrer größten Pracht: Zum ersten Mal in der Menschheitsgeschichte überschritt die Einwohnerzahl einer Metropole die Marke von 200.000. Nebukadnezar dehnte das Reich bis zu den Küsten des Mittelmeeres aus, eroberte Israel und Judäa und deportierte die Juden in seine Hauptstadt, wo sie mit Nationen und Völkern aus allen Regionen der Erde zusammenkamen. Er initiierte umfangreiche Arbeiten, vergrößerte die Stadt, verstärkte ihre Wälle, baute ihre Tempel und Zikkurate wieder auf und errichtete mächtige Paläste, Zitadellen, reich dekorierte Tore und großartige Prozessionsstraßen. Für seine Frau, die sich nach der üppigen Vegetation ihrer Heimat sehnte, soll er auf dem Dach einer großen Halle eine Reihe von hängenden Gärten, die stufenförmig über Balkone oder Terrassen angelegt waren, gebaut haben. Sie wurden von einer unablässig rieselnden Kaskade bewässert, deren Wasser mechanisch aus dem Fluss heraufgepumpt wurde.

Auch dieses neubabylonische Reich war kurzlebig und fiel 539 v. Chr. an die persischen Achämeniden unter ihrem König Kyros. Dem antiken griechischen Historiker Herodot zufolge überwand Kyros die mächtigen Wälle der Stadt mithilfe einer brillanten Taktik. Die einzigen Schwachpunkte der Befestigung waren die Durchflüsse des Euphrat. Deshalb stellte Kyros seine Truppen an diesen Punkten auf und leitete den Fluss so lange in ein Becken um, bis seine Soldaten durch das trockene Bett in die Stadt einmarschiert waren. Die Stadt soll so groß gewesen sein, dass man im Zentrum nichts davon bemerkte und mitten in einem Fest von den persischen Truppen überrascht wurde.

Unter den Achämeniden blieb Babylon ein religiöses, administratives und kulturelles Zentrum, und als Alexander der Große es 331 v. Chr. eroberte, schien er gewillt, ihm diese Bedeutung zu erhalten. Er erneuerte Teile der Stadt, fügte Gebäude – darunter auch ein Theater – hinzu und förderte Handel, Künste und Wissenschaften, doch sein baldiger Tod in Nebukadnezars eigenem Palast war verhängnisvoll für die Metropole. Das zerbrechliche Reich, das er in so kurzer Zeit zusammengefügt hatte, fiel ebenso rasch wieder auseinander, als seine Generäle sich um die Herrschaft über die verschiedenen Regionen stritten. Babylon war de facto die Hauptstadt der Welt und fand sich nun inmitten einer Folge von Kriegen, die ihre materiellen und menschlichen Ressourcen auszehrte. Massendeportationen, wie sie auf einer Tafel aus dem Jahr 275 v. Chr. verzeichnet sind, dünnten die Bevölkerung der dahinschwindenden Stadt weiter aus, und schließlich fand die einstige Metropole irgendwann unter der Vorherrschaft der Parther, die Mesopotamien bis zum 3. Jahrhundert n. Chr. beherrschten, ein sang- und klangloses Ende.

### Die Wiederentdeckung Babylons

Zu Beginn unserer Zeitrechnung war Babylon weitgehend verlassen, seine prächtigen Monumente und Gebäude waren nur noch Anhäufungen bröckliger Ziegel oder ganz unter Staub begraben. Obwohl seine Lage nicht in Vergessenheit geraten war und der Name sich seinen legendären und biblischen Klang bewahrte, wies kaum mehr etwas auf seine ruhmreiche Vergangenheit hin. Ohne die Instandhaltung des Bewässerungssystems, das eine landwirtschaftliche Nutzung des Umlands ermöglicht hatte, veränderte sich sogar das Ökosystem, und das Gebiet wurde zu einer staubig-trockenen Ebene.

Als europäische Reisende die Region zu besuchen begannen, fand sich dort lediglich eine Anzahl Tells – Siedlungshügel, die entstehen, wenn Generationen jahrtausendelang immer wieder an demselben Ort siedeln. Einer dieser Tells hieß sogar »Babil«. Mit Ausgaben von Herodot und anderen antiken Schriftstellern bewaffnet, versuchten Gentleman-Abenteurer einen Bezug zwischen den kargen Hügeln und den klassischen

*Eine bemerkenswerte steinerne Stele, die an die Vollendung der Zikkurat von Babel durch Nebukadnezar II. um 590 v. Chr. erinnert. Das Relief auf dem Monument zeigt Nebukadnezar neben dem Etemenanki-Turm, die Inschrift verzeichnet die guten Werke des Königs. Keine andere zeitgenössische Darstellung der Zikkurat oder Nebukadnezars, geschweige denn von beiden ist erhalten. Das Monument befindet sich heute in der Sammlung Schøyen in Norwegen. Bisher unveröffentlichte Zeichnung von Andrew George.*

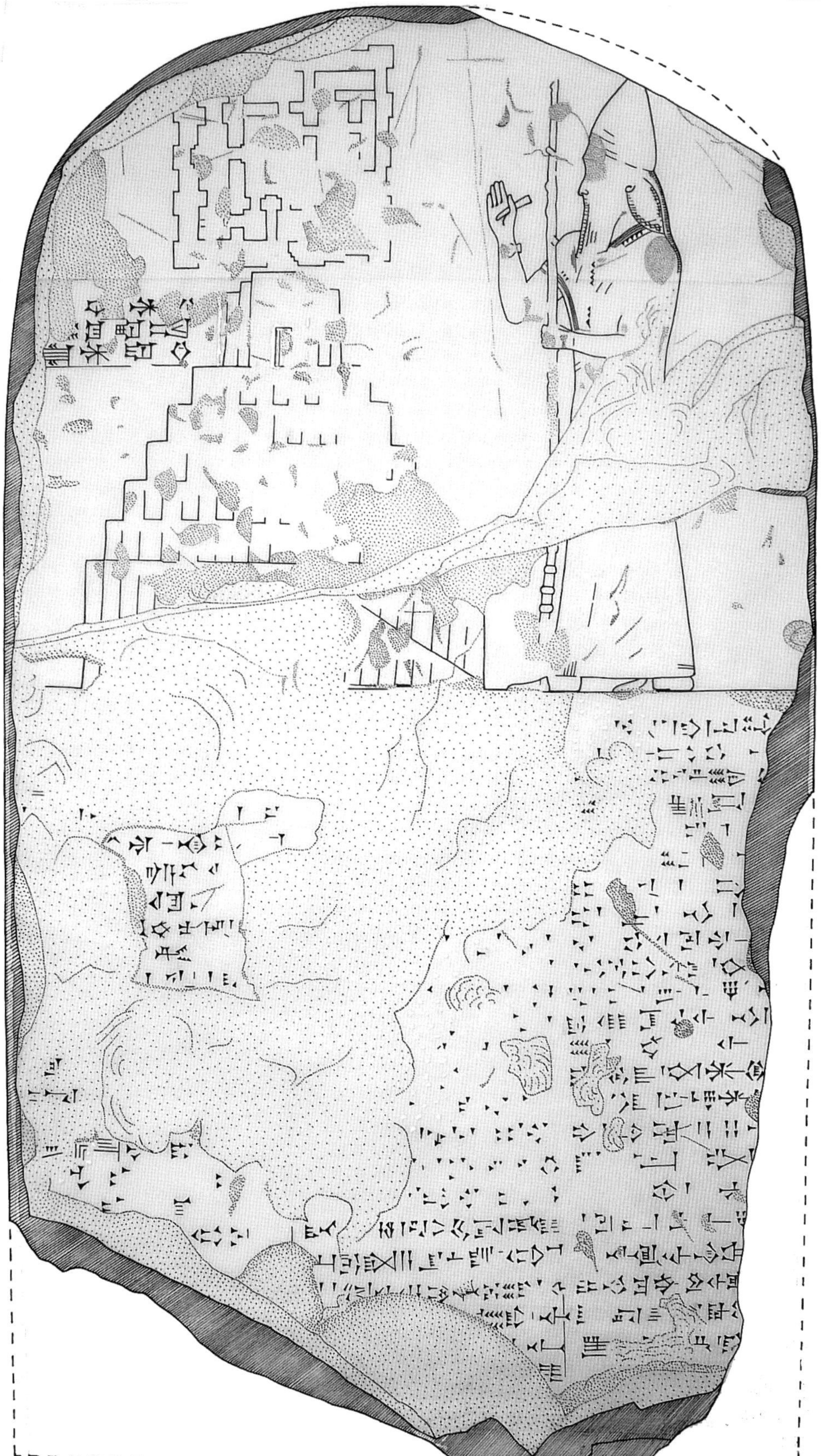

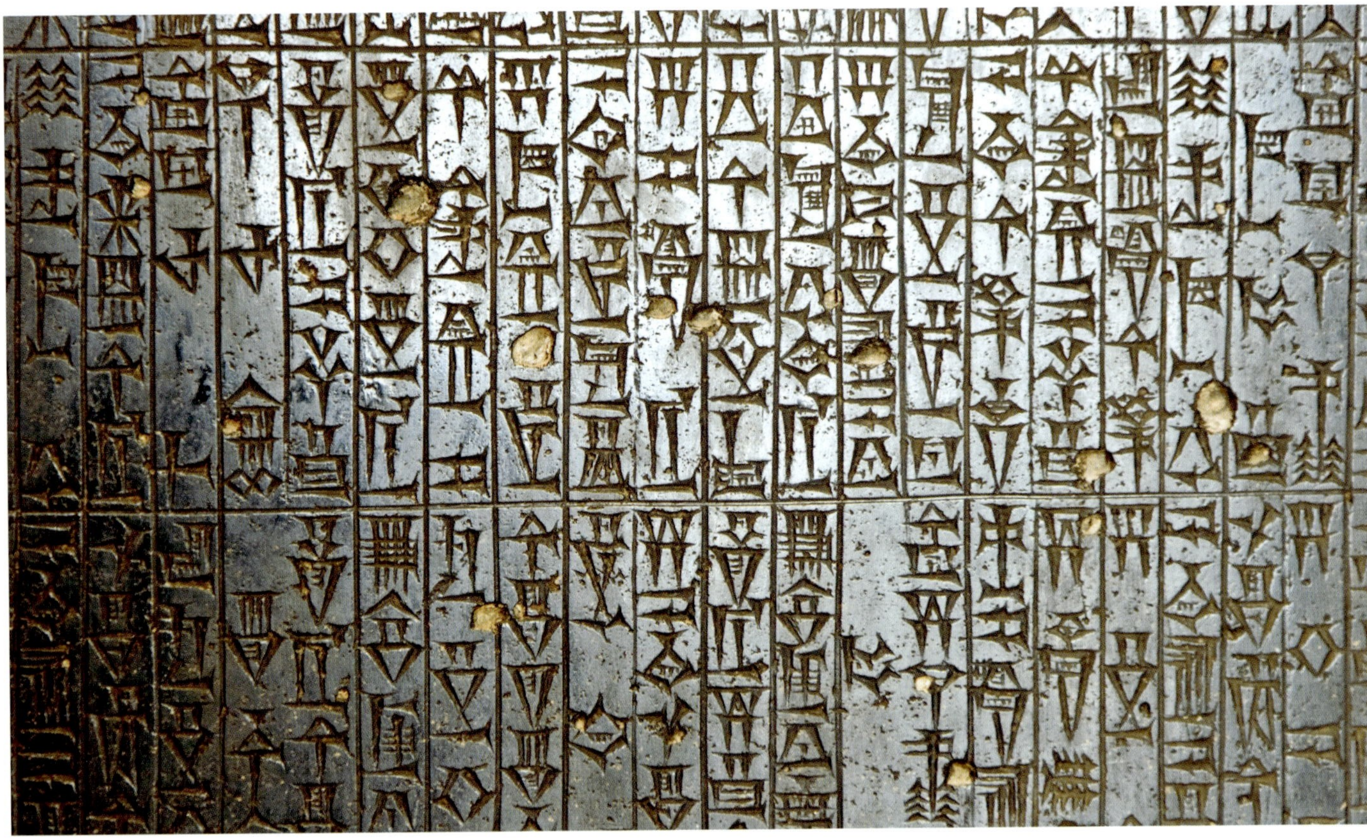

*Eine der Stelen (Steintafeln), die Hammurabi um 1760 v. Chr. aufstellen ließ, um seinen Kodex zu publizieren.*

Berichten herzustellen, doch erst als die Deutsche Orient-Gesellschaft von 1899 bis 1917 unter der Leitung von Dr. Robert Koldewey methodische Ausgrabungen durchführte, wurde die antike Metropole im eigentlichen Sinne wiederentdeckt. Bei der Stadt, die Koldeweys Team in akribischer Arbeit freilegte, handelte es sich im Wesentlichen um Nebukadnezars Babylon. Sie fanden seine Stadtmauern, Paläste und Tempel und machten sogar jene Stätten aus, die vermutlich die Schilderungen des legendären Turmes von Babel und der Hängenden Gärten inspiriert hatten.

## Babylon – ein Überblick

Das antike Babylon war im Großen und Ganzen rechteckig und an einer von Südwesten nach Nordosten verlaufenden Achse ausgerichtet. Kam man von Westen, so wurde das Stadtgebiet nach etwa einem Drittel des Wegs vom Euphrat in zwei Teile geteilt. Die bedeutendsten Stätten fanden sich auf der östlichen Seite. Eine mächtige Stadtmauer umgab die gesamte Metropole. Herodots berühmter Angabe zufolge soll sie so breit gewesen sein, dass auf ihr »ein Vierspänner fahren« konnte. Koldewey entdeckte, dass sie in Wirklichkeit sogar noch breiter gewesen sein muss – der Zwischenraum zwischen der äußeren Einfassung aus gebrannten Ziegeln und der inneren aus ungebrannten, getrockneten Lehmziegeln war mit Bauschutt gefüllt, und über dieser Schicht verlief ein bis zu dreißig Meter breiter Fahrweg – Platz genug für zwei Wagen nebeneinander. Der Befestigungswall war in regelmäßigen Abständen mit großen Türmen versehen und achtzehn Kilometer lang, während die Stadt eine Fläche von 8,5 Quadratkilometern bedeckte und damit die größte der antiken mesopotamischen Metropolen war. Herodot zufolge waren die Mauern fast hundert Meter hoch und an der östlichen Seite der Stadt noch zusätzlich durch einen tiefen Graben gesichert. Der Tell Babil erhebt sich genau östlich des

Euphrat, das heißt an dessen Durchfluss durch die nördliche Stadtbefestigung, und befindet sich damit dort, wo Nebukadnezars Sommerpalast/-festung gestanden hat.

Der vielleicht beeindruckendste Fund war das Ischtar-Tor, ein zeremonieller Zugang zur Stadt, den Nebukadnezar hatte errichten lassen, um die Herzen der Besucher mit Ehrfurcht zu erfüllen. Diese erblickten einen hohen Bogen, der sich über die Lücke zwischen zwei fünfundzwanzig Meter hohen Türmen spannte. Die Türme waren mit glänzenden farbigen Kacheln und Reliefs von furchteinflößenden Drachen, Löwen und Stieren verziert, und das Ganze erhob sich auf einer Plattform fünfzehn Meter über dem Bodenniveau. Das Tor befindet sich heute im Pergamonmuseum in Berlin. Des Weiteren entdeckte Koldewey eine zwanzig Meter breite Prozessionsstraße, die vom Ischtar-Tor aus ins Stadtzentrum führte und ebenfalls mit Kacheln und Löwenreliefs eingefasst war. Sie bildete die Hauptachse der Stadt und verlief parallel zum Fluss an Palästen und Tempeln vorbei, bis sie auf eine nach links zum Fluss führende Straße stieß, die zwischen den beiden zentralen Gebäuden von Babylon hindurchführte: der Zikkurat von Etemenaki und der Tempelanlage Esagila.

## Die Axis Mundi

Die Etemenanki – soviel wie »das Haus, welches das Fundament von Himmel und Erde ist« – war eine Zikkurat, ein Stufenturm, der für die Babylonier in einem sehr buchstäblichen Sinne die Axis Mundi oder Achse der Welt darstellte. Hier war der Ort, wo die verschiedenen Teile des babylonischen Kosmos einschließlich der Himmel, der Erdfläche und des Palasts der Götter zusammentrafen und die Schöpfung selbst ihren Anfang genommen hatte. Die Zikkurat Etemenanki mag durchaus der Anlass für die Legende vom Turm zu Babel gewesen sein. Ihre Basis bildete eine quadratische Fläche mit je 91 Meter langen Seiten. Eine breite Treppe führte zu ihren sieben Stockwerken hinauf, jedoch kann nicht mit Sicherheit gesagt werden, wie hoch sie war. Einer alten Tradition zufolge soll die Höhe jedoch mit der Breite der Basis identisch gewesen sein. Der Esaĝila-Tempel war dem Marduk geweiht: der Schutzgottheit von Babylon und dem höchsten Gott des babylonischen Pantheons. Er beherbergte das Bild des Marduk – eine goldene Statue, die die tatsächliche Gegenwart des Gottes bei Zeremonien repräsentierte – und Bildnisse von Gottheiten anderer Stadtstaaten, die sich in Babylons Herrschaftsbereich befanden.

Außerdem entdeckte Koldewey den Thronsaal des Nebukadnezar, einen fünfzig Meter langen Raum, auf dessen mit bunten Kacheln und Reliefs großartig ausgeschmückten Wänden Löwen und Lebensbäume zu sehen sind, sowie eine Reihe unterirdischer Räume mit Tonnengewölbe, einer Abdichtung aus Asphalt und einem Brunnensystem. Koldewey war überzeugt, dass dort »eine mechanische Hydraulikmaschine gestanden hat, die nach demselben Prinzip wie unsere Kettenpumpe funktioniert«, und er folglich die Hängenden Gärten von Babylon entdeckt hatte. Er nahm an, dass die Gärten auf dem terrassierten Dach des Gebäudes lagen und mithilfe des mechanischen Hydrauliksystems bewässert wurden, wobei das fließende Wasser und die schattenspendende Bepflanzung die darunterliegende Halle kühlte, wo das Tagesgeschäft des Hofs stattfand. Die Meinung der modernen Archäologen ist jedoch geteilt, und manche halten es für wahrscheinlicher, dass sich die legendären Gärten, wenn es sie überhaupt gegeben hat, in der Stadt Ninive befanden.

## Das moderne Babylon

In der jüngeren Vergangenheit ist Babylon im übertragenen und im buchstäblichen Sinne zu einem Schlachtfeld des Golfkonflikts geworden. Nachdem schon Nebukadnezar die Stadt wiederaufgebaut hatte, um seine Macht zu demonstrieren und seine Herrschaft zu legitimieren, und die Millionen von Ziegeln, die dazu verwendet wurden, mit seinem Namen und einer Verkündigung seines Ruhms hatte stempeln lassen, versuchte Saddam Hussein etwas Ähnliches. 1985 begann er die Stadt mit Ziegeln wieder aufzubauen, die den Stempel trugen: »Dies wurde von Saddam Hussein, dem Sohn Nebukadnezars, zum Ruhm des Irak erbaut«. Später wurde das Gebiet von US-Streitkräften besetzt und genutzt, und man hat ihnen vorgeworfen, die Ruinen und archäologischen Aufzeichnungen mit ihren Hubschraubern, Baggern und Truppen erheblich beschädigt zu haben.

# Petra

**LAGE:** SÜDJORDANIEN
**ERBAUUNGSZEIT:** CA. 2. JAHRHUNDERT V. CHR.
**VERLASSEN:** CA. IM 6. JAHRHUNDERT N. CHR.
**ERBAUER:** NABATÄER
**BESONDERHEITEN:** SIQ-SCHLUCHT; IN DEN FELSEN GEHAUENE GEBÄUDE; URNENGRÄBER; SCHATZHAUS; AMPHITHEATER; BYZANTINISCHE KIRCHE UND MOSAIKEN

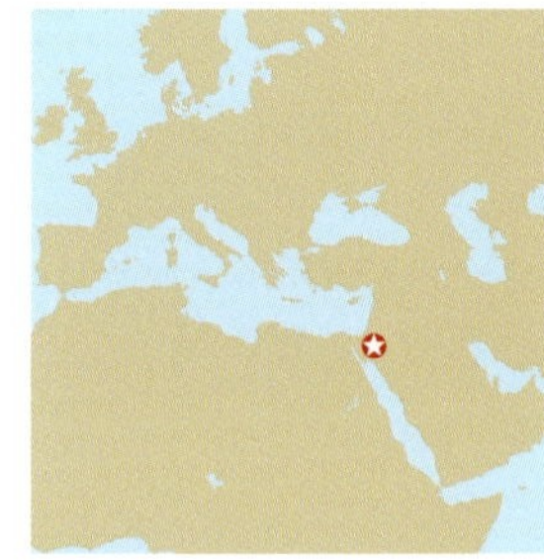

Petra, eines der großen Monumente der Menschheit und erst kürzlich zu einem der neuen sieben Weltwunder erwählt, ist eine antike Stadt von einzigartiger Schönheit, die sich zu einem der wichtigsten Handelszentren der Welt entwickelt hatte. Dennoch geriet sie, wenn man von Sagen, Gerüchten und gelegentlichen Nomadenbewohnern einmal absieht, für siebenhundert Jahre fast vollständig in Vergessenheit.

»Es ist unmöglich, sich etwas Ehrfurchtgebietenderes oder Erhabeneres als einen solchen Zugang vorzustellen«, schrieben zwei Kapitäne der Royal Navy, Irby und Mangles, im Jahr 1868, als sie ihren Besuch in Petra und insbesondere ihre Begegnung mit einem der großartigsten Ausblicke beschrieben, den die Welt zu bieten hat: wenn am Ende einer dunklen, engen Schlucht, in unzähligen Schattierungen von Rosa, Orange und Rot, eingetaucht in das helle Licht der Wüstensonne, eine mächtige, in den Fels gehauene klassische Fassade vor dem Auge des Betrachters sichtbar wird. Die berühmten Farben von Petra sind auf das eisenhaltige Wasser zurückzuführen, das durch den porösen Sandstein sickert und dort seinen Ballast an Mineralien ablegt.

Besucher, die sich Petra von der Siq (arab. »Schacht«) – einer windungsreichen, mehr als 1,6 Kilometer langen und 60 Meter tiefen, stellenweise jedoch nur 3–4 Meter breiten Schlucht – her nähern, stoßen direkt auf das unter dem Namen Al-Khazneh (das Schatzhaus) bekannte Gebäude mit seinen 33 Metern Breite und 40 Metern Höhe, großen Pfeilern, Pedimenten, Portiken und Statuen, die direkt in die Felswand gemeißelt sind. Von hier aus verläuft die Schlucht in nordöstlicher Richtung und führt an anderen Fassaden entlang, biegt an einem großen Amphitheater in römischem Stil nach Norden ab und mündet schließlich in ein breites, mit Ruinen übersätes und noch gewaltigeren Felsengräbern gespicktes Tal. Das sind die Überreste von Petra. Der griechische Name der Stadt heißt schlicht »der Fels«. Von ihren Bewohnern wurde sie Raqmu oder Reqem genannt.

### Halb so alt wie die Zeit

Petra war die Hauptstadt der alten Nabatäerkultur und erlebte seine Blütezeit etwa im 2. und 1. Jahrhundert v. Chr. Seine Wurzeln reichen jedoch viel weiter zurück. In seiner Frühzeit war es Schnittpunkt der wichtigsten Handelsstraßen der Welt, die den Osten mit dem Westen verbanden, ein Umschlagplatz für Karawanen, die Seide und andere Waren aus China über die Seidenstraße transportierten, um sie gegen die Produkte Roms und des Mittelmeerraums einzutauschen. Clevere Wassernutzung und sparsamer Umgang mit Ressourcen erlaubten es den Nabatäern, in Petra eine künstliche Oase zu schaffen, sodass inmitten einer kargen Wüstenregion eine Stadt erblühen konnte, deren Name von Karthago bis nach China bekannt war. Heute ist es nicht zuletzt dank einer aufwändigen Werbekampagne der jordanischen Tourismusbehörden als »die rosenrote Stadt«

*Al-Khazneh, das »Schatzhaus«. Dieses Felsengrab ragt vor den Besuchern auf, die sich von der Schlucht her nähern. Der Legende nach birgt die gigantische Urne einen Schatz – daher der Name.*

bekannt, »halb so alt wie die Zeit« – nach einem 1845 verfassten Gedicht des Geistlichen John William Burgon.

Die Gegend ist seit der Steinzeit besiedelt, und wahrscheinlich haben die dramatische Landschaft und die geologische Beschaffenheit diesem Platz am Fuß eines beeindruckenden Berges – Jabal Haroun oder Aaronsberg, der Ort, an dem Aaron, der Bruder des Mose, geruht haben soll – schon in prähistorischer Zeit religiöse wie militärische Bedeutung verliehen. Kupfererzvorkommen machten ihn an der Schwelle der Bronzezeit außerdem zu einem Zentrum der frühen Metallverarbeitung. Die ältesten Erwähnungen der hier ansässigen Menschen finden sich im Alten Testament, das Stämme wie die Horiter und spätere semitische Völker wie die Edomiter und Amoriter erwähnt (s. Kasten S. 39).

## Der Wohlstand der Nationen

Zu dieser Zeit existierten die berühmten Bauwerke von Petra noch nicht. Vermutlich war es damals eine Zeltstadt und ursprünglich nur unregelmäßig und saisonal von größeren Nomadengruppen bewohnt. In der Bronzezeit vollzogen sich dann der Aufstieg der Ägypter, Sumerer und Hethiter sowie eine entsprechende Entwicklung des Handels. Petra lag an der Schnittstelle wichtiger Handelsrouten zwischen Ägypten, der Levante und Mesopotamien. Das lange Tal, das vom See Genezareth zum Toten Meer (Jordantal) und dann weiter zum Golf von Akaba und dem Roten Meer (Wadi Arabah) führt, bildete eine natürliche Handelsstraße vom späteren Hafen Ezjon-Geber (dem heutigen Akaba) bis nach Damaskus, Palmyra und den phönizischen Hafenstädten – dieser Weg wurde als die Königsstraße bekannt. Petra lag direkt am Wadi Arabah.

Zudem führte auch die Handelsstraße vom Euphrat- und Tigris-Delta durch die arabischen Wüsten nach Ägypten und zur Levante durch Petra, wo sie sich gabelte und auf der einen Seite über die Sinaihalbinsel nach Luxor und später bis Alexandria und auf der anderen Seite durch die Negevwüste nach Gaza führte, dem Tor zum Mittelmeer. Und schließlich führte eine weitere große Handelsstraße von Aden an der Spitze der arabischen Halbinsel an der Ostküste des Roten Meeres entlang nach Petra. Der Seehandel war aufgrund der primitiven Schiffstechnologie äußerst begrenzt, was die Bedeutung der Landrouten noch steigerte. Später sollten sie sogar noch wichtiger werden, als dieses mesopotamisch-mediterrane Netzwerk in der überkontinentalen Seidenstraße aufging, die die Reichtümer des Orients auf dem Seeweg in Häfen wie Basra (an der Mündung von Euphrat und Tigris), Aden und Ezjon-Geber und über die Landwege weiter nach Norden brachte.

Zunächst erwies sich Petra als praktischer Stützpunkt für die Wüstenstämme, die diese reichen Karawanen ausraubten. Später verlangten dieselben Stämme Zoll und gewährten den Kaufleuten im Gegenzug freies Geleit und Schutz gegen andere Räuber. Noch später machten sie den Ort zu einem Umschlagplatz, boten Vorräte, frische Reittiere, Dienstleistungen und ähnliches an und verdienten Geld mit Steuern und Tarifen, bis sie schließlich selbst zu Händlern wurden. Petra erwarb wichtige Handelsmonopole wie den lukrativen Asphalthandel und den unvorstellbar wertvollen Handel mit Weihrauch, einem Duftharz, das wertvoller war als Gold.

Mit dem Handel nahm auch Petras strategische und wirtschaftliche Bedeutung zu, und die regionalen Mächte stritten um die Kontrolle über die Stadt. Ägyptische Dokumente aus dem frühen 12. Jahrhundert v. Chr. verzeichnen Triumphe des Pharao über das Volk von Seir – vermutlich die Einwohner von Petra –, und von dieser Zeit an war die Gegend viele Jahrhunderte lang unter ägyptischer Herrschaft. Die frühesten Erwähnungen eines Königs von Petra gehen auf das 8. Jahrhundert v. Chr. zurück, auch wenn verschiedene biblische Gestalten wie Rekem und Bileam, die im Buch Genesis erwähnt werden und wahrscheinlich um 1300 v. Chr. gelebt haben, diese Funktion vielleicht ebenfalls bekleideten. Mit der Gründung des Königreiches Israel um 1000 v. Chr. begann eine Zeit unablässiger Kriege zwischen den Hebräern und ihren semitischen Nachbarn einschließlich der Peträer, die jubelten, als Israel 586 v. Chr. von den Babyloniern unter Nebukadnezar unterworfen wurde. Damit erwarben sie sich die ewige Feindschaft der Hebräer, die in einer Reihe sehr anschaulicher und hasserfüllter Verfluchungen durch verschiedene alttestamentliche Propheten ihren Ausdruck fand (s. Kasten S. 39).

## Die Nabatäer

Etwa um diese Zeit machten die in Petra ansässigen Edomiter den Nabatäern Platz, einem Nomadenstamm aus dem nördlichen Arabien, der einer inzwischen umstrittenen Tradition zufolge von Nebajot, dem Sohn Ismaels, der seinerseits ein Sohn Abrahams war, abstammte. Im 4. Jahrhundert v. Chr. hatten die

Das Kloster, die größte Grabfassade in Petra, ist fünfzig Meter breit und fünfundvierzig Meter hoch. Es datiert aus dem 1. Jahrhundert v. Chr. und war dem vergöttlichten Nabatäerkönig Obodas gewidmet.

Ägypter und Perser ihre Macht über die Region an Alexander den Großen und seine Nachfolger, die Ptolemäer und Antigoniden, abtreten müssen, die zweihundert Jahre lang um die Herrschaft über Petra kämpften. Schließlich gingen beide Reiche zugrunde, und es entstand ein Machtvakuum, das den Nabatäern zur Blüte verhalf. Eine sorgfältige Wasserwirtschaft – unter anderem legten sie eine große Zisterne an, um die sporadischen Sturzfluten aufzufangen, die die trockenen Wadis überschwemmten – erlaubte ihnen eine extensive Agrikultur und lieferte wertvolle Ressourcen für die Karawanen, die durch die Wüste zogen.

Gemeinsam mit ihrer Kontrolle über die Handelsrouten machte dies die Nabatäer zu einem reichen und mächtigen Volk, das Münzen prägte und eine Schrift entwickelte, aus der später die in großen Teilen der muslimischen Welt gebräuchliche arabische Schrift wurde. In diesem Goldenen Zeitalter begann die Stadt Gestalt anzunehmen.

Die frühesten Felsengräber stammen wahrscheinlich aus vornabatäischer Zeit, sind aber noch verhältnismäßig primitiv. Als sie sesshaft und wohlhabend wurden, fingen die Nabatäer an, eine freistehende monumentale Architektur zu schaffen und prächtige Gräber in die Sandsteinwände und Berghänge zu meißeln. Der erste »Bauboom« fand gegen Ende des 1. Jahrhunderts v. Chr. statt, und zu dieser Zeit entstanden auch die berühmtesten Felsengräber. Zunächst war ihr Stil hauptsächlich den ptolemäischen Ägyptern entlehnt, später schlugen sich griechische Einflüsse nieder. Zu den genuin nabatäischen Merkmalen gehören die Urnen an der Spitze der in den Felsen gehauenen Fassaden. Viele der Gebäude hatten vermutlich üppige Gärten, und Schlucht und Tal werden mit weniger dauerhaften Holzgebäuden bebaut gewesen sein.

## Petras spätere Geschichte

Mit dem Aufstieg Roms wurde Petra Teil des römischen Einflussgebiets. Petráische Prinzen dienten im römischen Heer und gehörten vielleicht dem römischen Establishment an. Es war nicht unüblich, dass Vasallenkönige ihre Staaten Rom vererbten, und als 106 n. Chr. der letzte Nabatäerkönig Rabbel II. starb, gelangte Petra unter römische Kontrolle. Obwohl die Stadt als Hauptstadt von Arabia Petraea, der reichsten aller römischen Provinzen – eine Zeitlang produzierte sie ein Viertel der Wirtschaftsleistung des gesamten Imperiums –, überlebte,

*Felsengräber. Trotz eines offiziellen Verbots werden einige der Gräber noch immer von einheimischen Beduinen als Wohnhäuser genutzt.*

hatte der Niedergang bereits begonnen. Fortschritte in der Schiffstechnologie verliehen dem Seehandel größeres Gewicht, während die Landrouten mehr und mehr über römische Straßen verliefen, die Petra ausnahmslos umgingen.

Bis zur islamischen Eroberung hielt sich die Stadt als religiöses Zentrum. Der vorchristliche Glaube der Nabatäer und ihr religiöses Leben bleiben verhältnismäßig dunkel und bieten Raum für Spekulationen. Ihr wichtigster Gott war eine Sonnengottheit namens Dushara, und einigen eher hypothetischen Interpretationen des vorliegenden Materials zufolge standen ihm eine Muttergottheit und ein auferstandener Sohn zur Seite, die gemeinsam eine Dreiheit gebildet und das entstehende Christentum stark beeinflusst haben sollen. Wohlgemerkt handelt es sich um reine Spekulation. Unter den Byzantinern wurde Petra seit dem 4. Jahrhundert n. Chr. zu einem christlichen Zentrum mit einer byzantinischen Kirche, deren unglaubliche Mosaikböden noch heute besichtigt werden können. Zum Zeitpunkt der islamischen Eroberung war Petra eine weitgehend verlassene, von schweren Erdbeben beschädigte Stadt ohne Existenzgrundlage. Während der Kreuzzüge erlebte es als wichtiger Militärstützpunkt eine kurze Renaissance, als auf einem der hoch gelegenen Punkte, von denen aus man das ganze Tal überschaut, eine Festung errichtet wurde, doch unter den Osmanen geriet es in Vergessenheit.

Im 19. Jahrhundert war Petra die Heimat nomadischer Beduinenstämme, die Reisenden und vor allem Nichtmuslimen feindlich gesinnt waren. Dennoch erreichte die Erinnerung an diese exotische und verblüffende Stadt im Gebirge den Westen, und 1812 entschloss sich der Schweizer Forscher Johann Ludwig Burckhardt, den Ort zu besuchen. Burckhardt, der fließend Arabisch sprach und den Islam so gut kannte, das er allgemein als Experte für das Gesetz der Scharia galt, verkleidete sich als Scheich und gab vor, er sei ein frommer muslimischer Pilger, der hoffte, am Grab des Propheten Aaron eine Ziege opfern zu können. Das war nicht ungefährlich – sechs Jahre zuvor hatte der deutsche Forscher Ulrich Seetzen es mit einer ähnlichen List versucht und war ermordet worden. Mit Hilfe eines einheimischen Führers gelang es Burckhardt jedoch, die Siq-Schlucht zu durchqueren und als erster Europäer seit siebenhundert Jahren einen Blick auf die Wunder von Petra zu erhaschen.

Sechs Jahre später traten die Kapitäne Irby und Mangle in Begleitung eines Künstlers in seine Fußstapfen, und 1826 erstellte der französische Architekt und Forscher Léon de Laborde einen ersten systematischen Überblick über die Ruinen. Die Schriften und Bilder dieser Männer waren eine Sensation – Petra war zurück auf der Weltbühne. Heute ist es wahrscheinlich die größte Touristenattraktion in ganz Jordanien und nach wie vor Gegenstand intensiver archäologischer Forschung.

### Die meistverfluchte Stadt

Während die archäologischen Funde darauf hinweisen, dass Petra in früher biblischer Zeit noch nicht existiert hat, erzählt die Bibel eine andere Geschichte, in der die Zänkereien zwischen den Edomitern von Petra und den alten Hebräern die Propheten Israels dazu veranlassen, eine ganze Batterie von Flüchen auf die Peträer herabzurufen und Petra damit zum meistverfluchten Ort der Bibel zu machen. Mose war der erste, der es verfluchte, doch richtig giftig wurde der Hass, als die Peträer im 1. Jahrtausend v. Chr. die Eroberung Israels durch die Assyrer und Babylonier und die daraus erwachsende Leidenszeit der Hebräer bejubelten. Jesaja, Jeremia und Ezechiel beschwören Verzweiflung und Verderben auf Petra herab. Einige besonders harsche Worte finden sich bei Jesaja: »Der Herr ... hat sie [die Peträer] dem Untergang geweiht und zum Schlachtopfer bestimmt. [...] Ihr Land wird betrunken vom Blut, ihr Erdreich ist getränkt von Fett ...«

# Troja

**LAGE:** DARDANELLEN, TÜRKEI
**ERBAUUNGSZEIT:** CA. 2600 V. CHR.
**VERLASSEN:** IN RÖMISCHER ZEIT
**ERBAUER:** TROJANER? VASALLENKÖNIGE DER HETHITER?
**BESONDERHEITEN:** ZAHLREICHE BESIEDLUNGSPHASEN; MASSIVE WÄLLE UND ZITADELLE; SCHATZ DES PRIAMOS

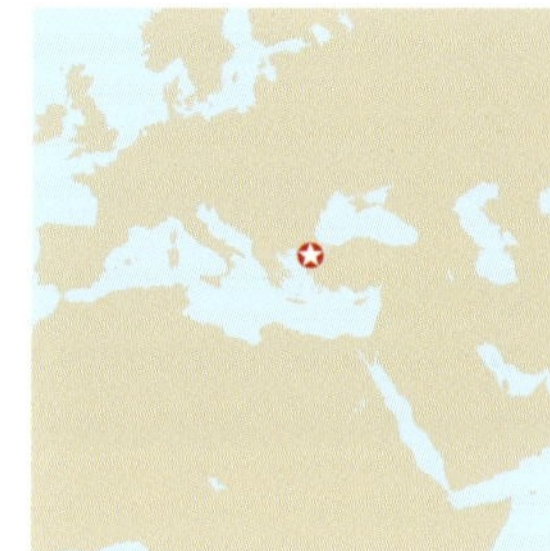

Für die alten Griechen und Römer gab es kaum Zweifel daran, dass Troja ein realer Ort und Homers Epos ein Tatsachenbericht war, doch die kritische moderne Geschichtsschreibung verbannte Troja ins Reich der Legende. Heinrich Schliemanns bahnbrechende und umstrittene Arbeiten haben hier einen grundlegenden Wandel herbeigeführt, und heute ist Troja wieder der Schauplatz erbitterter Kämpfe, die allerdings rein akademischer Natur sind und Homers Historizität betreffen.

Der Stützpfeiler der griechischen Literatur und damit letztlich auch ein Grundstein des westlichen Kanons war der epische Gedichtzyklus über die Trojaexpedition der Achäer – der bronzezeitlichen Griechen – und die vielen Helden, Götter, Schlachten und Abenteuer, die man damit in Verbindung brachte. Nichts ist von diesen Epen erhalten außer der Ilias und der Odyssee des Homer, die uns jedoch ein klares Bild von einer großen Stadt vermitteln, die damals auf einem Hügel nahe der Mündung des Flusses Skamandros in einer Gegend namens Troas (dem heutigen Çanakkale in der Türkei) gelegen haben soll.

Diese Stadt war als Troja oder auch als Ilium bekannt. Das legendäre Troja gelangte zu großem Wohlstand, weil es die Handelsstraßen von der Ägäis über die Dardanellen zum Schwarzen Meer kontrollierte und das Umland beherrschte. Hinter seinen mächtigen und scheinbar unüberwindlichen Befestigungswällen kleideten sich die Bewohner in exotische Gewänder und waren bekannt für ihre meisterliche Eisenverarbeitung. Diversen griechischen Mythen und Überlieferungen zufolge waren die Trojaner achäischer Abstammung.

In der Antike datierten griechische Historiker den trojanischen Krieg, der zehn Jahre gedauert haben soll, in die Zeit zwischen dem 14. und dem 12. Jahrhundert v. Chr. – vorzugsweise auf 1193–1183 v. Chr. Dieser Krieg gipfelte in der Zerstörung Trojas; die Trojaner wurden zersprengt, ihr Land schließlich von späteren Einwanderern in Besitz genommen. Doch seit dem homerischen Zeitalter, dem 8. Jahrhundert v. Chr., glaubten die Griechen, die Lage der alten Stadt zu kennen, und Alexander der Große besuchte sie 334 v. Chr. Der römische Kaiser August gründete dort eine Stadt, die er Novum Ilium (Neu-Troja) nannte und die dreihundert Jahre lang gedieh, bis sie unter byzantinischer Herrschaft verfiel. Zur Zeit der islamischen Eroberung war die Stadt erneut verlassen und der Ort in Vergessenheit geraten. Zwar blieb die Erinnerung an das antike Troja Homer sei Dank bestehen, doch nachdem die europäischen Intellektuellen begonnen hatten, kritischer mit historischen Daten umzugehen, nahm man gemeinhin an, dass die Geschichten nur wenig mehr als Mythen sind.

## Der zweite Zerstörer

Ein Mann jedoch teilte diese Auffassung nicht: der deutsche Geschäftsmann und Hobby-Archäologe Heinrich Schliemann. Schliemann, der schon als kleiner Junge von Troja fasziniert war, hatte mit Geschäften in Russland und Amerika ein Vermögen gemacht und sich das Ziel gesteckt, Homers Historizität zu beweisen. Homers Epen enthalten konkrete geographische Informationen, und auch wenn der Küstenverlauf in der Region sich im Lauf der Jahrtausende verändert hat, wiesen einige Indizien auf einen Hügel in der Nähe eines Dorfs namens Hisarlik hin. 1870 begann Schliemann mit den Grabungen und stellte rasch fest, dass der Hügel die Überreste mehrerer antiker Städte barg, die in aufeinanderfolgenden Besiedlungsphasen übereinander gebaut worden waren.

Überzeugt, dass er Troja entdeckt hatte, jedoch zu ungeduldig für die mühseligen Methoden der konventionellen Archäologie, ließ Schliemann seine Arbeiter einen Graben bis hinab zu der untersten, das heißt ältesten Schicht ausheben, die er für das homerische Troja hielt. Damit pflügte er sich durch nicht weniger als acht weitere Bebauungsphasen und richtete so großen Schaden an, dass manche seiner Zeitgenossen ihn »den zweiten Zerstörer Trojas« nannten.

Schließlich kam er zu dem Schluss, dass Troja II, die vorletzte Siedlung – Troja I ist das älteste und IX das jüngste –, mit seinen mächtigen Steinwällen und Türmen und großen öffentlichen Gebäuden die Stadt von Priamos und Paris sein musste. Eine Schicht Asche, die diese Phase von der nächsten trennte, wies darauf hin, dass die Stadt niedergebrannt worden war, und entsprach somit der homerischen Beschreibung.

*Diese Wälle zählen zu den besterhaltenen Ruinen in Troja und bezeichnen für die meisten Reisegruppen den Haupteingang zur Ausgrabungsstätte. Sie gehören wahrscheinlich zu der als Troja VI bekannten Besiedlungsphase, vielleicht auch zu Troja VII.*

Die Berichte von Schliemanns Entdeckung erregten weltweites Aufsehen, doch das Beste sollte noch kommen. 1873 legte er nach eigenen Berichten mehrere Tongefäße am Boden eines Gebäudes frei, das er für den Palast des Priamos hielt. Sie enthielten einen märchenhaften Gold- und Silberschatz mit exotischen Kopfbedeckungen und Perlen, Tellern und Trinkbechern. Aus Griechenland herausgeschmuggelt und 1874 der Weltöffentlichkeit präsentiert, verursachte dieser »Schatz des Priamos«, wie Schliemann ihn voreilig nannte, eine Sensation und veränderte das Image der Archäologie für immer, indem er ihr einen romantischen Beigeschmack von Abenteuer und Schatzsuche verlieh.

Schliemanns zwielichtige Transaktion machte ihn in der Türkei zur Persona non grata, und er wurde durch professionelle Archäologen ersetzt, die prompt bewiesen, dass er sich in den meisten seiner Annahmen geirrt hatte. Troja II wurde schon bald als eine Stadt aus der frühen Bronzezeit identifiziert und auf 2600–2250 v. Chr. datiert, also über tausend Jahre vor der vermuteten Regierungszeit des Priamos. Die anderen bedeutenden Phasen waren Troja VI, eine hochbronzezeitliche Zitadelle mit mächtigen Stadtmauern und palastähnlichen Gebäuden, und die Nachfolgestadt Troja VII, die beide als weitaus wahrscheinlichere Kandidaten für das homerische Troja gelten. Troja IX war Novum Ilium, die von den Römern gegründete Stadt.

### Troja II

Was das Alter von Troja II betrifft, mag Schliemann sich zwar geirrt haben, doch dass es sich um eine wichtige und beeindruckende Siedlung handelte, liegt auf der Hand. Troja II war eine befestigte Zitadelle mit Wällen aus Steinblöcken und Lehmziegeln, ebenmäßigen Türmen und mächtigen Toren, von denen eines über eine steinerne Rampe für Pferde und Wagen verfügte. Innerhalb der Wälle lagen zwei großzügige öffentliche Plätze, einer davon mit einem Säulengang, der zu einem großen Gebäude aus Stein und Lehmziegeln führte. Dieses so genannte Megaron ähnelt den mykenischen Palästen, die tausend Jahre später in Griechenland gebaut wurden. Es hatte eine von Säulen flankierte Pforte, die in eine große Halle mit einer riesigen Feuerstelle führte, und war wahrscheinlich die Halle des Siedlungsoberhauptes. Gemeinsam mit den von Schliemann entdeckten Schätzen zeigen diese Funde, dass Troja II außerordentlich wohlhabend war. Hinweise auf Textilindustrie geben zumindest von einer Quelle des Reichtums Kunde; eine andere wird die strategisch günstige Lage der Siedlung zu den Handelsstraßen durch die Dardanellen gewesen sein, was auch durch zahlreiche Funde wie Keramik und importierte Metalle gestützt wird, die auf einen ausgiebigen Handel mit dem Mittelmeerraum hinweisen.

### Troja VI

Die beeindruckendsten Ruinen des gesamten Ausgrabungsbezirkes stammen aus der Troja VI genannten Besiedlungsphase, die auf die Mitte des 2. Jahrtausends v. Chr. datiert wird. Imposante Befestigungen mit mächtigen, über vier Meter dicken, mit Lehmziegeln verkleideten Wällen aus behauenen Kalksteinblöcken und fünf von hohen Türmen geschützte Tore umgaben eine Burganlage aus konzentrischen Kreisen großer Gebäude auf stufenförmig ansteigenden Terrassen. Einige dieser Gebäude sind zweistöckig; sie bestehen aus Holz und Ziegeln, haben steinerne Fundamente und waren vielleicht Paläste oder Villen. In jedem Fall war Troja VI ein wirtschaftlich und militärisch bedeutendes Zentrum, auch wenn der befestigte Bereich mehr von einer Zitadelle als von einer Metropole hatte. 1988 förderten weitere Ausgrabungen jedoch Stadtmauern zutage, die ein sehr viel größeres Gebiet umschlossen: Hier fanden bis zu 10.000 Einwohner Platz.

*Eine phantasievolle Rekonstruktion des trojanischen Pferdes. Dem epischen Zyklus zufolge waren die Griechen es nach zehn Jahren leid, Troja weiter zu belagern, und verfielen auf die schlaue List, Truppen in einem gewaltigen Holzpferd zu verstecken, das sie bei ihrer Abreise als vermeintliche Opfergabe hinterließen, um die Götter zu besänftigen – entsprechend der Sitte, dass ein General nach einer Niederlage sein Pferd übergibt. Die jubelnden Trojaner zogen das Pferd in ihre Stadt, und in der Nacht kletterten die Griechen aus ihrem Versteck und zerstörten die Stadt. In Homers »Odyssee« wird das trojanische Pferd nur kurz erwähnt; er beschreibt »des hölzernen Rosses Erfindung, welches Epeios baute mit Hilfe der Pallas Athene, und zum Betrug in die Burg einführte der edle Odysseus mit bewaffneten Männern gefüllt, die Troja bezwangen.« Eine detailliertere Schilderung findet sich in Vergils »Aeneis«, in der von einem »bergähnlichen Ross« mit Rippen aus »tannenen Bohlen« die Rede ist.*

*Das Amphitheater aus der römischen Besiedlungsphase, als Troja unter dem Namen Novum Ilium bekannt war (Troja IX). Die römische Stadt wurde errichtet, nachdem die dortige griechische Stadt 85 v. Chr. unter Sulla zerstört worden war. Sie blühte mehrere Jahrhunderte, wurde jedoch irgendwann im 5. Jahrhundert n. Chr. aufgegeben.*

War also Troja VI das Troja des Homer? Eine Zeitlang galt dies als wahrscheinlich, doch Troja VI wurde vermutlich zwischen 1800 und 1300 v. Chr. erbaut und liegt damit außerhalb der Zeit, die die meisten traditionell für die Epoche des homerischen Troja halten. Und was noch wichtiger ist: Es finden sich dort keine der vielsagenden Anzeichen für Krieg oder Belagerung wie Asche von Bränden, vergrabene Vorräte oder Schätze, von fliehenden Bewohnern zurückgelassene Besitztümer oder die Skelette gewaltsam Getöteter. Vermutlich wurde die Stadt durch ein Erdbeben zerstört.

### Troja VIIa

In der nächsten Bebauungsschicht, die als Troja VIIa bekannt ist, weil es sich hierbei um die erste von mehreren untergeordneten Besiedlungsphasen handelt, spricht dagegen vieles für einen Krieg. Troja VIIa war im Wesentlichen dieselbe Stadt wie Troja VI, das offenbar nach dem Erdbeben wieder besiedelt und teilweise wiederaufgebaut worden war. Die Funde weisen darauf hin, dass die Lebensbedingungen sich jedoch geändert hatten: Einige der großen Villen der früheren Phase waren nun in mehrere Wohneinheiten aufgeteilt und die schadhaften Befestigungen früherer Epochen nur notdürftig repariert und nicht vergrößert und verbessert, wie es die Trojaner vergangener Generationen getan hatten. Die neuen Gebäude standen enger zusammen und waren kleiner – vielleicht ein Hinweis darauf, dass die Menschen, die bisher in der größeren Metropole gelebt hatten, sich nun aus Sicherheitsgründen in der Zitadelle zusammendrängten.

Hier finden sich aussagekräftige Hinweise auf Krieg und Belagerung. Viele Häuser haben in den Boden eingelassene Lagerräume für große Tongefäße, in denen man vermutlich Vorräte für Belagerungszeiten aufbewahrte; zudem sind Skelette gefunden worden, in denen Pfeilspitzen steckten, und die Stadt ist unter einer Ascheschicht begraben. Troja VIIa wird auf ca. 1250 v. Chr. datiert, und auch wenn der genaue Zeitpunkt seiner Zerstörung heftig umstritten ist, fand diese vermutlich um 1200 v. Chr. statt, was der klassischen griechischen Datierung des trojanischen Krieges entspricht.

## Das hethitische Wilusa

Ein wichtiger Hinweis, der eine Verbindung zwischen der Stadt bei Hisarlık und den homerischen Epen herzustellen scheint, stammt aus den Aufzeichnungen der Hethiter, jener Zivilisation, unter deren Kontrolle die Troas wohl im späten 13. Jahrhundert v. Chr. gefallen ist. Hethitische Texte erwähnen die Ortsnamen Wilusa und Taruisa. Die mykenischen Griechen kannten einen Buchstaben »w«, der von den späteren Griechen nicht mehr benutzt wurde, und das bei der »Ilias« verwendete Metrum deutet darauf hin, dass Ilion ursprünglich Willion geheißen hat, was wahrscheinlich von Wilusa abgeleitet ist. Indes ist Taruisa lexikalisch mit Troas und Troja verwandt. Andere Texte beschreiben Merkmale von Wilusa wie einen Wassertunnel, die sich mit archäologischen Funden in Hisarlık in Verbindung bringen lassen. Briefe hethitischer Diplomaten erwähnen einen Vorfall im Zusammenhang mit Wilusa und den Angriff einer Nation, die Ahhiyawa genannt wird – möglicherweise eine hethitische Bezeichnung für die Achäer.

## Homers Troja?

Troja VIIa scheint also der wahrscheinlichste Kandidat für die echte homerische Stadt zu sein, doch es ist umstritten, ob die Funde wirklich zu dieser Schlussfolgerung berechtigen und ob die Epen überhaupt historisch verwertbare Informationen enthalten. Der hethitische Textbeleg ist für sich genommen nicht aussagekräftig, und es gibt keinen direkten Hinweis, der die Ausgrabungsstätte bei Hisarlık mit Wilusa oder den Ortsnamen Ilion oder Troja in Verbindung bringt. Einige Wissenschaftler vertreten daher die Auffassung, dass es nie eine Stadt namens Troja gegeben hat und das die Menschen der Antike den Namen einer Landschaft (Troas) für den Namen einer Stadt gehalten hätten.

Wie erklärt sich dann aber die Genauigkeit, mit der Homer die geographische Lage von Troja/Hisarlık beschreibt? Neuere Forschungen über den früheren Küstenverlauf in diesem Bereich – ehe sich die Küste infolge von Ablagerungen landeinwärts verlagerte – weisen darauf hin, dass dieser wie auch andere Merkmale von Hisarlik der homerischen Beschreibung recht nahe kommt. Daes könnte jedoch auch lediglich ein Hinweis darauf sein, dass Homer die Gegend bereist hat, ehe er seine Epen verfasste. Die Griechen hatten das Gebiet erst kurz zuvor besiedelt, und es ist möglich, dass sie nach einem Platz Ausschau hielten, dem sie bereits bestehende Legenden und volkstümliche Schlachtenüberlieferungen zuordnen konnten. Es wäre also möglich, dass die Stadt bei Hisarlık, die zu Homers Zeiten wohl nur noch aus Ruinen bestand, im Nachhinein mit Troja identifiziert wurde.

Wenn Homer Recht hat, dann waren die Achäer, die Troja zerstörten, bronzezeitliche Griechen, das heißt Mykener. Linguistisch gesehen lassen sich die Epen mit Sicherheit auf mykenische Legenden und Überlieferungen zurückführen, doch es gibt keinerlei Hinweise darauf, dass Troja VIIa oder eine andere Besiedlungsphase von den Mykenern zerstört worden ist. Tatsächlich glauben die Archäologen, dass die Mykener in der fraglichen Epoche, also um 1200 v. Chr., durchaus mit dem Zusammenbruch ihrer Zivilisation im griechischen Kernland beschäftigt gewesen sein könnten, wo die meisten ihrer bedeutenderen Städte anscheinend genau um diese Zeit zerstört wurden.

Letztlich ist es vielleicht ein vergeblicher Versuch, zwischen den homerischen Epen – literarischen Fiktionen auf der Basis alter mündlicher Überlieferungen – und einem realen Ort eine konkrete Verbindung herstellen oder gar durch die archäologische Erforschung einer über 4000 Jahre alten Anlage beweisen zu wollen, dass die homerischen Charaktere tatsächlich existiert haben. Die Ausgrabungen bei Hisarlik beweisen aber immerhin, dass hier 2000 Jahre lang eine bedeutende Stadt gestanden hat – das Zentrum einer beeindruckenden Kultur, über die wir bisher nur sehr wenig wissen.

# Pergamon

**LAGE:** NORDWESTTÜRKEI, NAHE DER ÄGÄISKÜSTE
**ERBAUUNGSZEIT:** CA. 300 V. CHR.
**VERLASSEN:** CA. IM 8. JAHRHUNDERT N. CHR.
**ERBAUER:** GRIECHISCHE ATTALIDEN
**BESONDERHEITEN:** AKROPOLIS; ZEUSALTAR; BIBLIOTHEK VON PERGAMON; ASKLEPIEION; AMPHITHEATER; TRAJANEUM; ROTE BASILIKA; STATUEN UND FRIESE

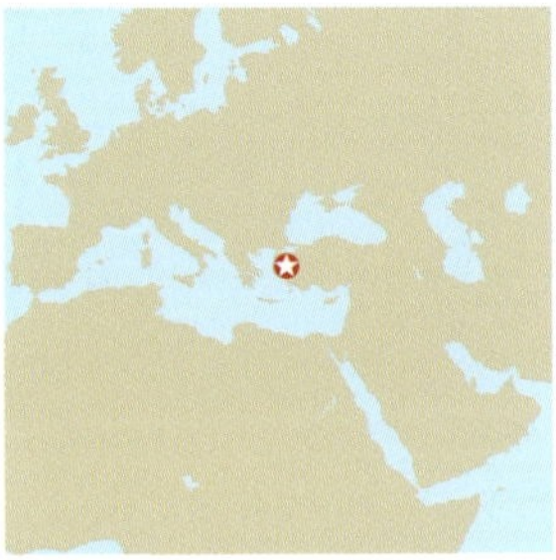

Pergamon galt weithin als die schönste und kultivierteste Stadt ihrer Zeit und war berühmt für die Gelehrten ihrer Bibliothek, die künstlerischen Leistungen ihrer Architekten und Bildhauer, die aufgeklärte Regierungsform und die medizinischen und therapeutischen Kräfte seines großen Asklepieions. Historisch gesehen überbrückte es die Kluft zwischen dem klassischen Griechenland und dem Zeitalter Roms.

Pergamon, das auch Pergamom oder Pergamum genannt wird, war ein antiker griechischer Stadtstaat in Mysien im nordwestlichen Anatolien, der, was den Ruhm und die Errungenschaften des Hellenismus betraf, nach und nach zu einem Rivalen so bedeutender Zentren wie Athen und Alexandria aufstieg. Die Stadt war um eine Akropolis herum angelegt, die auf einem 355 Meter hohen Vorsprung zwischen zwei Zuflüssen des Caicus (heute Bakirçay) unweit der Ägäisküste erbaut worden war. Pergamon war eine eher unbedeutende Siedlung, bis Lysimachos es im 3. Jahrhundert v. Chr. zu einer Festung ausbaute, um seinen Schatz dort aufzubewahren. Lysimachos war einer der Generäle Alexanders des Großen gewesen. Nach dessen Tod hatte er die Kontrolle über Anatolien übernommen und stritt mit Seleukos von Syrien um die Herrschaft in Kleinasien. Als er 281 v. Chr. in der Schlacht von Kurupedion von seinem östlichen Rivalen getötet wurde, bemächtigten sich die Männer, denen er die Festung anvertraut hatte, des Schatzes und machten Pergamon zu ihrem Hauptquartier.

## Die Attaliden

Philataerus war der Begründer der nach seinem Vater Attalus benannten Attalidendynastie. Sein Nachfolger Eumenes sicherte die Stadt, doch erst sein Neffe Attalus I. (269–197 v. Chr.) erwarb Pergamon ewigen Ruhm, als er die Galater besiegte – Kelten aus Thrakien, die 278 v. Chr. nach Kleinasien gekommen waren und die griechischen Staaten der Region jahrzehntelang mit ihren Raubzügen und Plünderungen terrorisierten. Die meisten Herrscher kauften sich mit Tributzahlungen frei, doch Attalus I. weigerte sich und vernichtete das keltische Heer in einer großen Schlacht. Das Original der berühmten Figur »Der sterbende Gallier« war ursprünglich zum Gedenken an diesen Sieg in Pergamon aufgestellt worden. Gepriesen als der Retter des griechischen Kleinasiens nahm Attalus den Namen »Soter« (»Retter«) an und erklärte sich selbst zum König. Zudem knüpfte er enge Kontakte zur aufsteigenden Macht im Westen – den Römern.

Sein Sohn Eumenes II., der von 197 bis 159 v. Chr. regierte, initiierte ein umfangreiches Bauprogramm und machte Pergamon zu einer der bedeutendsten Städte der griechischen Welt – in architektonischer, kultureller und politischer Hinsicht ein neues Athen. Seine Bevölkerung wuchs auf über 200.000 an. Spätere Herrscher steigerten ihre Macht durch ein enges Bündnis mit Rom und brachten schließlich einen Großteil Kleinasiens unter ihre Kontrolle.

*Die Ruinen der Akropolis von Pergamon mit dem Trajaneum im Vordergrund*

TT 441

## Das römische Pergamon

Attalus III. hatte keinen Erben, und um Nachfolgestreitigkeiten zu vermeiden, vererbte er sein Königtum an Rom. Mit seinem Tod 133 v. Chr. kam Pergamon in römischen Besitz. Da die Römer jedoch durch innenpolitische Probleme abgelenkt waren, griff ein einheimischer Prinz namens Aristonicus, ein illegitimer Sohn Eumenes' II., nach der Macht. Er stützte sich bei diesem Umsturzversuch, der als einer der ersten Versuche einer Volksrevolution bezeichnet worden ist, auf Sklaven und Bedienstete. Aristonicus gab sich selbst den Namen Eumenes III. und versprach die Gründung eines Staates namens Heliopolis, wo alle in Freiheit leben sollten, wurde jedoch von einer römischen Armee besiegt und zur Hinrichtung nach Rom gebracht.

Pergamon kam also wieder unter römische Kontrolle, doch alles in allem respektierten die Römer das Eigentum und die Autonomie der Stadt, die sie zur Hauptstadt der Provinz Asia Minor machten. In Anerkennung ihres Einflusses und ihrer Bedeutung erhielt die Stadt die Genehmigung, Tempel für den Kaiserkult zu bauen, darunter einen zu Ehren des Augustus und einen zu Ehren des Kaisers Trajan. Unter den Römern setzte sich Pergamons Blütezeit noch einige Jahrhunderte lang fort, und es behielt seinen guten Ruf als Zentrum von Gelehrsamkeit und Bildung, Künsten und Architektur sowie Heilung und Medizin. Unter den Byzantinern verfiel die Stadt, war jedoch zum Zeitpunkt der arabischen Invasion im 8. Jahrhundert n. Chr. noch bewohnt.

## Die Akropolis

Die wichtigsten Bauten von Pergamon standen auf der Akropolis, die sich in einer Reihe künstlicher Terrassen an den Steilhängen des zentralen Hügels nach unten erstreckte. Oben lagen die Königspaläste und Arsenale (Kasernen und militärische Lagerhäuser). In östlicher Richtung beherbergten niedrigere Terrassen den Temenos oder heiligen Bezirk, wo auch die den römischen Kaisern geweihten Tempel standen, sodann die berühmte Bibliothek und das angeschlossene Athena-Heiligtum, den Zeusaltar und darunter die Agora (Forum/Markplatz). Gegenüber lag nach Süden gerichtet ein in den Berghang gehauenes großes Amphitheater, das das Stadtbild noch heute prägt und 10.000 Personen Platz bot. Daneben stand ein Tempel, der Dionysos, dem Gott des Weins und des Vergnügens, geweiht war, und unterhalb verlief eine gewaltige, 247 Meter lange Stoa (Säulenhalle). Des Weiteren umfasste die Akropolis die Heroa oder Königsgräber und die Propyläen oder monumentalen Torbauten.

Unterhalb der Akropolis befand sich ein Gymnasion – ein Zentrum für die physische, intellektuelle und moralische Erziehung der städtischen Jugend. Mit seinen 200 × 150 Metern war es das größte Gymnasion der griechischen Welt und spiegelte die Bedeutung wider, die die Attaliden der Bildung beimaßen – aus Profilierungs- und Statusgründen finanzierten sie auch Bildungseinrichtungen in anderen griechischen Städten. Es hatte drei Ebenen, die jeweils unterschiedlichen Altersgruppen zugewiesen waren, mit Übungsplätzen, Lesesaal, eigener Bibliothek, Bädern und einem Tempel. Von der Unterstadt führte eine heilige Straße nach Südwesten zum Asklepieion.

## Der Altar und andere Tempel

Pergamon beherbergte einen Tempel für den Kult des Augustus – des ersten römischen Kaisers, der in seiner Heimat beträchtliche Unruhe auslöste, als er sich selbst die Genehmigung erteilte, noch zu Lebzeiten als Gott verehrt zu werden – und des Trajan. Sein Tempel, das Trajaneum, ein weißer Marmorbau mit 54 Säulen, der unter seinem Nachfolger Hadrian fertiggestellt wurde, wird zurzeit von deutschen Archäologen restauriert. Solche Tempel zu bauen hatte finanzielle und politische Vorteile, weil es die Stadt einem besonderen kaiserlichen Schutz unterstellte und die Bande mit Rom enger knüpfte. Südlich der Akropolis, in der eigentlichen Stadt, befand sich ein Serapion – ein Tempel des ägyptischen Gottes Serapis, über dem später eine christliche Kirche, die »Rote Basilika«, errichtet wurde. Die christliche Gemeinde in Pergamon war eine der sieben Kirchen Asiens, an die die Geheime Offenbarung gerichtet ist.

Das berühmteste religiöse Bauwerk in Pergamon befindet sich jedoch nicht mehr vor Ort, sondern ist zwischen 1879 und 1904 von deutschen Archäologen komplett abtransportiert worden. Die Rede ist vom Zeus- oder Pergamonaltar, der heute im Pergamonmuseum in Berlin zu besichtigen ist. Von Eumenes II. nach siegreichen Schlachten gegen die Galater errichtet, erinnerte er demonstrativ an den berühmten Sieg, den sein Vater über dieselben Feinde errungen hatte, und enthielt zudem eine grundlegendere Aussage über Pergamons Stellung in der griechischen Welt. Ein quadratisches Stufenpodium führte zu einer Terrasse mit einem zentralen Altar empor, der in Hufeisenform von einer Säulenhalle umgeben war. Den oberen Abschluss dieser Säulenhalle bildete ein 113 Meter langer Fries mit einer Darstellung der Gigantomachie, des Krieges zwischen den olympischen Göttern und den Titanen, und anderen mythologischen Szenen. Nach den Skulpturen des Phidias vom Parthenon gilt dieser Fries als das großartigste Zeugnis der klassischen griechischen Bildhauerkunst – Pergamon war berühmt für seine Bildhauerei. In der Gigantomachie triumphieren die Olympier über die Mächte des Chaos, die Titanen, und bringen der Welt Ordnung und Harmonie. Auf diese Weise wollten die Bewohner von Pergamon ihre Rolle als wahre Beschützer der griechischen Weltordnung versinnbildlichen, die sie übernommen hatten, da Athens Bedeutung im Schwinden war. Der Altar enthielt zudem einen Fries, der die Geschichte von Pergamons mythischem Gründer Telephos erzählte. Das war ein Versuch, die anderen Griechen, die die Pergamener gemeinhin für Emporkömmlinge hielten, vom vorgeschichtlichen göttlichen Ursprung der Stadt und ihrer Herrscher zu überzeugen.

## Die Bibliothek

Pergamons Vorrangstellung zog zahlreiche Gelehrte, Philosophen und Wissenschaftler an, und die Attaliden selbst waren eifrige Sammler von Schriftrollen und Büchern. Das Zentrum dieser intellektuellen Aktivität war die Bücherei von Pergamon, die sich nur einem Erzrivalen geschlagen geben musste: der Bibliothek von Alexandria. Antike Schriftsteller gaben an, dass sie 200 000 Schriftrollen enthalten habe, was allerdings deutlich übertrieben zu sein scheint, denn die Überreste deuten auf die bescheidenere Zahl von 17 000 hin. Die Bücherei umfasste Lesesäle und Lagerregale für Dokumente und soll über ein eingebautes Klimatisierungs- und Belüftungssystem verfügt haben, um die Schriftrollen und Bücher trocken zu halten. Ihr Niedergang begann angeblich, als Marcus Antonius die gesamte Sammlung als Hochzeitsgeschenk für Kleopatra abtransportierte, um die Bestände der Bibliothek von Alexandria aufzufüllen.

*Das Trajaneum, ein dem Kult des Kaisers Trajan geweihter Tempel, auf der Akropolis von Pergamon. Dieser Tempel wird zurzeit von deutschen Archäologen restauriert.*

*Blick vom Asklepieion über die heilige Straße, die von dort aus ins Stadtzentrum führte; im Hintergrund auf dem Hügel die Akropolis*

Eine andere populäre Legende über die Bibliothek von Pergamon ist bei Plinius überliefert, der schreibt, dass das Pergament-Papier, das aus Tierhäuten hergestellt wurde und mehrfach gefaltet werden konnte, in Pergamon erfunden worden sei, nachdem der ägyptische Herrscher Ptolemäus die Ausfuhr von Papyrus verboten hatte, und dass das Pergament so

## Traumtherapie

Ein zentrales Element antiker Heilungsmethoden war eine Art Traumtherapie, bei der die Patienten zu den Göttern der Heilkunst beteten, damit diese ihnen in ihrem Leiden halfen. Anschließend schliefen sie in eigens dafür eingerichteten Zellen oder Zimmern und wurden, wie man glaubte, unter dem Einfluss der Schutzgeister des Asklepieions von diagnostischen und therapeutischen Träumen heimgesucht, für deren Analyse und Interpretation Priesterärzte bereitstanden.

### Das Asklepieion

Einige Kilometer südlich der eigentlichen Stadt lag das Asklepieion, eine Art Kurklinik mit angeschlossenem Asklepiostempel – Asklepios war der Gott der Heilkunst –, Bädern, Zimmern, einem Theater, Behandlungsräumen, einer Bücherei und einer Einrichtung für Traumtherapie. Seine Blütezeit erlebte das Asklepieion unter den Römern, insbesondere unter Kaiser Hadrian, und es galt als eines der Wunder der römischen Welt. Von überallher kamen Patienten und Gelehrte, darunter Berühmtheiten wie Aristides und Galen, der Pergamener Arzt aus dem 2. Jahrhundert n. Chr., dessen Werke für die nächsten 1.600 Jahre die Grundlage der abendländischen Medizin bildete. Das therapeutische Angebot umfasste heiße und kalte Bäder, Schlammpackungen, Gebet und alle Errungenschaften der griechisch-römischen Medizin.

zu seinem Namen gekommen, also nach der Stadt benannt worden sei. In Wirklichkeit war das Pergament lange vor Ptolemäus in Gebrauch, doch es ist denkbar, dass eine Einschränkung der Lieferungen aus Ägypten die Pergamener zwang, Pergament zu benutzen oder die Herstellung desselben zu perfektionieren.

# Ephesus

**LAGE:** ÄGÄISKÜSTE IM NORDWESTEN DER TÜRKEI
**ERBAUUNGSZEIT:** 10. JAHRHUNDERT V. CHR.
**VERLASSEN:** CA. IM 15. JAHRHUNDERT N. CHR.
**ERBAUER:** GRIECHISCHE SIEDLER
**BESONDERHEITEN:** ARTEMISION; ODEON; CELSUS-BIBLIOTHEK; GROSSES THEATER; DOPPELKIRCHE DER HLL. MARIA UND JOHANNES; KONSTANTINSBÄDER; STATUEN DER AMAZONEN

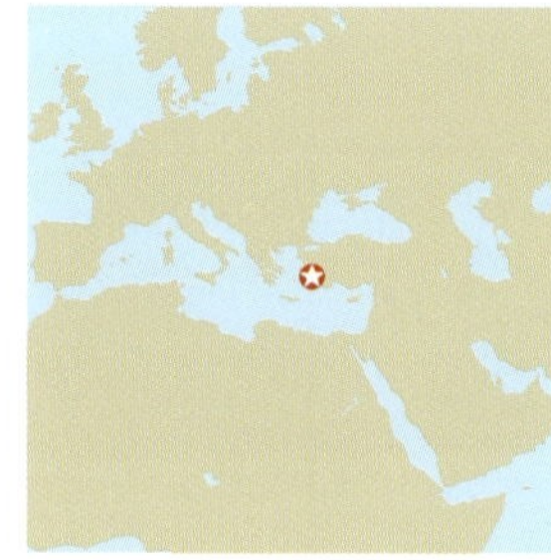

Jahr für Jahr stapfen Zehntausende von Touristen in einer meilenweit vom Meer entfernten Ansammlung staubiger Ruinen umher, bestaunen zerborstene Gehwegplatten, eine gelegentliche Reihe niedriger, eingestürzter Ladenfronten und die rekonstruierte Fassade einer antiken Bibliothek, bis sie schließlich zu einer sumpfigen Niederung gelangen, wo eine einzelne Säule und einige umherliegende Steinblöcke an das erinnern, was einst das größte Bauwerk des antiken Griechenland und das Herz einer der größten Metropolen der alten Welt gewesen ist.

Vor 1800 Jahren hätte den Besucher ein ganz anderer Anblick erwartet, denn dies hier war Ephesus: die größte Stadt in Kleinasien, der reichste Hafen des Römischen Reichs und der Standort des Artemistempels, einer uralten Kultstätte und eines der sieben Weltwunder der Antike. Das Auge des Besuchers hätte sich an einer großen Menge öffentlicher Gebäude aus weißem Marmor erfreut, an den geschäftigen, vom Wasser der Ägäis umspülten Schiffsanlegeplätzen, wo sich Kaufleute aus aller Herren Länder drängten, den Maultierkarawanen und Wagen, die Güter und Menschen aus dem anatolischen Hinterland hierher und wieder zurück beförderten, den Schleppkähnen und Booten auf dem Fluss Kaystros, dem üppigen, fruchtbaren Ackerland der gesamten Ebene.

Über allem erhob sich der kolossale Tempel mit seinen Scharen von Priestern, Astrologen, Marktschreiern, diskutierfreudigen Christen, Straßenkünstlern und -händlern, Handwerkern und Pilgern aus so fernen Ländern wie Persien oder Britannien.

## Stadt der Amazonen

Griechische Siedler aus Athen und Ionien hatten die Stadt ungefähr im 10. Jahrhundert v. Chr. an der Stelle einer älteren hethitischen Siedlung namens Apasa gegründet. Zwischen sanften Hügeln und fruchtbaren sumpfigen Ebenen mündete der Fluss Kaystros – der Kleine Mäander oder Küçük Menderes im modernen Türkisch – in die Ägäis, und dort bauten die Griechen ihre Stadt, wobei sie eine bereits bestehende Kultstätte übernahmen, die der regionalen Göttin Kybele geweiht war. Sie wurde von den Neuankömmlingen mit Artemis identifiziert und sollte im Lauf der Zeit viele Attribute von Fruchtbarkeitsgöttinnen und jungfräulichen Jägerinnen in sich vereinen. Später beanspruchten die Griechen einen mythischen Ursprung für ihre Stadt, deren Gründung sie nun den Amazonen und nach ihnen dem athenischen Prinzen Androklos aus dem 11. Jahrhundert v. Chr. zuschrieben.

Die Kolonie wuchs und gedieh, und die um 700 v. Chr. dort geprägten Münzen zählen zu den frühesten überhaupt. Im 7. Jahrhundert v. Chr. wurde die Siedlung von umherziehenden Kimmerern geplündert, die das Artemision, den Artemistempel, nieder brannten. Später fiel sie nach einer Belagerung den Lydern in die Hände, deren König Krösus mit seinem legendären Reichtum den Wiederaufbau des Artemisions finanzierte. Als Kyros von Persien Lydien 547 v. Chr. eroberte, geriet die Stadt unter persische Herrschaft, doch aus Respekt vor dem Tempel ließen die persischen Großkönige die Stadt unversehrt. 334 freute sich Ephesus über die Ankunft Alexanders des Großen, der seine demokratische Regierung wieder einsetz-

*Das große Theater von Ephesus, Austragungsort von Gladiatorenkämpfen und Schauplatz eines gewaltigen Aufruhrs, den Paulus von Tarsus mit seiner antiheidnischen Botschaft ausgelöst hatte.*

te, und kam dann unter die Kontrolle von dessen General Lysimachos, der viele der Einwohner aus der niedrig gelegenen sumpfigen Ebene auf die Hügel umsiedelte und die Stadt mit einem Befestigungswall umgab.

## Ephesus unter den Römern und Byzantinern

Lysimachos wurde von den Seleukiden besiegt, die ihrerseits den Römern weichen mussten. Nachdem diese wiederum die Stadt an Pergamon (s. S. 46) übergeben hatten, kam sie 133 v. Chr. erneut unter römische Kontrolle. Unter den Römern wetteiferte Ephesus mit Pergamon um den Rang der wichtigsten Metropole Asiens und wurde schließlich Hauptstadt der Provinz Asia und aufgrund seiner kommerziellen Aktivitäten für eine Weile der reichste Hafen des gesamten Imperiums.

Die römische Kontrolle über Ephesus wurde nur kurz durch den Aufstieg Mithridates' VI. von Pontus im Jahr 88 v. Chr. unterbrochen. Korrupte römische Steuerpächter und Spekulanten hatten den Zorn der einheimischen Bevölkerung erregt, und Mithridates stachelte die asiatischen Städte an, sich gegen ihre römischen Oberherren zu empören und jeden Latiner zu töten. Selbst die, die im Artemision Zuflucht suchten, wurden niedergemetzelt. Schätzungen belaufen sich auf 80 000 bis

150.000 Tote. Als der römische General Sulla Mithridates besiegte und den Aufstand niederschlug, kam Ephesus mit einer hohen Geldstrafe davon.

Im ersten Jahrhundert n. Chr. begann Ephesus zu blühen und wuchs zu einer Stadt mit etwa 225.000 Einwohnern heran – manche Experten glauben, sie sei noch viel größer gewesen und habe bis zu 500.000 Einwohner gehabt, womit es vermutlich die größte Metropole der damaligen Welt gewesen wäre. Viele beeindruckende Bauwerke entstanden, und die Stadt war mit Aquädukten und einer wasserwirtschaftlichen Infrastruktur ausgestattet, die zu den besten der Antike zählte. Auch das Artemision blühte weiter, obwohl es bei der wachsenden christlichen Gemeinde einschließlich des hl. Paulus zunehmend Anstoß erregte. Dieser löste ja bekanntlich einen Aufruhr aus, als seine Predigt die Hersteller von Götterbildern am Tempel erzürnte, die daraufhin eine gewaltige Volksmenge im riesigen Theater der Stadt versammelten, dem Schauplatz von Kämpfen zwischen Gladiatoren, von denen einige auf einem erst kürzlich entdeckten Friedhof in der Stadt begraben worden sind. Mit Kultstätten wie dem Grab des hl. Apostels Johannes und der letzten Ruhestätte der Jungfrau Maria sollte Ephesus zu einer der bedeutendsten Diözesen der jungen Kirche werden. Wichtige Kirchenkonzilien fanden hier statt, doch schließlich verlor es seinen Einfluss und seine Macht an Konstantinopel.

Unter den Byzantinern verfiel die Stadt; ihre Bevölkerung wurde durch Malaria aus den umliegenden Sümpfen dezimiert, und ihre Bausubstanz durch eine Reihe von Angriffen und Plünderungen beschädigt: 655 und 717 waren es die Araber, im 8. und 9. Jahrhundert die Bilderstürmer, 1090 und Anfang des 14. Jahrhunderts türkische Seldschuken, nach ihnen katalanische Söldner in byzantinischen Diensten, dann wieder Türken, Tamerlan 1403 und schließlich für den Rest des 15. Jahrhunderts eine Reihe sich gegenseitig befehdender Emire. 1439 reiste Markos von Ephesus nach Florenz, wo für die Annäherung von Ost- und Westkirche ein Konzil abgehalten wurde, und obwohl er die Lateiner mit großer Verachtung und Herablassung

*Die teilweise restaurierte Fassade der Celsus-Bibliothek, der beeindruckendsten Ruine in Ephesus. Die Bestände der Bibliothek beliefen sich auf 12.000 Schriftrollen.*

ΑΡΕΤΗ ΚΕΛΣΟΥ
ΕΠΙΣΤΗΜΗ ΚΕΛΣΟΥ

*Mosaikdarstellung einer Ente – Teil eines größeren Mosaiks von einer der Hauptstraßen in Ephesus. Es war ein Zeichen für außerordentlichen Wohlstand, wenn eine Stadt ihre Straßen mit derart kostspieligen Kunstwerken pflastern konnte.*

behandelte, war er, wie die »Catholic Encyclopedia« es formuliert, lediglich »der Hirt eines erbärmlichen Dorfs«. Zu dieser Zeit war der antike Hafen der Stadt schon lange versandet; sie liegt heute ungefähr fünf Kilometer landeinwärts.

## Die wichtigsten Gebäude von Ephesus

Die vor allem von britischen und österreichischen Archäologen durchgeführten Ausgrabungen haben den Glanz des antiken Ephesus teilweise wieder freigelegt. Säulengänge und mit Marmor oder Mosaiken gepflasterte Straßen führen zu erhaltenen oder rekonstruierten beeindruckenden Gebäuden. Das Odeon war ein überdachtes Theater, das für Musikdarbietungen, Dichterlesungen und Preisverleihungen benutzt wurde; es bot 2200 Besuchern Platz. Daneben lag die Agora oder der öffentliche Bereich mit großen Hallen, Säulen, Portiken und Geschäften. Von hier aus führt die Kuretenstraße nach Westen ins Stadtzentrum, in dessen Nähe die beeindruckendste erhaltene Fassade von Ephesus steht – die Celsus-Bibliothek. Sie wurde kurz nach dem Tod des Prokonsuls von Asia, T. Julius Celsus, zu dessen Ehren erbaut – sein Grab liegt nicht weit entfernt – und enthielt 12.000 Schriftrollen. Eine raffinierte Architektur lässt die Fassade unter anderem mithilfe eines konvexen Untergeschosses größer erscheinen, als sie tatsächlich ist. Vom Stadtzentrum aus gelangt man über die heilige Straße, auch Marmorstraße genannt, zum großen Theater, das 25.000 Zuschauern Platz bot. Eine breite Straße, die Arkadiane, führte von hier aus zum Hafen. Rechts von ihr lagen die großen Bäder des Konstantin, die so weitläufig waren, dass Besucher sie zuweilen irrtümlich für das Artemision hielten. Im Nordwesten der alten Stadt lag die Doppelkirche der hll. Maria und Johannes, in der die frühen Kirchenkonzilien abgehalten wurden.

## Das Artemision

Der antike griechische Schriftsteller Antipatros von Thessaloniki schrieb, dass, auch wenn er die Hängenden Gärten von Babylon, den Koloss von Rhodos, das Mausoleum und die Pyramiden gesehen habe, nichts der Herrlichkeit des Artemistempels gleichkäme: »Als ich das Haus der Artemis sah, das zu den Wolken emporragt, verloren jene anderen Wunder ihren Glanz, und ich sagte: Wahrlich, außer dem Olymp gibt es nichts Großartigeres unter der Sonne.«

Der gigantische Tempel lag ein wenig abseits der eigentlichen Stadt und wurde mehrfach wiederaufgebaut. Er war verhältnismäßig klein – ursprünglich stand hier lediglich ein Altar auf einer Plattform aus grünem Schiefer –, bis Krösus einen gewaltigen ionischen Marmortempel mit 127 Säulen finanzierte. Dieser Inbegriff eines Tempels war 116 Meter lang und 55 Meter breit und bedeckte eine Fläche von etwa 7430 Quadratmetern. Plinius zufolge war er zum Schutz vor Erdbeben auf sumpfigem Untergrund erbaut. Bis zu seiner Fertigstellung dauerte es 120 Jahre – zwischen 430 und 420 v. Chr. wurde er schließlich geweiht. Zu den zahlreichen Schätzen, mit denen er ausgestattet war, gehörte auch eine Reihe bronzener Amazonenstatuen, die für einen Wettbewerb unter den besten Bildhauern der Zeit angefertigt worden waren. An diesem Wettbewerb nahm auch Phidias teil, der die berühmten Goldelfenbeinstatuen des Zeus und der Athena Parthenos geschaffen hatte.

Den antiken Schriftstellern zufolge wurde diese Version des Tempels 356 v. Chr. – in derselben Nacht, als Alexander der Große geboren wurde – zerstört, als ein Mann namens Herostratus den hölzernen Dachstuhl in Brand setzte in der Hoffnung, dieser Untat wegen auf ewig berühmt oder zumindest berüchtigt zu werden. Der Tempel wurde schon bald, diesmal mit achtzehn Meter hohen Säulen wieder aufgebaut und zog auch weiterhin Scharen von Pilgern, Priestern und Trittbrettfahrern an, die für die Stadt eine beträchtliche Einnahmequelle darstellten. Eine Münze aus der Regierungszeit des Kaisers Claudius (um 50 n. Chr.) zeigt den Tempelgiebel mit drei Fenstern oder Öffnungen, die wahrscheinlich benutzt wurden, um entweder die berühmten Bronzeamazonen oder Bilder der Göttin selbst auszustellen. Die Artemis, die in Ephesus verehrt wurde, unterschied sich jedoch sehr von der in Athen oder der römischen Diana. Die Artemis-Kybele von Ephesus verband vorgeschichtliche Traditionen mit persischen und anderen Einflüssen, und so entstand die komplexe Ikonographie einer weiblichen Gestalt mit vielen Brüsten, die in Wirklichkeit vielleicht Eier oder die Hoden von Opferstieren symbolisierten, und anderen Symbolen der Fruchtbarkeit und natürlichen Güte.

Zu den Eigenheiten des Tempels gehörte auch das innerhalb seines geheiligten Bezirks geltende Asylrecht. Dies bedeutete, dass Verbrechern, Flüchtlingen und Personen, die um ihr Leben fürchteten, kein Haar gekrümmt werden und man sie auch nicht festnehmen durfte. Unter Marcus Antonius wurde das Asyl auch auf Teile der Stadt ausgedehnt, was dazu führte, dass das betreffende Viertel zu einer Brutstätte des Lasters verkam. Die Unantastbarkeit des heiligen Bezirks machte das Artemision auch zu einem sicheren Platz, um Geld aufzubewahren, und große Mengen von Wertsachen wurden hier wie in einer Bank deponiert.

Obwohl der Artemistempel 262 n. Chr. von den Goten gebrandschatzt wurde, stellte man ihn zumindest teilweise wieder her, und er blieb ein wichtiges religiöses Zentrum, bis das Edikt des Theodosius die Schließung der heidnischen Tempel erzwang und er als Steinbruch für den Bau einer nahegelegenen Kathedrale benutzt wurde. Manche der Marmorblöcke wurden sogar zu Kalk gebrannt. Zum Zeitpunkt der Eroberung durch die Osmanen war die Anlage unter einer ein Meter dicken Sedimentschicht begraben, und heute bezeichnet eine einsame Säule den Ort, an dem das antike Weltwunder einst gestanden hat.

*Öffentliche Toiletten, wahrscheinlich aus dem römischen Ephesus, die im Sitzen oder Stehen benutzt werden konnten. Die Römer reinigten sich mit Schwämmen oder Stäben, die in Eimern mit Wasser standen, jedoch allen Besuchern gemeinsam zur Verfügung standen.*

# Palmyra

**LAGE:** ZENTRALSYRIEN
**ERBAUUNGSZEIT:** CA. 330 V. CHR.
**VERLASSEN:** CA. IM 6. JAHRHUNDERT N. CHR.
**ERBAUER:** PALMYRENER
**BESONDERHEITEN:** STATUT VON PALMYRA; BAALTEMPEL; PROPYLÄEN; THEATER; SÄULEN; DIOKLETIANSBÄDER; GEMISCHT KULTURELLE EINFLÜSSE

Die Ruinen des antiken Palmyra zählen weltweit zu den beeindruckendsten Überresten versunkener Metropolen. Anmutige Säulen aus rosenfarbenem Stein ragen an von Kolonnaden gesäumten Straßen in den Wüstenhimmel und erinnern an die einstige Eleganz und Schönheit der Stadt. Doch der Schein trügt, denn der eigentliche Herzschlag dieser Stadt waren nicht so sehr die Kunst oder die Kultur, sondern Handel und Geld, und für kurze Zeit war sie das Handelszentrum der mediterranorientalischen Welt.

Palmyra ist der griechische Name der Stadt Tadmur, was vermutlich von dem semitischen Wort für »Palme« abgeleitet ist. Die »Braut der Wüste« war eine Oasenstadt im Zentrum Syriens, 215 Kilometer nordöstlich von Damaskus. Sie lag an der Grenze zwischen der semi-ariden Badiya oder syrischen Steppe und der ausgedehnten Wüste, die sie vom Gebiet des oberen Euphrat trennt.

Form und Kultur der Stadt waren eine klassische Kombination aus Ost und West mit hellenistischen und römischen Einflüssen, die mit arabischen, ägyptischen, mesopotamischen und persischen Elementen verschmolzen. Berühmt geworden als die Heimat der legendären Königin Zenobia, gilt es inzwischen auch als eines der schönsten Ruinenfelder der Welt. Und tatsächlich wirkt das, was man heute sieht, wie der Schnappschuss einer römischen Stadt, die auf dem Gipfel imperialer Herrlichkeit erstarrt ist – einer Stadt, die der Hybris und der Rache Roms zum Opfer fiel.

## Die Handelsstadt

Die biblische Tradition schreibt die Gründung von Tadmur Salomo zu (ca. 1000 v. Chr.), doch es ist äußerst unwahrscheinlich, dass die hebräischen Könige jemals in dieser Region geherrscht haben, wohingegen assyrische Inschriften auf Tafeln, die in der antiken Stadt Mari am Euphrat gefunden wurden, auf die Zeit um 1800 v. Chr. zurückgehen und belegen, dass es dort seit der Bronzezeit eine Siedlung gegeben hat. Heiße Quellen gewährleisteten eine kontinuierliche Wasserversorgung – und den leichten Schwefelgeruch, der für die Stadt charakteristisch ist – und zogen Karawanen an, die die trockenen Wüsten zwischen dem Euphrat – dem Tor zum persischen Markt, dem arabischen Golf, Indien, China und der Seidenstraße –, Damaskus und Zielen im Westen durchquerten. Doch zu dieser Zeit war Tadmur vermutlich kaum mehr als eine Zeltstadt.

Einigen Quellen zufolge gründeten Alexander der Große und seine Nachfolger, die Seleukiden, eine dauerhaftere Stadt mit einer hellenistischen Verfassung, doch noch 41 v. Chr., als Marcus Antonius einen Stoßtrupp Kavallerie durch die Wüste führte, um seine Reichtümer zu plündern, waren die Einwohner von Palmyra so flexibel, dass sie die Stadt rechtzeitig evakuieren und alle beweglichen Güter mitnehmen konnten, nachdem sie vor dem Angriff gewarnt worden waren. 17 n. Chr. wurde Palmyra offiziell der römischen Provinz Syrien einverleibt, um unter römischem Einfluss zu einer der reichsten Metropolen des Nahen Ostens zu werden.

Seine Blütezeit begann im 2. Jahrhundert n. Chr., als der römische Straßenbau eine beträchtliche Veränderung der Han-

delsrouten herbeiführte und eine wachsende Menge an Waren, die zuvor durch Petra transportiert worden waren, nun den Weg über Palmyra nahm. Sein Wohlstand wurde endgültig gefestigt, als der römische Kaiser Hadrian Palmyra 129 n. Chr. besuchte und ihm den Status einer »freien Stadt« einschließlich der damit verbundenen finanziellen und rechtlichen Vergünstigungen zuerkannte. Von diesem Zeitpunkt an wurde es als Hadriana Palmyra bekannt. Später wurde die Stadt zur Hauptstadt der römischen Provinz Syria Phoenice. Zu ihren besten Zeiten lebten dort etwa 30 000 Einwohner.

217 n. Chr. erhielt die Stadt weiteren Auftrieb, als der halbsyrische Kaiser Caracalla ihr offiziellen »Kolonie«-Status verlieh und sie damit von kaiserlichen Steuern befreite. Damit hatte Palmyra den Gipfel seines Wohlstands erreicht. Imposante zivile Gebäude in römischem Stil wurden von großen Tempeln, reichen Kaufmannsvillen und prächtigen Gräbern flankiert.

*Die anmutigen Kolonnaden des antiken Palmyra mit der arabischen Festung Qalaat ibn Ma'an im Hintergrund. Die vier Vierfachsäulen im Zentrum sind die Überreste des Tetrapylons, des Kreuzungspunkts zweier von Säulengängen gesäumter Straßen.*

Auf Säulen und Inschriften blieben wichtige Informationen über diese Epoche erhalten, die anschaulich zeigen, wie sehr diese Stadt vom Handel lebte.

Das berühmte Statut von Palmyra ist eine Inschrift von ca. 137 n. Chr., die finanzielle und steuerliche Bestimmungen festhält und detailliert auflistet, welche Waren durch Palmyra hindurchtransportiert und welche Steuern und Zölle für sie erhoben wurden. Neben Steuern auf Güter wie Elfenbein, Seide, kostbare Steine oder Gewürze verzeichnet das Statut auch Abgaben für andere Waren und Dienstleistungen wie Wasser oder

Prostitution. Die Finanzbehörde der Stadt – die so genannten »Schatzmeister« – war ebenso wichtig oder noch wichtiger als ihre zivile Regierung und aktiv an der Initiierung oder sogar Finanzierung von Handelsvorhaben beteiligt. Für große Kamelkarawanen beispielsweise, die die Mittel eines einzelnen Händlers oder auch einer Gruppe von Kaufleuten überstiegen, bürgte die Stadt selbst. Das Handelsimperium der Metropole reichte bis zum Mittelmeer und zum Indischen Ozean – palmyrenische Schiffe kreuzten vor der italienischen Küste und kontrollierten den Seidenhandel aus Fernost.

## Königin Zenobia, Kaiserin ganz Asiens

Obwohl Palmyra nicht offiziell römische Kolonie war, schmiegte es sich eng an die Grenzen des Imperiums und war ein nützlicher Puffer zwischen Rom und seinen östlichen Rivalen, den Parthern. Als die Römer jedoch als Herren von Persien und Mesopotamien im 3. Jahrhundert n. Chr. von den Sassaniden abgelöst wurden, nahm das Unheil seinen Lauf. 227 n. Chr. legten die Sassaniden ihren Teil der Karawanenrouten still und versetzten dem palmyrenischen Handel damit einen schweren Schlag. Im Verlauf der nächsten Jahrzehnte kam es wiederholt zu Zusammenstößen zwischen Rom und den Sassaniden, die 259 in der Gefangennahme des römischen Kaisers Valerian und erheblichen Gebietsverlusten gipfelten.

Zu dieser Zeit herrschte in Palmyra ein regionaler Fürst, Septimus Odaenathus, den die Römer zum Statthalter von Syria Phoenice ernannt hatten; er war es, den die Römer als Rächer für ihre Verluste auserkoren. In einem energischen Feldzug gewann er große Teile des verlorenen Territoriums zurück und wurde 260 n. Chr. von Rom als Corrector Totius Orientis – Statthalter des ganzen Ostens – anerkannt. Doch Odaenathus hatte größere Ziele. Er erklärte sich selbst zum König und später zum Kaiser, wurde jedoch 267 n. Chr. unter mysteriösen Umständen ermordet. Daraufhin übernahm seine Witwe, Königin Zenobia, die Regierungsgeschäfte für ihren minderjährigen Sohn.

Zenobia erwies sich als eine der bemerkenswertesten Frauen der Geschichte. Sie war von griechisch-arabischer Herkunft

*Der imposante Eingang zum Amphitheater. Bemerkenswert sind die halbrunden römischen Bögen auf den korinthischen Kapitellen.*

und berühmt für ihre Schönheit und Intelligenz, hatte eine hervorragende Bildung genossen und sprach mehrere Sprachen fließend. Ihr Hof zog Philosophen, Künstler und Dichter an, darüber hinaus galt sie als exzellente Reiterin und fähige Generalin. Unter ihrer Herrschaft wurde Palmyra kurzzeitig zu einem Großreich, als sie die römische Schwäche ausnutzte und die Levante, Ägypten und große Teile Kleinasiens eroberte. Doch ihre Karriere als Kaiserin war nur von kurzer Dauer. Kaiser Aurelian mobilisierte seine Legionen, eroberte die verlorenen Gebiete zurück und belagerte Zenobia 272 n. Chr. in Palmyra. Schließlich wurde sie gefangen genommen und gemeinsam mit ihrem Sohn in goldenen Ketten durch die Straßen Roms geführt. Die Berichte über ihr Ende sind widersprüchlich – einige behaupten, sie habe Selbstmord begangen oder sei enthauptet worden, andere sagen, Diokletian habe ihr eine Villa in Tivoli geschenkt, sie habe einen Senator geheiratet und sei zu einer beliebten und festen Größe in der römischen Gesellschaft geworden.

Die Römer vergaben Palmyra nicht, und als die Stadt 273 n. Chr. erneut rebellierte, wurde sie geplündert und geschleift. Auch wenn Kaiser Diokletian es später zur Garnisonsstadt machte, war seine einstige Pracht für immer verloren. Unter den Byzantinern war Palmyra ein wichtiges religiöses Zentrum, doch die Handelsrouten hatten ihren Verlauf abermals geändert, und erst unter Saladin im 12. Jahrhundert erlebte die Stadt eine kurze Renaissance, ehe sie erneut zu einem verschlafenen Dorf wurde, das britische Reisende 1751 »wiederentdeckten«. Berichte und Inschriften auf den schönen Ruinen lösten in Europa und den USA einen Palmyra-Boom aus, und Motive aus dem antiken Palmyra waren überall in Mode. So wurde beispielsweise die Darstellung eines Adlers von der Decke des Baalstempels in das Siegel der Vereinigten Staaten integriert.

## Ost trifft West

Palmyra war eine auffallend gemischte Stadt und spiegelte die vielfältigen Einflüsse wider, die es geschaffen hatten. Es besaß eine griechische Verfassung, eine seleukidische Zeitrechnung, einen mazedonischen Kalender, ein semitisches Alphabet und Aramäisch als Alltagssprache, wobei Griechisch und Latein ebenfalls gebräuchlich und Inschriften häufig dreisprachig waren. Führende Bürger nahmen regionale semitische und römische Namen an wie etwa Malé Agrippa, der reiche Kaufmann, der die prächtigen Feierlichkeiten zu Ehren des Besuchs von Kaiser Hadrian 129 n. Chr. bezahlte, oder Wahballat Athenodoros, der Sohn von Odaenathus und Zenobia.

Dieses gemischte Erbe spiegelte sich auch in den Bauwerken der Stadt. Von Kolonnaden gesäumte Straßen, Bäder, ein Theater und eine Agora sprachen deutlich für den griechisch-römischen Einfluss – wie auch die klassisch griechischen Böden der Kaufmannsvillen, die die Archäologen freigelegt haben und die komplett aus wunderschönen Mosaiken bestehen. Der wichtigste Tempel der Stadt, der dem babylonischen Gott Baal gewidmet war, bestand aus griechischen Säulen, die die Cella umstanden, und Giebeln im griechisch-römischen Stil, doch insgesamt war die Anlage des Temenos, des heiligen Bezirks, an semitische Vorbilder wie etwa den Tempel des Salomon angelehnt. Semitisch war auch die Sitte, von der Cella aus zum Tempeldach hinaufzusteigen, das bei Prozessionen und Opfern als Bühne benutzt wurde.

Der heutige Besucher kann noch immer zahlreiche Überreste bestaunen. Das Theater ist teilweise wiederaufgebaut und verfügt hinter der Hauptbühne über einen großen Prospekt, der einer Palastfassade ähnelt. Ursprünglich war er drei Stockwerke hoch. Viele Säulen stehen noch entlang der Straßen mit ihren reich dekorierten monumentalen Bogengängen und den Überresten des Nabutempels. Nabu war der babylonische Gott des Schreibens und der Weisheit. Die Straße führt zu den Bädern des Diokletian, die zwischen 293 und 303 n. Chr. erbaut wurden, als Palmyra hauptsächlich Garnisonsstadt war, und die für ihre vier vermutlich aus Ägypten hergebrachten rosafarbenen Sandsteinsäulen bekannt sind. Das Gebäude war vielleicht ursprünglich als Palast geplant, wurde jedoch nach dem Einzug der Soldaten in dieser Weise zweckentfremdet.

*Der Baalstempel war das wichtigste Heiligtum der Stadt und spiegelt mit seiner Mischung aus griechischen, römischen, ägyptischen und semitischen architektonischen Einflüssen die ethnische und kulturelle Vielfalt der Stadt wider.*

# EUROPA

Vom bronzezeitlichen Knossos bis zum untergegangenen Pompeji umspannen die Metropolen dieses Kapitels 1500 Jahre Geschichte, und doch durchzieht ihre vier Schicksale eine deutliche Verbindung und eine Art Kontinuität, denn sie zeichnen die Entwicklung des klassischen Europa von frühester Zeit bis zum Zusammenbruch seines größten Reiches nach. Bis ins späte 19. Jahrhundert nahm man allgemein an, die europäische Zivilisation hätte um das Jahr 800 v. Chr. mit den alten Griechen begonnen, doch Schliemanns Ausgrabungen in Mykene, die auf eine hochbronzezeitliche Kultur nach Art der homerischen Achäer mit ihrem großen König Agamemnon und Helden wie Achill und Ajas hinzuweisen schienen, machten es notwendig, diesen Zeitpunkt mindestens auf 1500 v. Chr. zurückzudatieren. Schliemanns Entdeckungen inspirierten die Ausgrabungen von Knossos, die eine noch ältere Kultur ans Licht brachten – die Minoer: Europas erste Zivilisation.

Ein kultureller roter Faden verläuft von dieser frühen europäischen Zivilisation in Knossos über die Mykener und die Griechen bis zu den Römern und verbindet zugleich alle vier Metropolen im vorliegenden Kapitel. Akrotiri auf dem heutigen Santorini – die Insel war ursprünglich viel größer, wurde jedoch um 1625 v. Chr. bei einem gewaltigen Ausbruch des Vulkans von Thïra weitgehend zerstört – war eine Stadt der Kykladenkultur mit engen Verbindungen zur herrschenden minoischen Kultur auf Kreta, die aber auch mit Mykene auf dem griechischen Festland Handel trieb. Entremont im südlichen Frankreich, dem damaligen Gallien, war eine von Kelto-Ligurern erbaute Siedlung am Rande der griechisch-römischen Welt, die jedoch von nahe gelegenen griechischen Kolonien inspiriert und diesen nachempfunden war und es später mit dem expandierenden Römischen Reich zu tun bekam. Pompeji war eine blühende Stadt des spätrepublikanischen Rom – allerdings ursprünglich eher latinisch als römisch – und mag einst durchaus die Heimat von Kaufleuten und Kunsthandwerkern gewesen sein, die mit Entremont Handel trieben. Die Geschichte dieser vier Städte markiert wichtige Etappen der Entwicklung und Ausbreitung der europäischen Zivilisation.

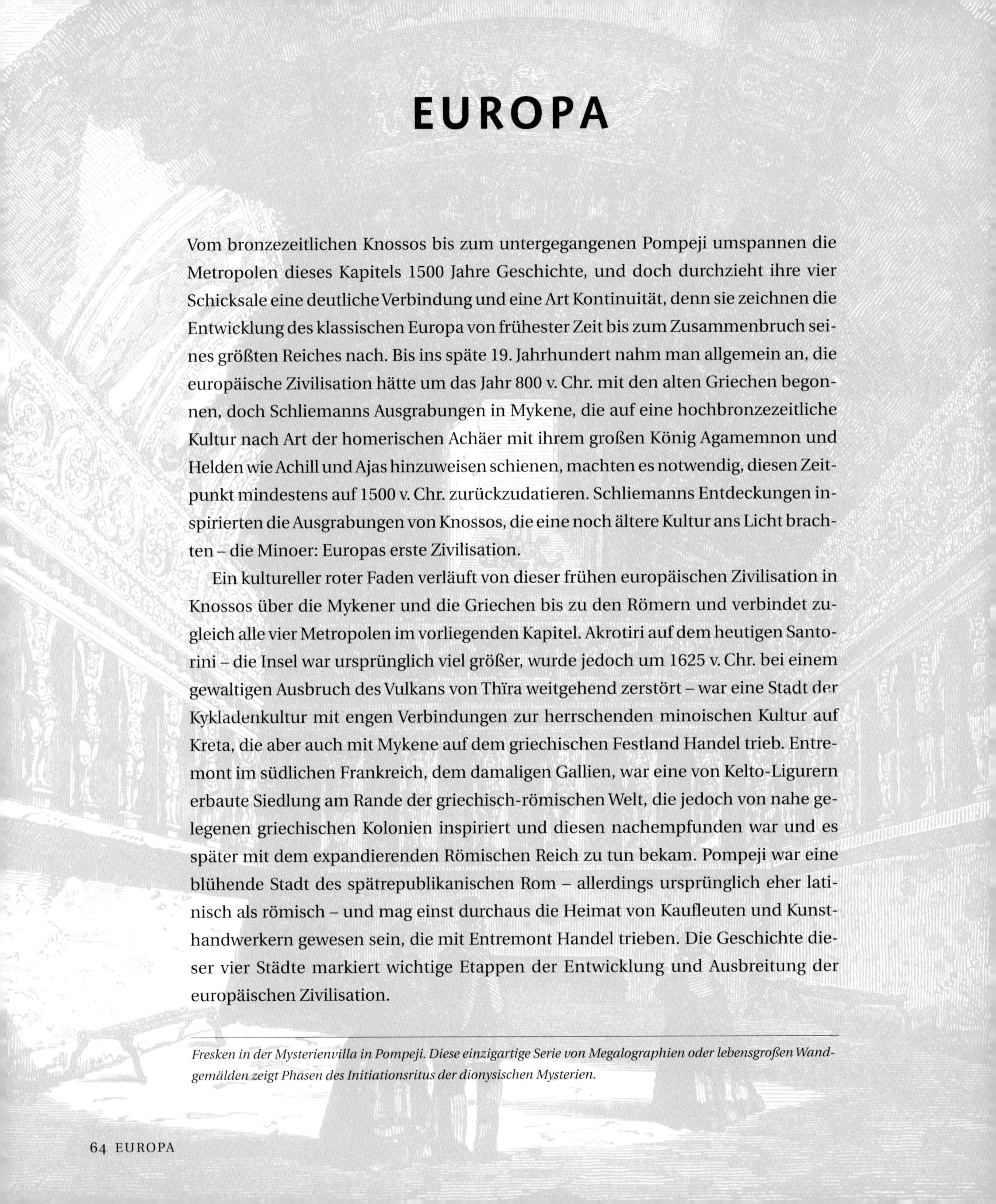

*Fresken in der Mysterienvilla in Pompeji. Diese einzigartige Serie von Megalographien oder lebensgroßen Wandgemälden zeigt Phasen des Initiationsritus der dionysischen Mysterien.*

# Akrotiri

**LAGE:** SANTORINI, GRIECHENLAND
**ERBAUUNGSZEIT:** CA. 2000 V. CHR.
**VERLASSEN:** 1625 ODER 1545 V. CHR.
**ERBAUER:** KYKLADENKULTUR
**BESONDERHEITEN:** FRESKEN; KANALISATION; ZWEISTÖCKIGE HÄUSER; LUSTRATIONSBECKEN; »ABRISSBIRNEN«

Elegante, mit herrlichen Fresken und kunstvoll geschnitzten Möbeln ausgestattete Häuser drängen sich um einen natürlichen Hafen unter dem leuchtenden Blau des Mittelmeerhimmels. Auf den Kais eilen Seeleute und Hafenarbeiter unter den wachen Augen der Kaufleute geschäftig hin und her. Tief unter ihnen aber brodelt und schäumt eine gewaltige Magmamasse, die eine Katastrophe auszulösen droht. Das alte Akrotiri war ein Musterbild bürgerlicher Glückseligkeit, doch dieses Mittelklasseparadies war auf einen Vulkan gebaut – und der machte sich zu einer Explosion bereit, die gewaltiger war als alles, was die zivilisierte Welt jemals erlebt hatte.

Um 1625 v. Chr. – oder auch 1545 v. Chr., die exakte Datierung ist heftigst umstritten – explodierte die Vulkaninsel Thïra in einem Ausbruch der Stärke 7 auf dem Vulkanexplosivitätsindex, das heißt hundertmal stärker als der Ausbruch des Mount St. Helens im Jahr 1980. Die von dem Ausbruch ausgelösten Tsunamis müssen nach Schätzungen bis zu 150 Meter hoch gewesen sein. Es wurde viermal so viel Material in die Atmosphäre geschleudert wie während der berühmten Explosion 1883 auf Krakatau, und die Überreste der Insel – heute ist die auseinandergesprengte Insel das Archipel Santorini – waren von einer bis zu fünfzig Meter hohen Schicht aus Asche und Geröll bedeckt. Dreieinhalbtausend Jahre lang lag der antike Seehafen an der Stelle des heutigen Akrotiri unter diesem vulkanischen Niederschlag begraben, bis der angesehene griechische Archäologe Spyridon Marinatos 1967 dort mit Ausgrabungen begann.

Was er zutage förderte und seine Nachfolger weiter erforschten, war eine kykladische Version von Pompeji, die sich jedoch in wichtigen Aspekten von der römischen Stadt unterschied. Während die unglücklichen Latiner unvorbereitet getroffen wurden und auf entsetzliche Weise starben, scheint es den Einwohnern von Akrotiri gelungen zu sein, die Stadt zu evakuieren und all ihre mobilen Besitztümer mit sich zu nehmen. Es wurden weder unbegrabene menschliche Überreste noch wertvolle Gegenstände gefunden – bis auf eine Ausnahme: Unter dem Fußboden eines Hauses war eine bezaubernde kleine Ziegenfigur aus Gold versteckt, die man vielleicht einfach vergessen oder wie die in der neolithischen Siedlung Çatalhöyük gefundenen Figurinen, aus rituellen Gründen vergraben hatte.

*Detailansicht eines der berühmtesten Fresken aus Akrotiri: Mit ihrem Fang beladen, kehren zwei Jungen von einem Fischzug heim. Dieses Fresko befindet sich im Salon eines Gebäudes, das als Westhaus bekannt ist und vielleicht einem Schiffskapitän gehört hat. Ein Experte für die Ausgrabungen in Akrotiri hat gemutmaßt, dass es sich bei den Jungen um dessen Söhne handeln könnte. Andere haben die Ansicht geäußert, dass die Jungen gerade erfolgreich an einem Übergangsritus teilgenommen haben oder einer Göttin Opfergaben bringen. Die Fische, die der Junge trägt, sind als Goldmakrelen identifiziert worden.*

### Kosmopolitische Hafenstadt

Als die alten Akrotirianer flohen, ließen sie eine kultivierte urbane Anlage mit geräumigen mehrgeschossigen Häusern zurück. Das Mauerwerk war von hoher Qualität, man verfügte über fortschrittliche Rohr- und Kanalisationssysteme und über eine Kunst, die so lebendig, anmutig und ästhetisch war wie nur irgendetwas, was die mediterrane Kultur je hervorgebracht hat. Die ersten Siedlungen an diesem Standort gehen auf die Jungsteinzeit zurück, sind also vor dem 4. Jahrtausend v. Chr. entstanden, doch ihren Höhepunkt erreichte die Stadt im minoischen Zeitalter (2000 – ca. 1500 v. Chr.), als sie sich zu einem der größeren bronzezeitlichen Häfen im östlichen Mittelmeer entwickelt hatte. Die blühende Palastkultur der Minoer in Kreta betrieb einen ausgedehnten Handel mit anderen bronzezeitlichen Supermächten in Ägypten, Kleinasien und der Levante, während auf dem griechischen Festland die mykenische Zivilisation an Einfluss gewann. Güter und Menschen wurden auf dem Ägäischen Meer hin- und hertransportiert, und Akrotiri lag im Zentrum dieses Handels – man hat dort Gegenstände aus Kreta, Ägypten, Anatolien, Zypern, Syrien sowie vom Festland und von den Inseln Griechenlands gefunden.

Der durch diesen Handel aufgehäufte Reichtum half, Akrotiri in eine wohlhabende Stadt zu verwandeln, die eine Fläche von ungefähr zwanzig Hektar bedeckte und von mehreren Tausend Menschen bewohnt war. Ausgrabungen haben gezeigt, dass die Straßen zwar verhältnismäßig eng – wahrscheinlich zu eng für Fuhrwerke, aber breit genug für Lasttiere –, die Häuser

*In Akrotiri ausgegrabene Töpferware. Als die Einwohner flohen, nahmen sie ihre wertvollsten Besitztümer mit, ließen jedoch alltägliche Gebrauchsgegenstände wie Becher und Schüsseln zurück – ein Schatz für die Archäologen. Analysen des Tons haben gezeigt, dass die Töpferware größtenteils aus Thira stammt; beträchtliche Mengen wurden jedoch auch aus Kreta importiert. Mindestens ein Fünftel der Keramik kam sogar aus noch ferneren Ländern und zeigt, wie groß das Handelsnetz war, zu dem Akrotiri gehörte. Auch die vor Ort gefertigten dekorativen Motive weisen viele fremde, vorwiegend minoische Einflüsse auf.*

jedoch relativ groß waren. Sie bestanden mehrheitlich aus Lehmziegeln und hatten steinerne Fundamente. An Plätzen aber fand sich vorwiegend bei öffentlichen Gebäuden ein sorgfältig aus behauenen Steinblöcken gefügtes Mauerwerk, und viele der Häuser waren zwei oder sogar drei Stockwerke hoch. Was das Innere betrifft, so lagen in den unteren Geschossen vermutlich die Nutzräume mit Kücheneinrichtungen wie Mühlen, um Getreide zu mahlen, Stößeln und Mörsern für die Zubereitung von Mahlzeiten und tief eingelassenen Gefäßen für die Vorratshaltung. Die höher gelegenen Räume dagegen, wo die Besitzer lebten und Gäste empfingen, waren geräumig und luftig und hatten große Fenster. Das Innere war verputzt und häufig mit jenen schönen Fresken ausgeschmückt, die Akrotiris berühmtestes Erbe sind.

### Eine minoische Kolonie?

Akrotiri wird häufig als minoische Kolonie oder die berühmteste minoische Ausgrabungsstätte außerhalb Kretas bezeichnet. Kulturelle Entsprechungen belegen, dass die Verbindung zweifellos eng gewesen sein muss: So bestehen Ähnlichkeiten zwischen den hier und auf Kreta gefundenen Fresken. Erst kürzlich hat man in Xeste 4 Fragmente eines Freskos entdeckt, das möglicherweise den Stiersprung zeigt, ein unverkennbar minoisches Motiv, von dem man glaubte, dass es in der Kunst von Thïra nicht vertreten sei. Auch bei anderen Elementen wie etwa dem Lustrationsbecken gibt es Parallelen, und die gefundene Töpferware und andere Artefakte sind in puncto Materialverarbeitung durchaus vergleichbar. Dennoch hält man es für wahrscheinlicher, dass Akrotiri ein Vertreter der seit 3000 v. Chr. auf den gleichnamigen Inseln florierenden alten Kykladenkultur gewesen ist und seine Bewohner Einheimische waren, die sich jedoch dem Einfluss der dominanten Kultur im Süden nicht entziehen konnten. Wahrscheinlich absorbierten sie auch Elemente der ägyptischen und anderer bronzezeitlicher Zivilisationen.

Die meisten Häuser hatten Toiletten. Sie bestanden aus hölzernen Bänken mit Öffnungen, die über Tonrohre mit der städtischen Kanalisation verbunden waren – engen, von Steinen eingefassten Gräben, die unter den Straßen verliefen. An manchen Stelle weisen doppelte Rohre, durch die das Wasser in die Häuser gelangte, darauf hin, dass die Bewohner von Akrotiri fließend warmes und kaltes Wasser hatten; ersteres stammte vielleicht aus heißen Quellen auf der Vulkaninsel. Einige Häuser hatten sogar separate Badezimmer, deren Wände genau wie unsere modernen Bäder zum Schutz vor Wasserspritzern halbhoch verputzt waren. Diese Räume waren gelb gestrichen und möglicherweise mit Badewannen aus Ton und bronzenen Wassergefäßen ausgestattet, wie sie in einem der Häuser in der Ansiedlung gefunden worden sind. Eines der öffentlichen Gebäude verfügt über ein Lustrationsbad – ein in den Boden eingelassenes Becken, das vermutlich rituellen Waschungen diente. Derart ausgeklügelte Installationen sind bemerkenswert für eine antike Stadt.

### Akrotiris Untergang

Marinatos' Ausgrabungsfunde belegen, dass Akrotiri zunächst erhebliche Erdbebenschäden erlitten hat, ehe der Vulkanausbruch von Thïra es unter Asche begrub. Er stellte die Theorie auf, dieses Erdbeben hätte die Einwohner gewarnt und ihnen die nötige Zeit gegeben, die Stadt zu evakuieren. Tatsächlich gestaltet sich das Bild etwas komplexer. Sorgfältig angehäufter Bauschutt und große steinerne Kugeln, die vermutlich in ähnlicher Weise eingesetzt wurden wie unsere modernen Abrissbirnen, weisen darauf hin, dass man nach dem Erdbeben zunächst damit begonnen hatte, einsturzgefährdete Häuser systematisch abzureißen und alles für den Wiederaufbau vorzubereiten. Zudem ist deutlich, dass dieses Wiederaufbauprogramm in vollem Gange war – und das womöglich schon seit Jahren –, als die Stadt schließlich evakuiert wurde. Offenbar hatte es genügend warnende Anzeichen dafür gegeben – vielleicht schwächere Beben oder eine erste kleine Eruption und Aschenregen –, dass ein größerer Ausbruch bevorstand, denn der Wiederaufbau wurde abrupt eingestellt. Das so genannte Westhaus wurde halbfertig zurückgelassen, und die Gips- und Farbgefäße, die man gefunden hat, weisen darauf hin, dass dort noch gearbeitet wurde.
Als der Vulkan ausbrach, wurde die Insel unter einer so dicken Schicht aus Bims und Asche begraben, dass sie für Jahrhunder-

te unbewohnbar blieb. Es ist unmöglich, Genaueres über das Schicksal der Akrotirianer in Erfahrung zu bringen, doch die Folgen der Eruption waren weitreichend. Zu Beginn seiner Grabungen in Akrotiri suchte Marinatos nach Beweisen für seine Theorie, dass der Vulkanausbruch den Untergang der minoischen Kultur herbeigeführt habe, was aufgrund der Datierung de facto jedoch unmöglich ist. Die Palastkultur bestand vermutlich nach dem Ausbruch des Vulkans von Thíra noch etwa ein Jahrhundert weiter. Während die dort üblicherweise herrschenden Windverhältnisse dafür sorgten, dass Kreta größtenteils von dem Ascheregen verschont blieb, muss der gewaltige Tsunami, den der Ausbruch auslöste, die minoische Flotte und alle Städte an Kretas Nordküste völlig vernichtet haben. Viele Atlantologen glauben sogar, dass die Zerstörung von Thíra der Anlass für die Entstehung der Atlantissage war, obwohl diese vermutlich jeder realen Grundlage entbehrt und von Plato einfach erfunden worden ist.

## Die Fresken

Die beeindruckendsten »Überlebenden« des Vulkanausbruchs sind die zahlreichen Fresken, die das Innere jedes Gebäudes in Akrotiri schmücken. Pro Haus sind nur einige wenige Räume in dieser Weise dekoriert, und die Motive sind vielfältig. In dem unter dem Namen Xeste 3 – das griechische Wort Xeste bedeutet »rechteckiges Mauerwerk«, wie man es an diesem Gebäude sieht, was vermutlich darauf hinweist, dass es ein öffentliches Gebäude und daher etwas größer als die Privathäuser war – bekannten Gebäude, das über ein Lustrationsbecken verfügt, scheinen die Fresken Teile einer Prozession oder eines religiösen Rituals zu zeigen. Im oberen Stockwerk sind junge Frauen bei der Krokusernte abgebildet. Sie bringen die Blüten zu einer weiblichen Gestalt in der Bildmitte, möglicherweise einer Göttin, die von Tieren – einem Greif und einem Affen – in ehrerbietiger Haltung flankiert ist. Auf einer Wand des Untergeschosses zeigt ein Fresko ein Mädchen mit Halsschmuck, ein weiteres Mädchen mit blutendem verletzten Fuß und eines, dass in die eine Richtung geht und in die andere schaut. Eine Wand ist von der Freskodarstellung einer geschlossenen Tür beherrscht; über der Tür sieht man Hörner, von denen Blut herabtropft.

Die Privathäuser zeigen dagegen eher weltliche Szenen. Im Westhaus beispielsweise befindet sich das berühmte Fresko von zwei jungen Fischern, die große Bündel Fisch tragen, während in einem anderen Raum eine Schiffsflotte zu sehen ist, die übers Meer fährt und in einen Hafen einläuft; an einer anderen Wand desselben Raums spucken zwei Schiffe Krieger aus, deren Helme mit den Hauern von Ebern geschmückt sind. Wieder ein anderer Raum desselben Hauses ist mit einem Fries dekoriert, auf dem sich das Motiv der hinteren Kabine eines Schiffs wiederholt.

Es ist schwer, diese Fresken aus der Distanz von 3500 Jahren zu interpretieren, doch der Althistoriker Fritz Schachermeyr leitet daraus eine persönliche Neigung ab: Er hält das Gebäude mit den Schiffsfresken für das Haus eines Flottenkommandeurs – das Hauptfresko erinnere an eine seiner Reisen, und der Hafen, den man darauf sieht, sei Akrotiri selbst. Sein eigenes Schlafzimmer habe er aus persönlichen Gründen mit Schiffskabinen dekoriert, und die beiden jungen Fischer im Salon seien seine Söhne.

Schachermeyr hat auch eine einflussreiche Theorie über Akrotiri als Ganzes formuliert. Das Fehlen jeglicher Palastgebäude weise darauf hin, dass es keine herrschende Familie gegeben habe. Die Beschaffenheit der Häuser – ihre Größe und Qualität sowie die kostbaren Ausstattungen und Dekorationen – lege vielmehr den Gedanken nahe, dass dort mehrere reiche Familien, vielleicht Patrizier lebten, und die uneinheitliche Gestaltung der Fresken sei ein Beleg dafür, dass Geschmack und Stil nicht von einer zentralen Autorität festgelegt, sondern individuell entstanden wären. All das, so Schachermeyr, spreche dafür, dass Akrotiri eine Seerepublik gewesen sei, wie man sie aus allen historischen Epochen kennt: von Athen und Karthago über Genua und Venedig bis hin zu Hamburg, Bremen, Amsterdam oder London. In solchen Städten lebte eine Schicht von Kaufleuten, die in ihrem Denken und in ihrer Verwaltung liberal und unabhängig war. Könnte Akrotiri die erste dieser liberalen Seerepubliken gewesen sein? Eine ambitionierte, kultivierte und moderne Gesellschaft, die in der Blüte ihrer Entwicklung von einer unaufhaltsamen Katastrophe dahingerafft wurde?

# Pompeji

**LAGE:** BUCHT VON NEAPEL, ITALIEN
**ERBAUUNGSZEIT:** 6. JAHRHUNDERT V. CHR.
**VERLASSEN:** 79 N. CHR.
**ERBAUER:** ETRUSKER? RÖMER
**BESONDERHEITEN:** ERHALTENE STRASSEN UND GEBÄUDE; HAUS DES FAUNS; HAUS DER VETTIER; MYSTERIENVILLA; THERMOPOLIA; BORDELL; GRAFFITI, MOSAIKEN UND WANDGEMÄLDE; HOHLFORMEN VON MENSCHEN, DIE VON ASCHE BEGRABEN WORDEN WAREN

Pompeji ist nicht nur die nachweislich wichtigste, sondern auch die größte zusammenhängende Ausgrabungsstätte der Welt. Ohne die zum Schutz der fragilen Stätte erst kürzlich vorgenommenen Absperrungen wäre ein moderner Besucher in der Lage, fast exakt dieselbe Fläche zu erforschen wie sein antikes Pendant – eine ganze Stadt, von den größten öffentlichen Gebäuden bis hin schäbigsten Hinterhöfen, die unter dem vulkanischen Auswurf des Vesuvausbruchs von 79 n. Chr. in noch nie da gewesenem Ausmaß konserviert worden ist.

Pompeji ist eine Ruinenstadt an den niedrigeren Hängen des Vesuvs in der Bucht von Neapel. In seiner Blütezeit lebten hier nicht weniger als 20.000 Menschen, und die Stadt florierte dank der fruchtbaren vulkanischen Böden der Region, der lokalen Industrie, des Seehandels, der über die nahe gelegenen Häfen nach Italien kam – früher lag Pompeji sehr viel näher am Meer als heute –, und der Beliebtheit der Bucht von Neapel, die als Erholungsort und Ausflugsziel unter römischen Senatoren, Adligen und wohlhabenden Geschäftsleuten in Mode war.

Die älteste Siedlung an dieser Stätte geht zurück auf die Eisenzeit, das 8. Jahrhundert v. Chr., während nahe gelegene Plätze bereits in der Bronzezeit bewohnt waren und ein ähnliches Schicksal erlitten wie Pompeji selbst – etwa 1800 Jahre zuvor hatte sie ein früherer Vesuvausbruch unerwartet getroffen. Pompeji selbst wurde im 6. Jahrhundert v. Chr. entweder von einem regionalen Stamm, den Oskern, oder vielleicht von griechischen Siedlern oder Etruskern gegründet. Bis zum 4. Jahrhundert v. Chr. war das Gebiet unter römische Oberherrschaft geraten, doch Pompeji wurde erst römisch, nachdem es sich anderen Städten der Umgebung in einem erfolglosen Aufstand gegen Rom angeschlossen und dann auf der Seite der Verlierer wiedergefunden hatte: 80 v. Chr. wurde es schließlich zur römischen Kolonie erklärt. Viele der Gebäude, die heute in Pompeji zu sehen sind, und große Teile der Infrastruktur gehen auf die römische Zeit zurück. Unter der Regierung des Augustus (30 v. Chr.–14 n. Chr.) war die Bautätigkeit besonders intensiv.

## Pompeji – ein Überblick

Ausgrabungen haben von der 66 Hektar großen Stadtfläche 44 Hektar freigelegt. Ihre Form entspricht etwa einem Oval, dessen längere Achse von Osten nach Westen verläuft. Eine von sieben Haupttoren durchbrochene Stadtmauer umschließt die gesamte Fläche. Die meisten Rundgänge beginnen am Hafentor im Südwesten, das fast auf direktem Wege zum Forum führt – dem Zentrum des öffentlichen Lebens in Pompeji und dem Schauplatz geschäftigen Markttreibens. Um das Forum herum liegen viele der wichtigsten öffentlichen Gebäude, darunter der Apollo- und der Jupitertempel, die Basilika, in der Rechtsgeschäfte erledigt wurden, eines der Bäder der Stadt, das Macellum (Märkte/Einkaufshalle) und die örtlichen Regierungsbehörden.

*Kopie eines Freskos (Original im Archäologischen Museum Neapel) aus dem Isistempel in Pompeji. Es zeigt Isis, die Io in Kanopus empfängt. Io (links) war eine Priesterin, die vorübergehend in eine Kuh verwandelt worden war – daher die Hörner.*

Südöstlich davon liegt Pompejis »Freizeitpark«, eine Gruppe von Gebäuden mit der Samnitischen Palästra, dem Theater und dem Odeon, den Gladiatorenschulen und dem Tempel der Isis. Obwohl er aus dem Osten stammte, war der Isiskult äußerst populär, und dieser Tempel war der einzige, der nach dem Erdbeben des Jahres 62 n. Chr. vollkommen wiederhergestellt wurde.

Wenn man sich vom Forum aus nach Osten wendet, durchquert man den Norden des Freizeitareals auf der Via dell'Abbondanza, einer langen, meist geraden Straße, die bis zum Sarnotor am östlichen Ende der Stadt führt. An ihr oder ganz in ihrer Nähe liegen die interessantesten privaten oder kommerziellen Gebäude von Pompeji, darunter eine Tuchwalkerei, das Bordell, die Stabianer Thermen und das Thermopolium des Vetutius Placidus. Ein Thermopolium war eine Art Bar oder Café; dort wurden den Kunden an einer Art Warmhaltetheke mit eingelassenen Terrakottabehältern für Eintöpfe, Suppen o.ä. heiße Gerichte serviert. Die Thermopolia von Pompeji scheinen eine wahre Goldgrube gewesen zu sein, denn in einem von ihnen fand man eine Tasche mit über tausend Münzen – wahrscheinlich die Einnahmen vom Tag des Vesuvausbruchs. Die Via dell'Abbondanza führt weiter zur Palästra – Übungshöfe für Ring- oder Boxkämpfe – und zum Amphitheater. Es ist mit seinen über 20.000 Plätzen das älteste steinerne Amphitheater der Welt. Hier fanden Gladiatorenkämpfe statt, doch nachdem Zuschauer aus Pompeji und dem nahegelegenen Nuceria eine Randale angezettelt hatten, war es 59 n. Chr. für zehn Jahre geschlossen worden. Nördlich der Via dell'Abbondanza liegt das eigentliche Stadtgebiet, das noch ausgegraben werden muss.

Im nordwestlichen Teil von Pompeji befinden sich einige der interessantesten und wichtigsten Privathäuser. Das Haus der Vettier ist eines der berühmtesten Gebäude von Pompeji. Man glaubt, es habe den Gebrüdern Vettius gehört, deren Siegelringe hier gefunden wurden. Vielleicht waren sie Weinhändler und benutzten ihre Reichtümer, um ein schönes und elegantes Haus zu erbauen, das ihren Wohlstand und ihren guten

*Die Via di Mercurio (Merkurstraße). Die hohen Bordsteine und die Trittsteine auf halbem Weg ließen Wagen und Pferde durch und gaben Fußgängern die Möglichkeit, die Straße zu überqueren, ohne durch Schlamm und Unrat waten zu müssen. Im Hintergrund ragt der Vesuv auf.*

*Gegenüberliegende Seite: Eine Bäckerei in Pompeji mit dem Läufer, der oberen Hälfte eines Mühlsteins im Vordergrund – in das Loch konnte ein Stab gesteckt werden, um den Stein zu drehen – und dem Ofen im Hintergrund.*

*Oben: Das Lararium (Schrein der Hausgötter oder Laren) eines Thermopoliums in Pompeji mit einem der wenigen Originalfresken, die sich noch vor Ort befinden. Die meisten sind nach Neapel gebracht worden.*

Geschmack bekundete. Insbesondere schufen sie einen großen Garten, den man von der Straße aus durch die Vordertür sehen kann. Er war mit Marmor- und Bronzestatuen geschmückt; aus einigen davon floss Wasser in darunter stehende Becken. Um den Garten herum verläuft ein Portikus, der mit kunstvollen Wandgemälden geschmückt ist.

Eine Kreuzung weiter liegt schräg gegenüber das Haus des Fauns, das so genannt wird, weil man hier die Statue eines »Fauns« – tatsächlich handelt es sich um einen Satyr – gefunden hat. Es ist das größte Privathaus in Pompeji und wurde möglicherweise im 2. Jahrhundert v. Chr. erbaut. Nach der römischen Eroberung könnte es durchaus einen der neuen Herrscher der Stadt beherbergt haben. Die Innenausstattung sollte den Wohlstand und das Ansehen seines Besitzers unterstreichen; unter anderem finden sich hier monumentale und äußerst detailreiche, das heißt auch entsprechend kostspielige Mosaiken, darunter die berühmte Replik eines griechischen Gemäldes, das den Sieg Alexanders des Großen über den persischen König Dareios bei der Schlacht von Issos zeigt. Das Mosaik besteht aus über einer Million Mosaiksteinchen (Tesserae).

Besucher, die die Stadt durch das nordöstliche Tor, das Herculaneum-Tor, verlassen, kommen über einen Friedhof und er-

*Gipsabguss eines der Opfer des Vesuvausbruchs in Pompeji. Der Abguss wurde hergestellt, indem man den Hohlraum ausgoss, den der zerfallene Leichnam eines unter Asche und Bims begrabenen Pompejaners hinterlassen hatte.*

reichen dann die Mysterienvilla. Sie ist nach dem lebensgroßen Wandgemälde benannt, das in einem ihrer Räume alle vier Wände bedeckt. Dieser einzigartige Fries zeigt nach Ansicht vieler Experten verschiedene Phasen der Initiation in die Riten der dionysischen Mysterien, einer von vielen Religionen oder Bewegungen zur Persönlichkeitsentwicklung, die in der alten Welt verbreitet waren. Nur die Eingeweihten kannten die Geheimnisse die-ser Mysterienreligionen und durften sie nicht verraten – daher ist dieses pompejanische Wandgemälde eine der primären und äußerst spärlichen Quellen für unser Wissen über diesen wichtigen Bestandteil des römischen Lebens.

## Der Untergang von Pompeji

62 v. Chr. erschütterte ein Erdbeben die Region um die Bucht von Neapel und beschädigte in Pompeji und anderen Städten viele Gebäude schwer. Heute sehen Vulkanologen darin ein Vorzeichen für die bevorstehende und weitaus schlimmere Katastrophe, das vermutlich dadurch verursacht war, dass durch die Kruste unterhalb des Berges Magma austrat.

Da der letzte Ausbruch fast zwei Jahrtausende zurücklag, hatten die Römer nicht die geringste Vorstellung davon, was für eine Bedrohung der Vesuv darstellte, und noch viel weniger wussten sie, dass er zu jener Art von Vulkanen zählt, deren Eruptionen mit hoher Wahrscheinlichkeit umso heftiger ausfallen, je mehr Zeit zwischen diesen liegt.

Obwohl das Erdbeben des Jahres 62 n. Chr. die Menschen alarmiert und in Angst versetzt hatte und viele die Gegend ganz verließen, gibt es hinreichend Belege dafür, dass man unverzüglich mit umfangreichen Wiederaufbaumaßnahmen begann.

In den Jahren vor 79 n. Chr. kam es noch häufiger zu kleineren Erdbeben, die Pompeji unerheblich beschädigten, jedoch als Vorboten der drohenden Eruption zu bewerten sind. Auch diese Schäden wurden repariert. Pompeji war viel zu wohlhabend, als dass seine Einwohner es hätten verlassen wollen.

Nach tagelangen Erschütterungen, aufsteigenden Gaswolken und dem unheilverkündenden Versiegen von Quellen an den Flanken des Berges brach der Vesuv gegen ein Uhr am Nachmittag des 24. August 79 n. Chr. Aus. Das ist das traditionell angenommene Datum, doch die neuesten Untersuchungen vor Ort haben zu der umstrittenen These geführt, dass der Vulkanausbruch tatsächlich erst zu einem späteren Zeitpunkt desselben Jahres stattgefunden hat. Die Eruption begann mit der Phase, die Vulkanologen als plinianisch bezeichnen: Dabei wird stark gashaltiges, schäumendes Magma mit enormem Druck hoch in die Atmosphäre geschleudert, wobei es mächtige Stücke des Berges mit sich reißt. Eine gewaltige, pilzförmige Wolke aus Feuer, Asche, Rauch und Geröll schoss dreißig Kilometer weit in die Luft, um dann als eine Mischung aus Asche, leichtem Bims und vereinzelten Felsbrocken herabzuregnen. In dieser Phase der Eruption wurden 2,6 Kubikkilometer Felsmaterial mit einer Geschwindigkeit von 150.000 Tonnen pro Sekunde himmelwärts geschleudert.

Für die im Umland lebenden Menschen muss dies ein Ehrfurcht gebietender und entsetzlicher Anblick gewesen sein, und das Grauen nahm sogar noch zu, als die gewaltige Wolke die Sonne verfinsterte und den Tag in schwärzeste Nacht verwandelte. Ein stetiger Niederschlag aus Asche und Bims begann herabzuregnen, die Dächer stürzten ein und töteten viele. Andere wurden von Felsbrocken erschlagen. Obwohl in dieser Phase Panik ausbrach, war die Gefahr zu sterben noch verhältnismäßig gering. Der größte Teil der Bevölkerung, die sich Schätzungen zufolge damals auf etwa 12.000 Menschen belief, konnte durch Asche und Bims hindurchwaten und die Stadt verlassen.

Die plinianische Phase dauerte etwa achtzehn Stunden, doch gegen sieben Uhr am Abend des darauffolgenden Tages begann die verheerendere peleanische Phase. Als der Druck innerhalb des Vulkans nachließ und das schwerere, weniger gashaltige Magma die Spitze der Säule erreichte, stürzte die Materialwolke auf Bodenniveau herab, und was zuvor eine von der Luft getragene Wolke gewesen war, verwandelte sich nun in einen pyroklastischen Strom, eine alles niederwälzende Lawine aus extrem heißem Gas, Rauch und Asche, die eine Hitzewelle mit Temperaturen bis zu 800°C vor sich herschob. Menschen auf ihrem Weg verkohlten entweder umgehend oder erstickten und wurden binnen weniger Sekunden gedörrt. In den immer dicker werdenden Schichten von Asche und losem Gestein zerfielen ihre Körper nd bildeten hohle Formen. In der Mitte des 19. Jahrhunderts sollte der einfallsreiche italienische Archäologe Giuseppe Fiorelli diese Hohlkörper mit Gips ausspritzen und so den Todeskampf dieser Menschen bis hin zu ihren grauenerfüllten Gesichtszügen für den zwischen Entsetzen und Faszination schwankenden modernen Betrachter festhalten.

Wie viele Menschen starben? Es ist bekannt, dass praktisch die gesamte Bevölkerung des nahe gelegenen Herculaneum, das ein ähnliches Schicksal erlitt, in dem pyroklastischen Strom ums Leben kam. Bis zur Küste hatten sie sich noch retten können, doch die gewaltigen Beben, die den Vulkanausbruch begleiteten, hatten Tsunamis ausgelöst, die eine Flucht übers Meer unmöglich machten: Ihr Schicksal ereilte sie, als sie in den Bootsschuppen und Bogengängen an der Seeseite Schutz vor der Schreckenswolke suchten. Dennoch sind in Pompeji und Umgebung nur etwa 2000 Leichen gefunden worden, und so wird häufig angenommen, dass die meisten Pompejaner fliehen konnten.

Aus zeitgenössischen Berichten geht allerdings hervor, dass der Vesuvausbruch für die gesamte Region eine Katastrophe von noch nie da gewesenen Ausmaßen war, der mindestens Zehntausende von Menschen zum Opfer gefallen sein müssen. Und obwohl es üblich war, Städte nach Naturkatastrophen wieder aufzubauen, kehrten die Römer nie wieder nach Pompeji zurück. Es ist also möglich, dass die fehlenden Pompejaner dem Tod nicht entronnen, sondern auf den Straßen im Süden der Stadt von der tödlichen Wolke erfasst worden sind und dass dort unter unausgegrabenem und unerforschtem Gelände eine unüberschaubare Masse verkohlter Leichen liegt.

Pompeji wurde 1748 wiederentdeckt und wird seither nach und nach ausgegraben. Doch Archäologen haben Belege dafür gefunden, dass die Stätte in alter Zeit geplündert worden ist. Der Staub hatte sich kaum verzogen, als bereits die ersten unternehmungslustigen Römer zurückkehrten, um nach Wertgegenständen zu suchen. Das Gelände ist von Tunneln durchzogen, und viele Mauern weisen Bohrlöcher auf.

# Knossos

**LAGE:** KRETA, GRICHENLAND
**ERBAUUNGSZEIT:** CA. 1900 V. CHR.
**VERLASSEN:** CA. 1380 V. CHR.
**ERBAUER:** MINOER
**BESONDERHEITEN:** PALAST; ZENTRALER HOF; PIANO NOBILE; KÖNIGLICHE WOHNUNGEN; LUSTRATIONSBECKEN; KANALISATION UND TOILETTEN MIT WASSERSPÜLUNG

Homers Odyssee, die gemeinhin als Chronik der Helden mächtiger bronzezeitlicher Kulturen galt, beschreibt Kreta als »fruchtbar und anmutsvoll und ringsumflossen. Es wohnen dort unzählige Menschen, und ihrer Städte sind neunzig ... Ihrer Könige Stadt ist Knossos«. Bis 1900 glaubten nur wenige Wissenschaftler, dass Kreta tatsächlich die Heimat einer bronzezeitlichen Zivilisation gewesen war, ganz zu schweigen von einer so komplexen Hochkultur, wie Homer sie suggerierte, doch wenige Jahre intensiver Ausgrabungen bewiesen nicht nur, dass der antike Epiker Recht gehabt hatte, sondern dass Knossos vielleicht sogar das Zentrum der ersten europäischen Zivilisation war.

In Knossos auf Kreta befand sich das legendäre Labyrinth des Minotaurus, das König Minos hatte errichten lassen und in das Theseus sich mit tatkräftiger Unterstützung von Minos' Tochter Ariadne hineinwagte. Ein Hügel an einem Ort im Norden von Kreta, der Kephala hieß, galt traditionell als der Standort des alten Knossos, und als das Interesse an Archäologie im späten 19. Jahrhundert zunahm und Schliemann mit seinen bahnbrechenden Entdeckungen in Troja und Mykene Schlagzeilen machte, wandte sich die Aufmerksamkeit hierher.

1878 unternahm ein kretischer Antiquar mit dem passenden Namen Minos Kalokairinos die ersten Versuche einer systematischen Ausgrabung, doch die türkische Besetzung der Insel setzte seinen Bemühungen Grenzen. Schliemann selbst war erpicht darauf, die Stätte auszugraben, doch erst nach der Vertreibung der Türken konnte der britische Historiker Arthur Evans 1900 den Platz erwerben und ernsthaft zu graben beginnen. Evans war von Schliemanns Entdeckung von Mykene inspiriert, mit der sich die Chronologie der europäischen Zivilisation fast tausend Jahre weiter in die Vergangenheit verschoben hatte. Zudem wiesen Tonsiegel mit Darstellungen von Meereslebewesen, wie man sie weder aus Mykene noch aus Ägypten oder irgendeiner anderen bekannten Zivilisation kannte und die aus Kreta zu stammen schienen, auf die Existenz einer weiteren bronzezeitlichen Mittelmeerkultur hin.

In nur fünf Jahren trug Evans die Schichten des Hügels in Kephala ab und legte ein seltsames und gewaltiges Gebäude frei, das er unverzüglich mit dem Palst des Minos identifizierte. Im Inneren fand man lebhafte Fresken, Tafeln, die mit einer merkwürdigen Schrift in einer nicht identifizierbaren Sprache beschrieben waren, ein ausgeklügeltes Kanalisationssystem, gut gearbeitete Artefakte und Schätze aus Gold und Silber, kurz: alle Anzeichen einer neuen und bis dato unbekannten Zivilisation, die Evans nach dem mythischen König »minoisch« nannte.

## Knossos im Wandel der Zeiten

Über ein Jahrhundert archäologischer Arbeit in Knossos und an anderen vergleichbaren Stätten auf Kreta hat viel über die Geschichte der Minoer enthüllt. Die ersten Siedlungen in Knossos gehen mindestens auf die Zeit um 6000 v. Chr. zurück, und gegen Ende der frühen Bronzezeit entwickelte sich eine städtische Zivilisation. In der als mittelminoisch bezeichneten Periode, die um 1900 v. Chr. begann, entwickelte sich die minoische Architektur, und große Gebäude bekamen den Charakter von Ansiedlungen. Aus diesen wurde dann schließlich das, was wir heute als Palastkomplexe bezeichnen. Wenigstens vier größere sind neben zahlreichen kleineren und/oder vermuteten auf Kreta gefunden worden, und Knossos ist der größte von ihnen.

Die Archäologen verwenden den Begriff Palastkomplex, weil diese großen Anlagen offensichtlich viel mehr waren als eine bloße Residenz von Königen oder Stammesfürsten. Sie sind mit ausgedehnten Vorratsräumen, Werkstätten, öffentlichen Bereichen, kultischen Schreinen und rituellen Räumen ausgestattet; bei anderen Gebäudeteilen könnte es sich um Festsäle, Audienzhallen und Fluchten privater Zimmer handeln. Die Palastkomplexe beherrschen die Ansiedlungen, deren Zentrum sie sind – der Palast von Knossos bestand aus etwa 1300 Räumen, während die kleine Stadt, die ihn umgab, lediglich 5000 bis 8000 Einwohner hatte –, und haben vermutlich eine Reihe von Funktionen erfüllt: Regierungssitz, religiöses und zeremonielles Zentrum, Lager und Ausgabestelle für Nahrungsmittel und Gütermehrerträge, industrielle und handwerkliche Fertigungsstätte und Wohnsitz der herrschenden Familie oder Klasse.

Sechshundert Jahre lang waren die Paläste das Zentrum des minoischen Lebens, und Knossos bestand am längsten. Die erste palatiale Periode oder Altpalastzeit, die 1900 v. Chr. begann, endete abrupt mit einem katastrophalen Erdbeben, das weitreichende Zerstörung mit sich brachte, doch die Paläste wurden in noch größerem Stil wieder aufgebaut, und die minoische Zivilisation erreichte in der Neupalastzeit ihren Höhepunkt. Um 1450 v. Chr. jedoch folgten neue Katastrohen – vielleicht weitere Erdbeben, vielleicht aber auch der Vulkanausbruch von Thïra. In postpalatialer Zeit wurden die meisten Paläste außer Knossos verlassen; die Keramiken, Schriften und anderen kulturellen Artefakte, die man dort gefunden hat, weisen darauf hin, dass es von den Mykenern übernommen wurde, jener kriegerischen und angriffslustigen Macht, die sich auf dem griechischen Festland durchgesetzt hatte. Vielleicht waren die Mykener auch für die Zerstörung der anderen Paläste verantwortlich – oder sie haben lediglich von einem postkatastrophischen Machtvakuum profitiert.

*Evans Rekonstruktion des nördlichen Eingangs zum Palast von Knossos. Besucher, die übers Meer nach Knossos kamen, werden am nahe gelegenen Hafen an Land gegangen sein und den Palast durch dieses Tor betreten haben.*

Um 1380 v. Chr. wurde Knossos durch ein Feuer zerstört und verlassen, obwohl die Ursachen der Brandkatastrophe unklar sind. In der klassischen griechischen und römischen Zeit entstanden neue Siedlungen, doch im Mittelalter wurde Knossos durch die nahe gelegenen Städte verdrängt, und nur die regionalen Überlieferungen brachten es noch mit den alten Legenden in Verbindung. Dank der Arbeit von Evans ist die ausgegrabene und teilweise rekonstruierte Anlage nun Kretas größte Touristenattraktion – doch sein Erbe ist ambivalent. Obwohl seine Arbeit die Öffentlichkeit fasziniert und die Erforschung der minoischen Kultur zu einem Hauptschauplatz der Mittelmeerarchäologie gemacht hat, haben seine äußerst persönliche und subjektive Interpretation der Stätte sowie seine oft höchst spekulativen Rekonstruktionen der archäologischen Beweisaufnahme geschadet und viele historische Aspekte durcheinandergebracht.

## Der Palast von Knossos

Etwa in der Mitte von Kretas Nordküste – an der Peripherie der modernen kretischen Hauptstadt Iraklio – wurde Knossos auf einer niedrigen, von anderen Hügeln überragten Anhöhe mitten im breiten Tal des Flusses Kairatos etwa acht Kilometer von der Küste entfernt erbaut. In minoischer Zeit wird die Gegend weniger trocken gewesen sein; die Berge waren vermutlich mit Eichen und Zypressen bewachsen, und das Ackerland im Tal war fruchtbar. Bezeichnender Weise wurde der Ort nicht zu Verteidigungszwecken ausgewählt – insgesamt hatten die Minoer, was zivile Konflikte oder Invasionen betraf, offenbar wenig zu befürchten. Ihre Zivilisation war stabil und friedlich, und durch kauf- und seemännisches Geschick entwickelte sie sich zu einem Handelsimperium, welches das östliche Mittelmeer umspannte und enge Beziehungen zu den Ägyptern unterhielt.

Das neopalatiale Knossos wurde vom Palastkomplex beherrscht. Eine kleine Stadt drängte sich um den Palast, während das Umland von »Mini-Palästen«, die zuweilen auch als Villen

*Das rekonstruierte Delphinfresko aus dem Megaron der Königin. Neuere Forschungen weisen darauf hin, dass das Fresko ursprünglich den Boden des heute als Schatzkammer bekannten Raums bedeckte. Motive wie Delphine zeigen die enge Verbindung der Minoer zum Meer.*

bezeichnet werden, übersät war. Der Palast selbst war riesig. Die Grundfläche einer seiner Ebenen beträgt ungefähr 13.000 Quadratmeter. In Anbetracht der Tatsache, dass die meisten Teile des Palasts aus wenigstens zwei und manchmal bis zu fünf Etagen bestanden, muss die Gesamtfläche also mindestens doppelt so groß gewesen sein. Alles in allem umfasste die Anlage etwa 1300 Räume mit vielfach gewundenen Korridoren, Treppen, Vorzimmern und Plattformen, die dem Ganzen einen wahrhaft labyrinthischen Charakter verliehen.

Alle kretischen Paläste hatten dieselbe Grundstruktur und Ausstattung, doch jeder von ihnen war in einer einzigartigen Weise arrangiert und entwickelte sich offenbar mit der Zeit durch die Hinzufügung neuer Räume organisch weiter. Zugleich passten diese nachträglichen Anbauten sich nahtlos in die Infrastruktur des Palasts ein, was darauf hinweist, dass sie alles andere als beliebig waren, vielmehr geplant oder genehmigt.

Die Grundanlage besteht aus vier Flügeln, die ungefähr im Rechteck um einen zentralen Innenhof herum angeordnet sind. Dieser Hof diente womöglich als öffentlicher Bereich – vielleicht mit der griechischen Agora oder dem römischen Forum vergleichbar –, mag aber auch einfach dazu bestimmt gewesen sein, den Räumen innerhalb des mächtigen Komplexes Licht und Luft zu gewähren. Die große Anzahl von Elementen wie Lichtschächten, mehrfach von Toren durchbrochenen Mauern, zahlreichen Fenstern in den oberen Stockwerken und offenen Kolonnaden entlang den Korridoren weist darauf hin, dass die Minoer darauf bedacht waren, in möglichst vielen Räumen optimale Belüftungs- und Lichtverhältnisse zu schaffen.

Denkbar ist auch, dass der zentrale Hof als Arena für Stiersprung und andere zeremonielle Sportarten gedient hat. Dekorationen und Motive im ganzen Palast belegen die symbolische Bedeutung, die der Stier für die Minoer hatte. Besonders berühmt sind die Stiersprungfresken, wo junge Minoer – Männer und Frauen – sich offenbar einem heranstürmenden Stier in den Weg stellten, zwischen seinen Hörnern hindurch einen Salto über seinen Rücken schlugen und hinter ihm mit den Füßen auf dem Boden wieder aufkamen. Es ist unklar, ob dieses unglaublich schwierige und gefährliche Kunststück wirklich durchgeführt wurde oder überhaupt möglich war. Vielleicht sind die Bilder reine Fiktion oder haben lediglich symbolische Bedeutung. Wenn sie jedoch eine Realität wiedergeben, dann wäre der zentrale Innenhof als Schauplatz geradezu prädestiniert gewesen.

Die um den Hof angeordneten Flügel oder Blöcke hatten unterschiedliche Funktionen. Das untere Geschoss des Westflügels bestand in der Hauptsache aus Lagerräumen oder Magazinen. Hier befanden sich mit Stein ausgekleidete Gruben für Flüssigkeiten und zahlreiche große Tongefäße für andere Vorräte. Darüber lag das, was Evans in Analogie zu den Palazzi der italienischen Renaissance als Piano Nobile bezeichnete: ein Obergeschoss mit »Staatssälen«, die vermutlich für Audienzen, Empfänge oder Regierungsgeschäfte genutzt wurden. Außerdem lagen im Westflügel auch Kulträume – kryptaartige Gemächer mit Säulen, die mit magischen oder geheimen Symbolen verziert waren. Besonders häufig ist das bei den Minoern so beliebte Symbol der Doppelaxt oder Labrys, von der sich das Wort Labyrinth ableitet. Möglicherweise sollten diese Symbole die Erdgottheiten besänftigen und Erdbeben abwenden.

Der Ostflügel des Palastes enthielt Zimmerfluchten, die offensichtlich als Wohnräume dienten, darunter auch die von Evans als »Wohnungen des Königs Minos« bezeichneten Bereiche, ein Badezimmer mit Lustrationsbecken und ein Raum, in dem sich nachweislich die weltweit erste Toilette mit Wasserspülung befindet. Die hochentwickelten Rohrsysteme zählen zu den besonderen Kennzeichen des Palasts: Über Aquädukte gelangte das Wasser in die Anlage, und Tonrohre beförderten die Abwässer hinaus. Diese Rohre bestanden aus genormten, massenweise produzierten Teilstücken, die sich verengten und daher – ähnlich modernen Rohrelementen – so exakt ineinander passten, dass kein Wasser austrat.

Obwohl man den Palast von allen Seiten betreten konnte, werden die Zugangsstraßen, die durch die umliegende Stadt führten, die Besucher zu einem zeremoniellen Hof gegenüber dem Westflügel geführt haben, von dem aus man einen guten Blick auf den Palast hatte. Hier sah der staunende Gast die gewaltige Größe der Anlage, während der unregelmäßige, durchbrochene Aufriss und die Skyline des Palasts und insbesondere der westlichen Fassade den Beobachter womöglich bewusst verwirren und ihm den Eindruck eines nahezu unbegrenzten Gebäudes vermitteln sollten. Wenn man sich diesen Irrgarten aus Korridoren, Räumen, Hallen und Treppen heute ansieht, kann man leicht nachvollziehen, wie die Legende vom Labyrinth entstanden ist.

Jenseits des Palastes liegen weitere wichtige Gebäude. Über die Königsstraße gelangt man vom Hauptpalast zum Kleinen

Palast, der vielleicht für Mitglieder der königlichen Familie erbaut worden ist. Nordwestlich des Palastes befinden sich die Überreste einer flachen, mit Stufen versehenen Senke, die vielleicht eine Art Theater gewesen ist – womöglich für religiöse Zeremonien oder den Stiersprung. Weiter im Norden steht zum Meer hin ein Gebäude, das Evans »Zollhaus« genannt hat, weil es auf dem Weg zum Hafen lag. Ebenfalls in der Stadt befindet sich die so genannte Karawanserei, ein zweistöckiges Gebäude mit aufwändigen Installationen und Badezimmern, von dem man annimmt, dass es ein Gästehaus gewesen sein könnte.

## Minoische Mysterien

Der Palast von Knossos scheint der Inbegriff der minoischen Zivilisation zu sein. Dem Archäologen J. C. McEnroe zufolge ist Knossos »ein Gebäude, das die Breite und Tiefe seiner Kultur beredter zu verkörpern vermag als jedes andere Einzelgebäude in der Geschichte der europäischen Architektur«. Doch trotz der Funde in Knossos und an Dutzenden anderer Stellen auf Kreta bleibt die minoische Zivilisation voller Geheimnisse. Wo hatte sie ihre Wurzeln? Bis zu welchem Grad lässt sie sich als einheimisch bezeichnen? Inwiefern war sie von der assyrischen, ägyptischen und levantinischen Kultur beeinflusst? Woher stammte das Palastmodell? Entwickelte es sich aus dem allmählichen Zuwachs kleinerer Elemente, oder war es das Produkt eines einzelnen Genies wie des Ägypters Imhotep, der die ersten Pyramiden schuf? War die minoische Zivilisation wirklich ein friedliebendes, unmilitärisches, utopisches Paradies, wie es das allgemeine Fehlen von Waffen oder militärischer Kunst anzudeuten scheint? Oder gab es eine finstere Schattenseite mit Menschenopfern, wie manche Überreste an minoischen Kultstätten und die düstere Legende vom Minotaurus suggerieren?

Vielleicht wäre es möglich, Licht auf diese Fragen zu werfen, wenn nur die minoische Sprache und Schrift nicht ein so undurchdringliches Geheimnis wären. In Knossos gefundene Tontafeln sind mit einer unter der Bezeichnung Linear A bekannten Schrift beschrieben – der Verschriftlichung einer Sprache, die keine Verbindungen zu irgendeinem bekannten Idiom aufzuweisen scheint. Die anmutige, freigeistige Kunst der Minoer unterscheidet sie von anderen antiken Kulturen und macht sie zum Gegenstand fortdauernder Faszination. Es ist eine Ironie der Geschichte, dass wir vielleicht nie in der Lage sein werden, die vielen Geheimnisse, die sie umgeben, zu lösen.

*Eines der »Magazine« oder Lager im Palast von Knossos. In diesen mit Stein verkleideten Gruben wurden Pithoi (große Krüge) gelagert, die Getreide, Oliven, trockenen Fisch und andere Vorräte enthielten. Durch die Griffe der Pithoi konnten Seile geschlungen werden, um den Transport zu erleichtern.*

# Entremont

**LAGE:** PROVENCE, FRANKREICH
**ERBAUUNGSZEIT:** CA. 180 V. CHR.
**VERLASSEN:** CA. 90 V. CHR.
**ERBAUER:** SALYER
**BESONDERHEITEN:** ALTE UND NEUE STADT; STADTMAUER; SÄULENHALLE, RELIEFS; KOPF- UND HELDENIDOLE; OLIVENPRESSEN

Das Westeuropa vor der Ankunft der Römer galt traditionell als dunkles Zeitalter wilder Stämme und primitiver Dörfer mit rohen Hütten, deren Wände aus mit Lehm verputztem Flechtwerk bestanden. Eine große und kultivierte Siedlung im Süden Frankreichs belegt, dass dieses Bild nicht zutrifft.

Offiziell beginnt Geschichte erst dann, wenn sie niedergeschrieben wird, was dazu führt, dass schriftlose Gesellschaften wie die vorrömischen Gallier in prähistorische Dunkelheit und damit im traditionellen historischen Denken an den Rand des Geschehens verbannt werden – schattenhafte Gestalten und Gruppen, die sich außerhalb der Reichweite des Scheinwerferlichts hinter der Bühne herumdrücken und nur bei ihren kurzen und blutigen Ausflügen in die Welt der Griechen und Römer sichtbar werden.

Doch die Fortschritte der Archäologie und ein zunehmend subtiles und fundiertes historisches Verständnis sorgen dafür, dass viele dieser Gruppen sich von der Vorgeschichte in jenen Bereich vorarbeiten, der als Protohistorie bezeichnet wird, eine Disziplin, die spärliche Erwähnungen in antiken Texten mit Informationen aus Inschriften, Kunst, Artefakten und Archäologie kombiniert, um daraus ein Bild von Gruppen, Gesellschaften, Kulturen und ganzen Zivilisationen zu gewinnen, die, was ihren Entwicklungsstand und ihre Errungenschaften betrifft, durchaus mit ihren bekannteren, »fortschrittlicheren« Nachbarn vergleichbar sind. Beispiele hierfür sind unter anderen die Skythen und die Kelten.

Entremont ist eine aus dem 2. bis 1. Jahrhundert stammende Siedlung der kelto-ligurischen Salyer – die bei den Autoren der griechisch-römischen Antike Salluvii heißen – in der südfranzösischen Provence, die diesen Sachverhalt gut veranschaulicht. Hier blühte am Saum der griechisch-lateinischen Welt eine große Stadt mit einem gitterförmig angelegten Straßennetz, massiven, gut geplanten Befestigungsanlagen, mehrstöckigen öffentlichen Gebäuden und aufwändig gestalteten religiösen Bezirken, die den Vergleich mit den nahe gelegenen griechischen Kolonien nicht zu scheuen brauchte – bis sie von einer römischen Armee belagert und geplündert wurde.

## Griechen und Gallier

Um 600 v. Chr. gründeten Griechen aus Phokaia nahe der Rhônemündung eine Kolonie namens Massalia (Marseille). Die Rhône ist ein großer Fluss, der Massalia mit weiten Teilen Frankreichs und des westlichen Mitteleuropas sowie über andere Flusssysteme mit den britischen Inseln, dem Baltikum und noch entfernteren Regionen verband. Damit hatten die Griechen Zugriff auf sämtliche natürlichen Reichtümer Europas: von Bernstein und Pelzwerk bis hin zu Zinn und Sklaven. Im Gegenzug handelten sie mit den Produkten der mediterranen Zivilisationen: Wein, Fisch, Glas, bearbeiteten Metallen und vor allem hochwertiger Keramik.

Der Einfluss der griechischen Kolonie auf andere Gesellschaften reichte weit ins europäische Festland hinein, erstreckte sich jedoch in besonderem Maße auf die Gebiete an Rhein und Côte d'Azur, an den Handelsrouten von und nach Südfrankreich. Und weil griechische und lateinische Schriftsteller einige der Interaktionen zwischen den Siedlern und ihren

Nachbarn für die Nachwelt festhielten, kennen wir viele dieser Gruppen mit Namen. Unter ihnen haben die Salyer eine besondere Stellung: ein Stammesbündnis von Kelten, die etwa zeitgleich mit der Gründung Massalias aus Zentraleuropa in große Teile des übrigen Kontinents eingewandert waren, und einheimischen Ligurern.

Das Verhältnis zwischen den Salyern und der griechischen Kolonie war nicht unbelastet. Zwar trieben sie in großen Umfang Handel miteinander und unterhielten friedliche Beziehungen, doch führten beständige Spannungen auch zu gelegentlichen Gewaltausbrüchen. Um ihre Handelsrouten vor Piraten zu schützen, gründeten die Griechen im 4. und 3. Jahrhundert v. Chr. entlang der Küste Tochterkolonien wie Nikaia (Nizza) und Antipolis (Antibes), die jedoch ihrerseits vom Land her in Gefahr gerieten. Die antiken Texte schildern die Salyer als äußerst barbarisch. Ihre typisch keltische Sitte, Besiegten als Trophäe die Köpfe abzuschlagen, hat die Phantasie ihrer antiken Zeitgenossen wohl besonders beeindruckt.

*Basis einer Olivenpresse aus Entremont – das Öl der gepressten Oliven floss in die Rinnen und konnte von dort aus aufgefangen werden.*

### Siedlung in Entremont

Entremont ist die moderne Version des mittelalterlichen Namens »Intermontes« nach dem Pass, der von den niedrigen Tälern des Arc und des Touloubre zu einer Hochebene führt, die sich zu den Ausläufern der Alpen hin erhebt. Der Platz am südlichen Ende dieser Ebene war aufgrund seiner natürlichen Lage gut zu verteidigen, zudem konnte man von hier aus die Täler und den Weg nach Norden kontrollieren. Wie die Kelto-Ligurer ihre Siedlung genannt haben, weiß man nicht, doch sie gründeten an dieser Stelle das, was Julius Cäsar später ein Oppidum nannte: eine befestigte Siedlung.

Stelen aus der Zeit um 500 v. Chr., die in späteren Gebäuden weiterverwendet wurden, weisen darauf hin, dass die Stätte vor ihrer Besiedlung vermutlich religiöse oder rituelle Bedeutung hatte. Die erste Siedlung hier entstand jedoch erst um 180 v. Chr. Sie war mit etwa einem Hektar eher klein und lag am höchsten Punkt des Plateaus. Die Ränder der Siedlung verliefen parallel zur südlichen und westlichen Seite des Plateaus, diese selbst hatte die Form eines verschobenen Rechtecks. Die nördliche, der offenen Ebene zugewandte Seite der Stadt war mit einem 1,36 Meter breiten Wall befestigt, der drei Türme hatte.

Innerhalb dieses Walls waren drei Meter breite Straßen parallel zu den Stadträndern in einem regelmäßigen Gittermuster angelegt, das die Häuser in Blocks von etwa 24 Quadratmetern unterteilte. Die Straßen waren nicht gepflastert, jedoch zur Stabilisierung mit Steinen und Tonscherben eingefasst. Jeder Häuserblock war durch Wände aus Steinblöcken und weiter oben aus Lehmziegeln in Gruppen von je sieben einfachen Räumen unterteilt. Die Dächer bestanden aus Holzgerüsten, Flechtwerk und Lehm. Mithilfe von Lehmziegeln wurden innerhalb der zellenartigen Häuser kleinere Strukturen wie Herde gebaut, da jedoch der Platz begrenzt war, befanden sich die Feuerstellen häufig auch draußen auf der Straße. Einer der Blöcke war vermutlich für Handwerksbetriebe – beispielsweise Metallverarbeitung – vorgesehen, doch insgesamt spricht alles dafür, das die Einwohner der alten Stadt ein einfaches, auf den Unterhalt ausgerichtetes Leben führten und kaum mehr produzierten, als sie zum Überleben brauchten.

### Die neue Stadt

Um 150 v. Chr. wurde die Stadt entscheidend vergrößert und scheint sich in wirtschaftlicher Hinsicht weiterentwickelt zu haben, doch es gibt auch Belege für eine nicht unerhebliche Veränderung der Gesellschaftsstruktur. Die neue Stadt war viel größer – sie bedeckte eine Fläche von rund 3,5 Hektar – und hatte eine mächtige, ausgedehnte Stadtmauer, die fast die gesamte Ebene umschloss. Sie sollte Angreifer vermutlich davon abhalten, auf dem Boden einen festen Stand zu haben. Diese neue Stadtmauer war 3,50 Meter dick und bis zu sieben Meter hoch. Sie hatte mächtige, vorkragende Türme, die 9,50 Meter breit und acht bis neun Meter hoch waren und in einem Abstand von jeweils 5,30 Meter über der Mauer aufragten. Durch Rinnen im unteren Teil des Walls konnte das Regenwasser auf die Ebene abfließen.

*Die unteren Partien der Wände bestanden aus Stein und sind erhalten geblieben, sodass der Grundriss und die Anlage der Stadt größtenteils noch zu erkennen sind. Im Vordergrund sieht man Öfen für die Metallverarbeitung.*

Auch die neue Stadt war in nicht ganz quadratische Blöcke unterteilt, die jedoch mehr als doppelt so groß waren wie jene in der alten Stadt. Die meisten Straßen waren breiter; die Häuser waren größer und hatten einen bis fünf Räume. Einiges spricht dafür, dass den Einwohnern umso mehr Wirtschaftsgüter zur Verfügung standen, je mehr sich ihre Aktivitäten in den häuslichen Bereich verlagerten. So hat man vor allem zahlreiche Gegengewichte für Pressen gefunden. Chemische Analysen der Rückstände aus Krügen und von den Böden der Häuser weisen darauf hin, dass diese Pressen für die Ölproduktion bestimmt waren – offenbar hatten die Bewohner von Entremont eine recht umfangreiche Heimindustrie entwickelt.

Das größte Gebäude der neuen Stadt stand mit der Rückwand auf dem Verlauf der alten Stadtmauer, die zerstört und neu verbaut worden war. Es war ein monumentales, zwanzig Meter langes und fünf Meter breites Hypostylon, eine Halle mit einer Reihe hölzerner Säulen, die ein zweites Stockwerk trugen. Die Wände bestanden im unteren Bereich aus Stein und weiter oben aus festgeklopftem Lehm mit einer Fachwerkfassade. Die Säulen der Fassade ruhten auf einem langen steinernen Unterbau; dieser Stylobat bestand teilweise aus Steinen aus dem alten Heiligtum, das ursprünglich am Siedlungsort gestanden hatte. Rund um den Stylobat wurden zwanzig mit einem Loch versehene Schädel gefunden, was darauf hinweist, dass die Fassade mit an die Balken genagelten Köpfen verziert war. Den Fußboden des Gebäudes bildete feiner gestampfter Lehm, während die Innenwände weiß gekalkt waren. Vor der Halle war die Straße verbreitert worden, wodurch eine beeindruckende öffentliche Anlage entstand, die sich vom Rest der Stadt abhob. Auch wenn man wohl zugeben muss, dass dieses Gebäude von griechischen Vorbildern inspiriert war, welche die Salyer wohl in Massalia oder anderen Kolonien gesehen hatten, handelt es sich dennoch um ein bemerkenswertes Beispiel gallischer Entwicklung und Geschicklichkeit.

### Der Heldenkult

Die wichtigsten Teile der Siedlung waren nachweislich die vier Heiligtümer. Sie zeichnen sich durch gemeißelte Stelen und Stürze, Skulpturen, Statuen und Schädel aus. Einige der Stürze haben Nischen für Köpfe oder Schädel; daneben finden sich Kopfreliefs. Die Skulpturen zeigen sitzende Heldengestalten in buddhaähnlicher Haltung mit Waffen und Trophäen, darunter auch Schädel. Die Köpfe und Schädel stellen möglicherweise Trophäen von Toten oder Überreste verehrter Vorfahren dar.

Solche Idole und Votivfiguren haben eine lange Geschichte, die bis in die Anfänge der gallischen Kultur zurückreicht, doch der Kontext, in dem sie in Entremont in Erscheinung treten, spricht für einen Wandel der gesellschaftlichen Strukturen. Obwohl die keltische Gesellschaft traditionell als egalitär gilt, sprechen diese und andere Ausgrabungsstätten dafür, dass sie sich zu einer Schichtengesellschaft mit aristokratischen Dynastien zu entwickeln begann, die eine übergeordnete und herrschende Rolle für sich in Anspruch nahmen. In den Heiligtümern von Entremont wird eine enge Verbindung zwischen den Helden und diesen aristokratischen Dynastien hergestellt, was darauf hindeutet, dass die herrschenden Klassen versuchten, ihr Ansehen und ihren Status mithilfe des bereits bestehenden Heldenkults zu heben. Historiker glauben, dass der Einfluss des griechisch-römischen Handels, der über Massalia Wohlstand und Luxusgüter zu den Salyern brachte, eine der Triebfedern dieses sozialen Wandels war.

### Entremonts Ende

Während der Punischen Kriege zwischen Karthago und Rom stellte sich Massalia auf die Seite Roms, und als seine Kolonien später von den Salyern und anderen Stämmen bedroht wurden, baten die Siedler Rom, die aufsteigende Macht im westlichen Mittelmeer, um Hilfe. Der Preis für diese Unterstützung war, dass man Roms Vormachtstellung anerkannte. Italienische Kaufleute übernahmen den Güteraustausch über Massalia, wo nun zunehmend mit italienischen Importwaren gehandelt wurde.

125 v. Chr. marschierten die römischen Truppen erneut gegen die unbequemen Salyer, doch Entremont – vermutlich ihre Hauptstadt – konnte den Legionen widerstehen. 123 v. Chr. belagerte eine andere Armee unter dem römischen Konsul C. Sextius Calvinus die Stadt, die von Belegen für den heftigen Ansturm übersät ist: von Katapulten geschleuderte Steinkugeln, von riesigen Wurfgeschützen abgefeuerte Eisenbolzen und die Spitzen unzähliger römischer Wurfspieße (Pilae). Auch die Verteidiger haben ihre Spuren hinterlassen: Lehmgeschosse für Wurfschleudern, eiserne Dolche, Bögen und Speere. Doch die militärische Übermacht der Römer war zu groß: Die Stadt wurde eingenommen und geplündert, wie die Überreste zerbrochener Amphoren beweisen. In einigen wenigen Häusern blie-

ben kleine Mengen von Münzen, Edelsteinen und anderen Wertgegenständen, die man in den Lehmböden vergraben hatte, vor der Raffgier der Legionäre verschont.

Nach antiken Quellen flohen der salluvische König und seine Adligen nach Norden und suchten beim Stamm der Allobriger Zuflucht, während die überlebenden Einwohner von Entremont deportiert und vielleicht versklavt wurden – mit Ausnahme des Adligen Kraton, der mit den Römern zusammengearbeitet hatte. Er durfte mit neunhundert seiner Leute in Entremont bleiben. Allem Anschein nach lebten sie dort, bis die Stadt 90 v. Chr. zum zweiten Mal zerstört wurde, was darauf hinweist, dass Kratons Nachkommen die herzlichen Beziehungen zu Rom nicht aufrechterhalten haben. Danach wurde der Ort aufgegeben, während ganz in der Nähe eine neue römische Stadtgründung, das heutige Aix-en-Provence, florierte.

*Großaufnahme eines Ofens zur Metallverarbeitung – eine der höher entwickelten Aktivitäten, denen die Bewohner der alten Stadt nachgingen. Diese war deutlich primitiver als die neue Stadt, und die hier ausgeübten Tätigkeiten dienten fast ausschließlich dem Lebensunterhalt.*

# AFRIKA

Die fünf Städte in diesem Kapitel spannen einen weiten historischen Bogen, der vom 11. Jahrhundert v. Chr. bis ins 15. Jahrhundert n. Chr. reicht. Sie schlagen aber auch eine kulturelle Brücke: zwischen dem Gebiet nördlich der Sahara mit seinen berühmten antiken Zivilisationen und dem subsaharischen Bereich, der nach wie vor eher unbekannt und unverstanden ist. Ersteres ist die vertraute Welt der alten Ägypter, Griechen und Römer, in der die außerordentlich lange ägyptische Geschichte – hier durch das Schicksal der versunkenen Metropole Tanis repräsentiert – zu den berühmten Namen der klassischen Welt überleitet: Alexandria, einer griechischen Stadt mit ägyptischem Flair, und Leptis Magna, einer der besterhaltenen römischen Städte.

Die subsaharische Welt hat ihre eigene, reiche Geschichte und ihre eigenen Erzählungen über den Aufstieg und Fall großer Reiche, doch da es an schriftlichen Quellen mangelt und dort bisher noch recht wenig an archäologischer Forschung geleistet worden ist, sind diese weitgehend unbekannt. Die faszinierende Anlage von Groß-Simbabwe ist einer der wenigen Blicke, die wir auf diese unerzählte Geschichte werfen können, auch wenn es der Bemühungen unvoreingenommener und professioneller Archäologen bedurfte, ihr Geheimnis wenigstens ansatzweise zu enthüllen, denn wie mehrere der in diesem Buch behandelten Stätten – so Cahokia und Tiahuanaco – ist auch sie von einer eher ideologisch als wissenschaftlich motivierten Forschung gedeutet oder fehlgedeutet worden.

Den Angelpunkt zwischen den beiden Welten bildet die antike Stadt Meroe, Hauptstadt der ehrwürdigen Kuschiten. Diese werden oft für ein bloßes Anhängsel ihrer berühmteren nördlichen Nachbarn, der Ägypter, gehalten, doch in Wirklichkeit stellen sie die Verbindung zwischen den beiden Welten nördlich und südlich der Sahara dar. Zu Anfang war ihre Entwicklung eng an den Ägyptern orientiert, doch die Gründung von Meroe brachte eine geopolitische Akzentverschiebung zugunsten der subsaharischen Welt und die Bildung einer neuen, genuin subsaharischen Kultur mit sich.

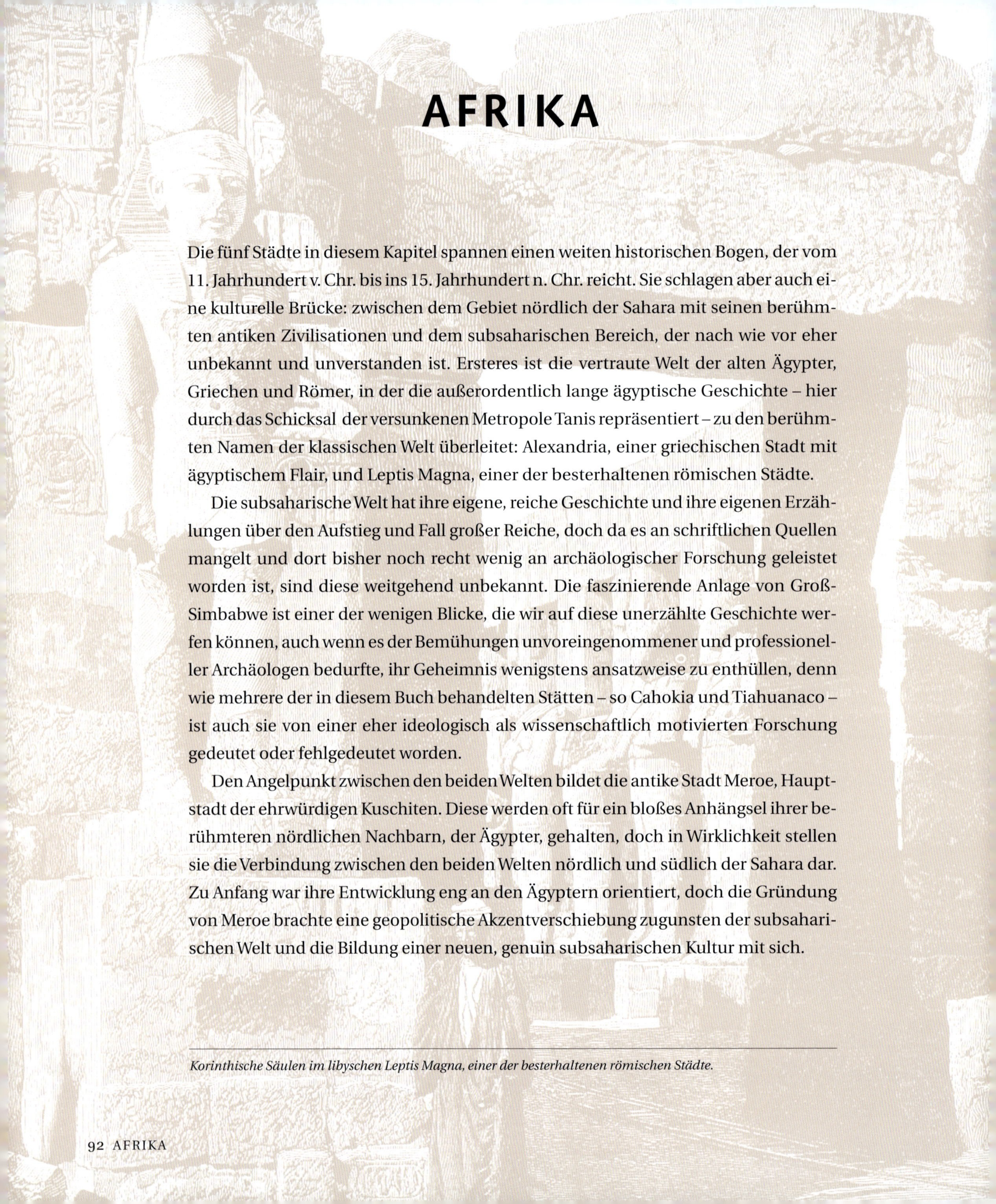

*Korinthische Säulen im libyschen Leptis Magna, einer der besterhaltenen römischen Städte.*

# Groß-Simbabwe

**LAGE:** SIMBABWE
**ERBAUUNGSZEIT:** CA. 13. JAHRHUNDERT N. CHR.
**VERLASSEN:** ENDE DES 15. JAHRHUNDERTS N. CHR.
**ERBAUER:** MUNHUMUTAPA-REICH
**BESONDERHEITEN:** GROSSE EINFRIEDUNG; HOCHENTWICKELTE TROCKENMAUERTECHNIK; KONISCHER TURM; HÜGELKOMPLEX; STEINVÖGEL

Groß-Simbabwe, die bedeutendste Ausgrabungsstätte im subsaharischen Afrika und vielleicht die einzige, die ihren Namen an einen modernen Staat weitergegeben hat, war einst das Zentrum eines mächtigen Handelsimperiums. Seine Ruinen haben zu exotischen Spekulationen Anlass gegeben und standen im Mittelpunkt politischer Stürme.

Groß-Simbabwe ist der Name einer ganzen Gruppe von Ruinen, die über ein Tal und die angrenzenden Hügel auf dem Simbabwe-Plateau verstreut sind – einer hoch gelegenen Region zwischen den Flüssen Sambesi und Limpopo im südlichen Afrika. 1986 wurde es zum UNESCO-Welterbe erklärt. Sein auffälligstes und bekanntestes Merkmal ist eine als die Große Einfriedung (»Great Enclosure«) bekannte Umfassungsmauer. Diese monumentale Mauer ist ein Meisterwerk, das heute ebenso inspirierend und ehrfurchtgebietend ist wie zur mutmaßlichen Erbauungszeit zwischen dem 13. und 15. Jahrhundert n. Chr.

Das war die Blütezeit des Munhumutapa-Reichs – im englischsprachigen Raum als Mwene-Mutapa-Reich bekannt –, einem Königtum der Shona – der Bevölkerung, die noch heute in diesem Gebiet lebt –, das sich um 900 n. Chr. zu entwickeln begann. Zunächst bildeten Viehherden die Grundlage der Macht, doch seit etwa 1100 übernahm Munhumutapa die Kontrolle über die einträglichen Handelsverbindungen zwischen den inländischen Zentren der Elfenbein-, Eisen- und Goldproduktion und den Händlern an der Küste, die ihrerseits Luxusgüter aus dem Mittleren und Fernen Osten mitbrachten. Zu den Grabungsfunden zählen Seide, Baumwolle, chinesisches Porzellan, persische Fayence, Glas aus Syrien und künstliche Perlen aus Indien. Im Westen von Groß-Simbabwe gab es reiche Goldvorkommen, und der König oder Mambo besaß beträchtliche Reichtümer. Diese Reichtümer waren die Grundlage für den Bau der monumentalen Mauern von Groß-Simbabwe und zogen eine wachsende Bevölkerung an.

### Der Hügelkomplex

Die gesamte Anlage bedeckt eine Fläche von etwa 728 Hektar, doch die Ruinen konzentrieren sich hauptsächlich auf drei Stellen. Auf der Spitze eines felsigen Hügels liegt der so genannte Hügelkomplex, eine von einer bis zu elf Meter hohen Steinmauer umschlossene ovale Einfriedung von maximal hundert Meter Breite, in der eine Anzahl von Hütten und kleineren Gebäuden liegt. Sie sind aus Daga gebaut – einer Mischung von Lehm, Kies und Erde aus Termitenhügeln, die eine Art Beton ergibt und das häufigste Baumaterial in Afrika darstellt. Der Hügel ist vermutlich der am frühesten besiedelte Teil der Anlage. Funde weisen darauf hin, dass hier bereits im 5. Jahrhundert n. Chr. eisenzeitliche Hirten und Bauern gelebt haben, die wahrscheinlich durch die üppigen Weiden und fruchtbaren Böden der Gegend angezogen wurden. Aufgrund der hohen Lage wird es hier vergleichsweise wenige Tsetsefliegen gegeben haben, welche die Schlafkrankheit übertragen. Als Groß-Simbabwe reich und mächtig wurde, entwickelte sich der Hügelkomplex zur Enklave des Mambo und vielleicht auch anderer einflussreicher Persönlichkeiten wie beispielsweise der Priester. Innerhalb des Komplexes fand man eine Anzahl von Steinvögeln, die auf der

Spitze steinerner Säulen sitzen – einer von ihnen ist zum Wappenzeichen Simbabwes geworden.

### Die Große Einfriedung

Unterhalb des Hügelkomplexes liegt das berühmteste und beeindruckendste der Wunder von Groß-Simbabwe – die Große Einfriedung, welche die Einheimischen im 19. Jahrhundert unter dem Namen Imbahuru kannten. Imbahuru bedeutet im örtlichen Karanga-Dialekt der Shona entweder »großes Haus« oder »Haus der großen Frau«. Die zweite Übersetzung sollte die frühen europäischen Interpretationen dieser Stätte maßgeblich beeinflussen. Die Große Einfriedung ist eine elliptische Fläche, die von einer gewaltigen, 244 Meter langen und stellenweise bis zu elf Meter hohen Mauer umgeben ist. Sie besteht aus zwei Schichten rechteckiger Granitblöcke, die so präzise zusammengefügt sind, dass es keines Mörtels bedurfte. Die Zwischenräume sind mit Erde und Steinen gefüllt. Die Mauer ist an der Basis etwa halb so dick wie hoch und verjüngt sich nach oben. Zu ihrem Bau wurde fast eine Million Blöcke verwendet. Sie kommen von den Granitdomen der umliegenden Hügel, von denen im Zuge der so genannten Schalenverwitterung dünne Schichten abblättern und aufgrund natürlicher Temperaturunterschiede entlang bestehender Linien zu handlichen backsteinartigen Blöcken auseinanderbrechen. Die mittelalterlichen Shona werden diesen Prozess beschleunigt haben, indem sie den Granit künstlich erhitzten und abkühlten und hölzerne Keile in vorhandene Risse trieben.

Zu den wichtigen Merkmalen der Großen Einfriedung zählen ein innerer Wall, der um einen Teil der Hauptmauer herumläuft und einen 55 Meter langen Gang entstehen lässt; ferner Öffnungen und Tore, sanft gerundete Wände und gerundete, mit großem Geschick gefertigte Stufen. Innerhalb der Einfriedung befinden sich ein solider, neun Meter hoher konischer Turm, eine Anzahl aufrecht stehender Steine und die Überreste zahlreicher Daga-Hütten.

### Die Ruinen im Tal

Das Tal, das die Große Einfriedung umgibt, ist von den Ruinen vieler kleiner Steineinfriedungen und Überresten weiterer Daga-Hütten übersät. Diese Bauten sind die jüngsten, und die Archäologen vermuten, dass sie gebaut worden sind, um die wachsende Bevölkerung von Groß-Simbabwe aufzunehmen, dessen Macht und Wohlstand immer größere Menschenmengen anzogen. Zu seiner besten Zeit könnten hier 17.000 bis 19.000 Menschen gelebt haben – das entspricht der Größe des mittelalterlichen London. Man glaubt, dass in einer der Einfriedungen die Frauen des Mambo gelebt haben, möglicherweise bis zu 1000.

Die Anlage der Stätte erfolgte nach statusmäßigen Kriterien. Die räumliche Abtrennung und Erhöhung des Hügelkomplexes spiegelt und demonstriert den Status des Königs, während untergeordnete Anführer des Königreiches eigene kleinere Einfriedungen an weniger hoch gelegenen Punkten bewohnten und das gemeine Volk sich im Tal verteilte. Zu Zeiten der größten Bevölkerungsdichte wird Groß-Simbabwe eine geschäftige Metropole gewesen sein, in der Händler Rohstoffe für die Handwerker herbeischafften und Bauern und Hirten für Nahrung sorgten. Die Funktion der Großen Einfriedung selbst bleibt jedoch ein Geheimnis. Sie könnte ein königlicher Palast gewesen sein oder bei Initiationsriten und/oder religiösen Zeremonien eine Rolle gespielt haben. Ein Teil der Mauer ist mit einem Chevron-Fries dekoriert, dem möglicherweise eine sexuelle Symbolik zugrunde liegt, während der konische Turm offenbar ein Phallussymbol darstellt und vielleicht sinnbildlich auf Getreidespeicher der Shona zurückgreift.

### König Salomos Minen

Von der Mitte oder dem Ende des 15. Jahrhunderts an begann die Stadt an Bedeutung zu verlieren. Vermutlich versiegten die Goldquellen, die ihren Reichtum begründet hatten; vielleicht bestand das Problem auch darin, dass das Gebiet dem Bedarf der Bevölkerung insbesondere an Feuerholz und Weideland ökologisch nicht gewachsen war. Als europäische Forscher in das Innere des Kontinents vorzustoßen begannen, war die Gegend fast gänzlich zur Wüste geworden, obwohl in der Folgezeit Teile der Anlage möglicherweise in geringem Umfang wieder

*Nächste Doppelseite: Der konische Turm in der Großen Einfriedung – möglicherweise ein gigantisches Phallussymbol oder die sinnbildliche Replik eines Kornspeichers. Die Steinblöcke sind ohne Mörtel zusammengefügt.*

CLIMBING ON WALLS
IS PROHIBITED

*Ansicht eines Teils des 55 Meter langen Ganges zwischen dem inneren und dem äußeren Wall der Großen Einfriedung. Die Trockenmauer ist mit bemerkenswerter Kunst und Präzision zusammengefügt. Vielleicht diente der Gang Verteidigungszwecken, vielleicht hatte er aber auch eine rituelle Funktion, die mit der übergeordneten religiösen Symbolik der gesamten Anlage in Zusammenhang steht.*

besiedelt wurden und die Große Einfriedung noch immer für religiöse Zeremonien genutzt wurde. Damit war die weitgehend ausgestorbene Stadt ein Tummelplatz für die Spekulationen und Steckenpferde europäischer Forscher und Schatzsucher.

Die ersten Europäer, die von der Existenz dieser Stätte berichteten, waren Portugiesen, die an der ostafrikanischen Küste Handelsforts errichtet hatten, um Zugriff auf Gold, Elfenbein und andere Reichtümer des Kontinents zu erhalten, aber nicht ins Landesinnere vorstießen. Einheimische Informanten erzählten ihnen von den reichen Goldminen des Munhumutapa-Reichs und ihrer großen Festung namens Symbaoe – vielleicht eine Fehldeutung von »Simbabwe« –, die aus Steinen ohne Mörtel errichtet sei. Die Portugiesen und andere Europäer nach ihnen brachten Munhumutapa mit dem legendären Ophir in Verbindung, das der Bibel zufolge die Heimat der Königin von Saba und der Ort der Goldminen war, denen König Salomo seinen sagenhaften Reichtum verdankte. Mitte des 19. Jahrhunderts drangen europäische Forscher und Missionare ins Innere vor. 1870 hörte der exzentrische deutsche Forscher Karl Mauch – der den Einsatz von Trägern verschmähte und seine ganze Ausrüstung selber trug, mit einem Anzug aus Antilopenleder bekleidet war und sich mit einem großen Schirm vor der Sonne schützte – von einem Missionar Geschichten über Munhumutapa und beschloss, als der Entdecker von Ophir Ruhm und vielleicht auch Reichtum zu gewinnen. Unter Strapazen erreichte er den Ort und fand die

Beweise, die er suchte. Er brach ein Stück Holz aus einer Türschwelle, fand es seinem Zedernholzbleistift ähnlich und beschloss daher, es müsse aus dem Libanon stammen. Für ihn war dies nur eine Bestätigung des ohnehin Offensichtlichen: Solche wunderbaren Bauten konnten nicht von Afrikanern, sondern mussten von Phöniziern, den einstigen Bewohnern des Libanon, errichtet worden sein. Er ging noch weiter und stellte die Hypothese auf, dass der Hügelkomplex der Versuch der Königin von Saba gewesen sei, den Tempel Salomos nachzubauen. Zu Mauchs Pech fanden sich in der Anlage weder Gold noch Edelsteine, und seine Entdeckungen wurden in Europa recht gleichgültig aufgenommen. Nach der Rückkehr in sein Heimatland stürzte er fünf Jahre später aus einem Fenster und starb eher unbeachtet.

### »Weißfärberei«

Dennoch übte seine außergewöhnliche und in keiner Weise fundierte Interpretation der Stätte einen nachhaltigen Einfluss auf spätere europäische Vorstellungen aus. Ende des 19. Jahrhunderts fiel das Land um Simbabwe Cecil Rhodes in die Hände, dessen Pläne für ein von den Briten beherrschtes Afrika gewisse ideologische und anthropologische Grundannahmen erforderten – zum Beispiel die, dass die Afrikaner wilde, unzivilisierte Barbaren seien und die »Bürde des weißen Mannes« darin bestehe, sie aus ihrem Zustand der Unwissenheit zu befreien. Die britischen Archäologen, die entsandt wurden, um Groß-Simbabwe zu begutachten, bestätigten Mauchs frühere Theorie. Die Stadt sei eindeutig von Phöniziern oder anderen Besuchern aus dem Mittelmeerraum erbaut worden, lautete die Schlussfolgerung, die James Bent 1892 in seinem Buch »The Ruined Cities of Mashonaland« formulierte und die H. Rider Haggard zu seinem Abenteuerroman »König Salomons Schatzkammer« inspirierte. Bents inkompetenter und zerstörerischer Nachfolger Richard N. Hall ließ 3,5 Meter Erde und Steinschutt abtragen, um die Ruinen zu »restaurieren«, womit er der archäologischen Bestandsaufnahme irreparablen Schaden zufügte. In den folgenden Jahrzehnten wurde aus dem Gebiet das Land Rhodesien und Groß-Simbabwe zu einem ideologischen Schlachtfeld. Für die weiße Elite, die in Rhodesien herrschte, war es wichtig, den afrikanischen Hintergrund der Ruinen zu leugnen, doch schon 1905 stellte der Archäologe David Randall-MacIver einen Zusammenhang zwischen Funden von dort und der Verwendung identischer Werkzeuge und Technologien bei den nach wie vor in der Gegend ansässigen Shona her und kam zu einem naheliegenden Schluss: Groß-Simbabwe haben Afrikaner, bei denen es sich vermutlich im Wesentlichen um dasselbe Volk handelte, das noch immer dort lebte. Die Archäologin Gertrude Caton-Thompson, die seine Ergebnisse anfechten sollte, befand sie für zutreffend und bestätigte sie. Die rhodesischen Behörden waren nicht bereit, das zu akzeptieren, und so wurde eine ganze Flut von exzentrischen Theorien vorgebracht, welche die Ruinen mit allem und jedem in Verbindung brachten: angefangen bei den Pharaonen über die Verlorenen Stämme Israels bis hin zu den Wikingern. Afrikaner hatten nur begrenzten Zutritt zu der Stätte, und Archäologen der Regierung wurden entlassen, wenn sie von der vorgegebenen Linie abwichen. Indessen wurden die Ruinen zu einem Schlüsselsymbol für die afrikanische Unabhängigkeitsbewegung, und als das Land sich schließlich von der Apartheid befreite, spiegelte sich dieser Symbolcharakter in seinem neuen Namen wider, auch wenn man sich nicht darüber einig ist, aus welchem Shona-Dialekt der Name »Simbabwe« stammt und ob er »Steinhäuser« oder »verehrte Häuser« bedeutet. Bis heute ist Groß-Simbabwe ein politisch belasteter Ort – ein nationales Monument, das Simbabwes kulturelle Identität mitbegründet, aber auch ein Symbol der leidvollen Kolonialgeschichte des Landes.

# Tanis

**LAGE:** NILDELTA, ÄGYPTEN
**ERBAUUNGSZEIT:** CA. 1070 V. CHR.
**VERLASSEN:** VOR DEM 7. JAHRHUNDERT N. CHR.
**ERBAUER:** PHARAO SMENDES UND DIE 21. UND 22. DYNASTIE
**BESONDERHEITEN:** WIEDERVERWERTUNG VON BLÖCKEN UND STATUEN AUS ANDEREN ANLAGEN; TEMPELKOMPLEX MIT UMFASSUNGSMAUER; AMUNTEMPEL; KÖNIGSGRÄBER UND SCHÄTZE

Verstreute Blöcke und abgebrochene Obelisken übersäen die Spitze eines riesigen Sandhügels, der sich einsam an einem längst versandeten Flussarm im Nildelta erhebt. Hier liegt Tanis, die einstige Hauptstadt des alten Ägypten und der Fundort der einzigen wirklich unberührten Königsgräber, deren außergewöhnlicher, wenn auch unverhoffter Inhalt sich durchaus mit den Herrlichkeiten eines Tutanchamun messen kann.

Tanis ist der griechische Name der alten ägyptischen Stadt Djanet, eines Ortes, der heute als San el-Hagar, »Platz der Steine«, bekannt ist. Technisch gesprochen bezeichnet San el-Hagar den nördlichen und größeren zweier gewaltiger Sandhügel oder Gezira: Er erhebt sich mehr als dreißig Meter über die umliegende Flussniederung und bedeckt ein Areal von ungefähr 177 Hektar.

Etwa vom 11. bis zum späten 8. Jahrhundert v. Chr. war dieser Ort die Hauptstadt Ägyptens, wenn auch zeitweise nur eine von mehreren. Davor und danach war es eine wichtige regionale Hauptstadt und nicht nur ein administratives, sondern auch ein wichtiges religiöses und kommerzielles Zentrum, das den Handel zwischen Ägypten und den Ländern jenseits des Mittelmeeres kontrollierte, bis der Nilarm versandete und die Stadt buchstäblich auf dem Trockenen saß. Trotz ihrer exponierten Lage machen die Umstände ihrer Erbauung Tanis für die neuere Archäologie zu einem äußerst schwierigen Fall, denn die Stätte ist eine Art bauliches Palimpsest, das sich aus den Baumaterialien anderer Städte und anderer Zeiten zusammensetzt.

## Delta-Pharaonen und südliche Hohepriester

Tanis war das Produkt einer von Turbulenzen und Zwistigkeiten geprägten Phase in der altägyptischen Politik. Die 20. Dynastie war schwach und erfolglos, und in Oberägypten hatte der Pharao den größten Teil seiner realen Macht an die Hohenpriester des Amun in der Stadt Theben verloren. Am Ende der Regierungszeit Ramses' XI., des letzten Pharaos der 20. Dynastie, trat der Hohepriester Herihor ganz offen als Mitregent auf. Mit dem Aufstieg der Hohenpriester verschob sich die Basis der pharaonischen Macht nach Nordägypten in die Region des Nildeltas, wo die Stadt Pi-Ramesse zur Hauptstadt geworden war. Als Ramses XI. starb, ging der Thron an den Gouverneur von Tanis, einen gewissen Smendes, über, der vielleicht Ramses' Schwiegersohn war. Anstelle von Pi-Ramesse, dessen Nilarm bereits auszutrocknen begann, wählte er Tanis als Residenz.

Smendes' 21. Dynastie hatte Verbindungen zu Libyen, die mit dem Übergang zur 22. Dynastie unter Scheschonq I. noch enger wurden. Auch in dieser Zeit blieb Tanis Regierungssitz. In der Mitte des 9. Jahrhunderts v. Chr. jedoch spaltete sich der Süden Ägyptens ab und bildete ein eigenes Herrschaftsgebiet, und bis zum 8. Jahrhundert v. Chr. hatten sich verschiedene rivalisierende Dynastien etabliert, die jeweils einen Teil Ägyptens regierten; damit war Tanis nur mehr die Hauptstadt eines kleinen regionalen Königreiches.

Um 720 v. Chr. wurde Ägypten von der nubischen Dynastie wiedervereinigt und Tanis wurde zur Provinzhauptstadt. Die Dynastien der Dritten Zwischenzeit mit ihrer nur vorübergehenden Kontrolle über das Land und ihren zahlreichen internen Streitigkeiten galten traditionell als schwacher Abklatsch der früheren Herrlichkeit, die als blasse Kopien des vormaligen Neuen Reichs mit seinem Wohlstand und seiner opulenten Pracht dahinvegetierten. Die Funde in Tanis sollten diese gemeinhin akzeptierte Sicht der Dinge gleichzeitig bestätigen und unterhöhlen.

## Tanis entschlüsseln

Die ersten archäologischen Arbeiten in Tanis waren im Grunde kaum mehr als Plünderungen, bei denen große Mengen von Statuen in europäische Hauptstädte abtransportiert wurden. Doch Ägyptologen wie Auguste Mariette und Flinders Petrie

*Unten: Teil einer Stele aus dem Tempelkomplex in Tanis, auch als das Heiligtum bekannt. Sie zeigt Pharao Ramses II., der einem Gott opfert. Diese Stele wurde von den Erbauern der Stadt Tanis wiederverwertet und stammt aus den Ruinen der nahegelegenen Stadt Pi-Ramesse, einer Gründung Ramses' II. Aufgrund solcher wiederverwerteter Baumaterialien hielten die Ägyptologen Tanis zunächst irrtümlich für Pi-Ramesse.*

*Nächste Doppelseite: Wieder aufgerichtete Blöcke und Statuen in Tanis, die veranschaulichen, weshalb der Hügel mit den Überresten der Stadt San el-Hagar (Platz der Steine) genannt wird.*

entdeckten auch Inschriften, Statuen und Namen aus dem Mittleren Reich und der 12. Dynastie (ca. 1900 v. Chr.), die dafür zu sprechen schienen, dass man die verlorene Stadt Avaris – das spätere Pi-Ramesse – wiederentdeckt hatte.

Als der französische Ägyptologe Pierre Montet 1929 mit dem begann, was die bedeutendste Ausgrabung der Stätte werden sollte, entdeckte er ähnliche Hinweise. Spätere Ägyptologen fanden jedoch heraus, dass Montet und seine Vorgänger sich getäuscht hatten und die Inschriften irreführend waren: Die Blöcke und Statuen waren wiederverwertet, das heißt von anderswo hergebracht und einem neuen Verwendungszweck zugeführt worden. Heute weiß man, dass die nahe gelegene, aber vermutlich weitgehend verlassene Stadt Pi-Ramesse den Erbauern von Tanis als eine Art Steinbruch gedient hat. Andere Blöcke, Obelisken und Statuen kamen von anderen Orten, und manche stammen sogar aus dem Alten Reich. Diese Belege für eine aus den wiederverwerteten Trümmern älterer Städte zusammengestoppelte Hauptstadt könnten das traditionelle Bild der verarmten Zwischenzeitdynastien bestätigen. Es ist jedoch auch denkbar, dass die Könige des nördlichen Deltas beim Bau ihrer neuen Hauptstadt einfach nur pragmatisch vorgegangen sind, weil sie möglicherweise keinen Zugang zu den oberägyptischen Steinbrüchen hatten.

Ausgrabungen haben als vorrangiges Merkmal der Stadt eine massive Mauer aus Lehmziegeln zutage gefördert, die eine sandige Vertiefung zwischen vier höher gelegenen Bezirken des Hügels von San el-Hagar umschloss, sodass ein gewaltiger Tempelkomplex entstand. Die Mauer war zehn Meter hoch und 15 Meter dick. Psusennes I., der dritte Pharao der 21. Dynastie (reg. 1039–991 v. Chr.) hatte sie allem Anschein nach in dem Bemühen erbaut, ein nördliches Theben zu schaffen. Theben mit seinem der »göttlichen Familie« – Amun, Mut und Chons – geweihten Tempelkomplex war die religiöse Hauptstadt Ägyptens. Seine Bedeutung als Brennpunkt des religiösen und kulturellen Lebens in Ägypten hatte ihm Macht und Ansehen eingebracht. Psusennes schuf sich nicht nur seinen eigenen Tempelkomplex mit Schreinen der göttlichen Familie, er ging sogar so weit, ein nördliches Gegenstück zu Thebens Tal der Könige zu errichten – jenem heiligen Tal, wo die großen Pharaonen der Vergangenheit bestattet worden waren.

Zu den anderen Bauwerken, die identifiziert werden konnten, gehören kleinere Tempel (Kapellen), die von späteren Pharaonen erbaut worden sind. Nach der Besetzung Ägyptens durch die Perser (525–405 v. Chr.) brachte Nektanebos I. von der Dreißigsten Dynastie (reg. 380–362 v. Chr.) in Tanis neue Bauvorhaben auf den Weg. Er ließ eine neue gewaltige Umfassungsmauer aus Lehmziegeln errichten und begann mit dem Bau neuer Tempel; zudem schuf er im Norden der Stadt einen heiligen See. Schon bald fiel Ägypten erneut unter die Herrschaft der Perser und dann an Alexander den Großen, dessen Nachfolge schließlich die griechisch-ägyptischen Ptolemäer antraten. Sie vollendeten einige der begonnenen Tempelbauten, da jedoch der ursprüngliche Amuntempel nicht mehr stand, wurden an seiner Stelle Häuser errichtet.

Auf die Ptolemäer folgten die Römer, doch gegen Ende der römischen Zeit war der Nilarm, der Tanis' Lebensgrundlage, versandet. Tanis wurde wie Pi-Ramesse vor ihm aufgegeben und war zur Zeit der islamischen Eroberung weitgehend ausgestorben. Kalkbrenner zerstörten große Teile der Bausubstanz und ließen außer den Granitblöcken und Obelisken, von denen die Ausgrabungsstätte heute übersät ist, nicht viel zurück.

### Konkurrenz für das Grab des Tutanchamun

Obwohl die Überreste des antiken Tanis auf den ersten Blick wenig aufschlussreich wirken, verbarg sich hinter ihnen eine Sensation. Das von Howard Carter entdeckte Grab des Tutanchamun im Tal der Könige hatte die Archäologie mit seiner erstaunlichen Sammlung von Grabbeigaben in helle Aufregung versetzt, doch selbst König Tutanchamuns letzte Ruhestätte war der Aufmerksamkeit antiker Grabräuber nicht entgangen. Wieder angebrachte Türversiegelungen, Kisten mit Inhalten, die nicht der außen angebrachten Inventarliste entsprachen, und eine allgemeine Unordnung in Teilen des Grabes wiesen darauf hin, dass antike Einbrecher das Grab geplündert hatten, ehe es neu versiegelt wurde und dann in Vergessenheit geriet. Tanis dagegen beherbergte ein Tal der Könige en miniature mit Königsgräbern, die nie jemand angetastet hatte und deren Grabbeigaben vollständig erhalten waren – Schätze, die sich denen des Tutanchamun als durchaus ebenbürtig erwiesen.

1939 legte Montet in der elften Phase seiner Ausgrabungen in Tanis ein Grab frei, das innerhalb des Tempelbezirks lag. Inschriften bezeichneten es als die letzte Ruhestätte von Osorkon II., einem Herrscher der 22. Dynastie, der von 872 bis 837 v. Chr. regierte. Obwohl es vor langer Zeit geplündert worden war, hatten die Diebe schwere Objekte wie einen erstaunlichen Quarzitsarkophag, Uschebtis – Grabstatuetten, von denen man glaubte, dass sie im nächsten Leben auferstehen und dem verstorbenen Pharao dienen würden – und Alabastergefäße für seine inneren Organe zurückgelassen.

Weitaus beeindruckender war dagegen das benachbarte Grab, das sich als unversehrt herausstellte. Eingelassen in einen Granitsarkophag und einen Granitsarg fand sich ein weiterer Sarg aus massivem Silber; darin lagen ein unglaublicher Juwelenschatz und eine herrliche Gesichtsmaske aus massivem Gold. Die Mumie selbst war schon lange verwest. Obwohl die Wandinschriften das Grab Psusennes I. zuschrieben, der es ursprünglich für sich selbst und seine Königin Mutnedjmet hatte anlegen lassen, fanden sich in dem Fünfkammergrab zahlreiche weitere Begräbnisstätten, darunter die von drei anderen Pharaonen der 21. Dynastie, von General Wendebauenjed, einem wichtigen Offizier, und dem bis dato unbekannten Pharao Scheschonq II., einem Herrscher der 22. Dynastie, der in einem ungewöhnlichen Silbersarg mit Falkenkopf lag.

Alles in allem entdeckte Montet sechs Gräber, in denen wenigstens vierzehn Mitglieder der königlichen Familie und des Adels bestattet waren. Die ausgesuchten Schätze – darunter Gesichtsmasken, die mindestens so fein gearbeitet waren wie die des Tutanchamun, und phantastischer Schmuck aus Gold und Lapislazuli, von den goldenen Sandalen, welche die Füße der Könige auf den Straßen des Jenseits schützen sollten, gar nicht zu reden – bezeugen, dass die Könige der Zwischenzeit alles andere als verarmt gewesen sein dürften.

Dennoch zeigen auch diese Gräber, dass man an der Praxis festhielt, Materialien wiederzuverwerten. Ältere Statuen hatten für die Herstellung von Sarkophagdeckeln herhalten müssen, und ein gewaltiger Granitblock, der den Eingang eines der Gräber versperrte, war ursprünglich Teil eines zu Ehren Ramses' II. errichteten Obelisken gewesen. Die Verwendung eines Sarkophags aus Theben erinnert daran, dass Psusennes' Bruder dort Hoherpriester und offenbar für die staatlich sanktionierte Plünderung des Tals der Könige verantwortlich gewesen war.

Montets Entdeckungen in den Jahren 1939/40, zu denen nicht weniger als fünf intakte und unversehrte Königsmumien gehörten, wurden durch den Krieg überschattet, der in Europa begonnen hatte, und erreichten nie jene Popularität, die Carters Grabungserfolgen zuteil geworden war. Heute befinden sich die Wunder von Tanis im Museum in Kairo und werden oft zu Unrecht von den Touristen übersehen, die es gar nicht erwarten können, die berühmteren Schätze des Tutanchamun zu bestaunen.

### Tanis und die verschollene Bundeslade

Am bekanntesten ist Tanis heute wahrscheinlich als das Versteck der Bundeslade im Blockbuster »Jäger des verlorenen Schatzes«, der ein völlig aus der Luft gegriffenes und unzutreffendes Bild der Stadt vermittelt. Die meisten Wissenschaftler tun den Zusammenhang als Erfindung der Filmemacher ab, die auf diese Weise einen exotischen Schauplatz ins Spiel bringen wollten. Es gibt jedoch tatsächlich eine wenn auch nur sehr schwache Verbindung zwischen Tanis und der Lade, denn die Bibel erzählt von einem ägyptischen König namens Schischak, der in Israel eingefallen sei und Jerusalem erobert habe. Eine der Theorien über die verschollene Bundeslade besagt, dass ebendieser Schischak sie aus dem Tempel Salomons geraubt habe. Könnte Schischak mit Scheschonq von Tanis identisch sein? Man hat dies viele Jahre lang angenommen, auch wenn diese Verbindung in der jüngeren Vergangenheit angezweifelt worden ist, und in diesem Fall ist es tatsächlich denkbar, dass Indiana Jones Recht hat und die Bundeslade nach Tanis gebracht wurde.

# Meroe

**LAGE:** SUDAN
**ERBAUUNGSZEIT:** CA. 750 V. CHR.
**VERLASSEN:** CA. 350 N. CHR.
**ERBAUER:** KUSCHITEN
**BESONDERHEITEN:** PYRAMIDEN; TEMPEL VON AMUN UND APEDEMAK; KÖNIGLICHE BÄDER; BROZENER KOPF DES AUGUSTUS

Jenseits der Grenzen des antiken Ägypten stieg eine andere Zivilisation auf und wieder ab und wieder auf, die fast halb so lange existierte wie die der ägyptischen Pharaonen, phantastische künstlerische und handwerkliche Leistungen sowie eine charakteristische eigene Architektur hervorbrachte und dennoch vom Radar des allgemeinen historischen Interesses nicht erfasst worden ist. Über lange Strecken seiner Geschichte befand sich die Hauptstadt des Königreichs Kusch im antiken Meroe, einer von den Schriftstellern des Altertums gerühmten Stadt, die sich durch ihre charakteristischen Pyramiden und exotischen Grabschätze auszeichnete, jedoch in einer industriellen und ökologischen Krise ihren Untergang fand, die unserer modernen Welt eine ernste Warnung sein sollte.

## Das Land Kusch

Das Königreich im Süden des alten Ägypten hat viele Namen, doch der bekannteste ist Kusch im Land der Nubier. Hier, an den oberen Abschnitten des Nil vom ersten Katarakt bis hinunter in den fernen Süden des heutigen Sudan schufen Afrikaner eine langlebige Zivilisation, für die das mächtige Ägypten Inspiration und Nebenbuhler zugleich war. Die Beziehung beider Länder war von beständigen Kämpfen und gelegentlicher gegenseitiger Befruchtung gekennzeichnet.

Das erste kuschitische Königreich, das um 2400 v. Chr. entstand, hatte sein Zentrum im recht weit nilabwärts gelegenen Kerma und konnte sich entfalten, als sein mächtiger Nachbar gerade eine relativ instabile und schwache Phase durchlief. Als jedoch neue Dynastien die Ordnung in Ägypten wiederherstellten, gewannen sie auch die Herrschaft über die südlichen Länder zurück. Kusch war eine wertvolle Quelle für landwirtschaftliche Produkte und, was entscheidend war, für Gold. Die Pharaonen des Neuen Reichs (1539–1075 v. Chr.) ließen sich jährlich Hunderte Kilogramm Gold als Tribut von den Kuschiten bezahlen. Später verschob sich Kuschs Zentrum weg von Ägypten und näher zum subsaharischen Afrika hin – zunächst nur geographisch, als die Ägypter ihren Einfluss geltend machten und die Hauptstadt in den Süden nach Napata verlegten, und später, als Meroe zur kuschitischen Hauptstadt wurde, auch kulturell.

Der Zusammenbruch des Neuen Reichs und die ungeordneten Verhältnisse während der Dritten Zwischenzeit erlaubten es Kusch erneut, sich als unabhängiges Königreich mit der Hauptstadt Napata und einem im nahen El-Kurru angelegten dynastischen Friedhof zu entwickeln. Dieses napatanische Königreich wurde so mächtig, dass schließlich nubische Könige den Ägyptern Bedingungen diktierten, die Kuschiten die vollständige Kontrolle über Ägypten übernahmen und zunächst gemeinsam mit nördlichen Königshäusern und später – von 747 bis 656 v. Chr. – alleinverantwortlich als 25. Dynastie regierten.

*Rechts: Meroes charakteristische Pyramiden. Mit ihrem sehr steilen Winkel waren sie von ägyptischen Privatgräbern des Neuen Reichs (1550–1070 v. Chr.) und weniger von den klassischen Königspyramiden des Alten und Mittleren Reichs der Ägypter (27. bis 17. Jahrhundert v. Chr.) inspiriert.*

## Meroes Aufstieg

Die Invasion der Assyrer und später die Neubegründung einer einheimischen ägyptischen Dynastie zwangen die Kuschiten zur Rückkehr in ihr angestammtes Land. Die Versuche kuschitischer Könige, Gebiete im Norden zurückzuerobern, wurden abgewehrt. Von etwa 750 v. Chr. an hatte sich die Stadt Meroe am östlichen Ufer des Nil, ungefähr zweihundert Kilometer nordöstlich des heutigen Khartoum, zu einem wichtigen Verwaltungszentrum für das südliche Kusch entwickelt, und als der ägyptische Pharao Psammetich II. 591 v. Chr. weit in kuschitisches Territorium eindrang und Napata plünderte, kamen auch deren strategischen Vorteile deutlicher zur Geltung. Der kuschitische König Aspelta verlegte den königlichen Hof nach Meroe; der königliche Friedhof blieb jedoch in Nuri bei Napata, wo er um das Jahr 690 v. Chr. angelegt worden war. Schließlich wurden 270 v. Chr. auch die königlichen Begräbnisstätten nach Meroe verlegt, das bis etwa 350 n. Chr. Kuschs Hauptstadt blieb.

Als reiche und mächtige Stadt weit im Süden des den Ägyptern und ihren späteren Herren – den Persern, Griechen und schließlich den Römern – bekannten Gebietes wurde Meroe zu einem sagenumwobenen Land. Der persische Eroberer Kambyses entsandte eine gewaltige Expeditionsstreitmacht den Nil hinauf, die mit der Hoffnung auf reiche Beute geködert, jedoch von der unwegsamen Gegend zur Umkehr gezwungen wurde. Klassische Autoren wie Herodot und Diodorus Siculus sprachen voller Staunen von Meroe. Man glaubte, dass es auf einer großen Insel im Nil lag, worin sich vermutlich die Tatsache spiegelt, dass die Stadt auf drei Seiten von Wasser umflossen war.

Die Ptolemäer konnten die Grenzen Ägyptens unversehrt bewahren und die Kuschiten in Schach halten. Ihnen folgten die Römer, deren Verhältnis zu den Kuschiten in puncto Beständigkeit allenfalls mit ihrer Beziehung zu den Parthern verglichen werden kann. Die beiden Reiche hatten einen schlechten Start, als Rom 23 v. Chr. eine Revolte hauptsächlich nubischer Untertanen brutal unterdrückte und damit einen kuschitischen Aufstand auslöste, bei dem eine

*Flachreliefs an den Pyramiden von Meroe. Sie zeigen eine Prozession von Gestalten, welche die Erzeugnisse der königlichen Ländereien personifizieren.*

Augustusstatue umgestürzt und ihr bronzener Kopf unter dem Eingang des Tempels in Meroe vergraben wurde, sodass jeder, der über die Schwelle trat, symbolisch darauf herumtrampelte. 1912 wurde der Kopf von britischen Archäologen bei Ausgrabungen in Meroe wiedergefunden und befindet sich heute im Britischen Museum in London – ein Beweis dafür, dass die Kuschiten durchaus in der Lage waren, Rom auch militärisch die Stirn zu bieten. Um diese Beleidigung zu rächen, drang eine Streitmacht unter dem Präfekten Gaius Petronius tief in Kusch ein, plünderte Napata und führte Tausende in die Sklaverei. Doch die Kuschiten leisteten Widerstand: Die Römer mussten sich hinter die Grenzen zurückziehen und versuchten nie wieder, Meroe zu erobern.

## Industriestadt

Meroes Vorrangstellung war hauptsächlich ökonomischer Natur. Eine der wirtschaftlichen Grundlagen des Reichs von Kusch war die Eisenindustrie. Das Land besaß reiche Erzvorkommen und stellte Eisen sowohl für den Export als auch für den Eigenbedarf her. Eiserne Gerätschaften halfen zum Beispiel, die landwirtschaftliche Produktivität zu erhöhen, und erlaubten es den Kuschiten, die tropische Regenzeit mithilfe einer gemischten Anbauform optimal zu nutzen; außerdem versorgte die Eisenindustrie die hervorragenden Streitkräfte des Landes mit Waffen. Meroe war das Zentrum der Eisenverhüttung: Der Nil lieferte das nötige Wasser, und dichte Akazienhaine sicherten die unverzichtbare Holzkohleproduktion. Meroe ist als das »Birmingham des antiken Afrika« bezeichnet worden, eine Einschätzung, die durch antike Schlackehalden bekräftigt wird – auf einer von ihnen liegt beispielsweise der Löwentempel der Stadt.

Der Handel mit Eisen, aber auch mit Gold, heimischen Produkten wie Baumwollstoffen und Waren aus entlegeneren Gebieten Afrikas war die Quelle des kuschitischen Wohlstandes. In den Anfängen war man darin von der Verbindung nilaufwärts zum Mittelmeer und von dort zu den reichen Märkten der antiken Welt abhängig, doch als Kuschs Zentrum sich nach Süden verschob, eröffneten sich auch neue, von Ägypten unabhängige Handelsstraßen. Die Nord-Süd-Route wurde durch eine Ost-West-Achse ersetzt. Die Ausweitung der von griechischen und nabatäischen Kaufleuten benutzten Handelsrouten entlang dem Roten Meer machte den Nil als Handelsstraße entbehrlich, während durch die wachsende Verwendung von Kamelen seit dem 2. Jahrhundert v. Chr. Karawanenrouten erschlossen wurden, die sich über das ganze subsaharische Afrika erstreckten. Meroe wurde Teil eines lukrativen Handelsnetzwerkes, das von Westafrika bis nach Indien und China reichte.

## Schwimmbecken und Pyramiden

In Meroe könnten bis zu 25.000 Menschen gelebt haben. Ausgrabungen haben die Überreste einer Flussuferbefestigung, mehrere Paläste und eine Reihe von Tempeln zutage gefördert, die ägyptischen Göttern – der größte Tempel war der des obersten ägyptischen Gottes Amun –, aber auch einheimischen Gottheiten wie dem löwenköpfigen Apedemak geweiht waren. Ein bemerkenswerter Fund – ein mit Ziegeln eingefasstes sieben mal sieben Meter großes und drei Meter tiefes, an den Rändern von löwenköpfigen Wasserspeiern gesäumtes Becken – wurde von den Archäologen der Kolonialzeit als Königliche Bäder bezeichnet.

Auch wenn gewisse Aspekte der meroitischen Kultur von den hellenistischen Mächten im Norden beeinflusst gewesen sind, ist die Selbstverständlichkeit, mit der man davon ausging, dass eine afrikanische Kultur europäische Modelle übernommen oder kopiert haben muss, doch auch Ausdruck eines typisch kolonialistischen Chauvinismus. Heute neigt man zu der Annahme, dass die »Bäder« tatsächlich eine Art Wasserschrein oder sogar ein Schwimmbecken gewesen sein könnten.

In kultureller und religiöser Hinsicht war Kusch zweifellos vorrangig von Ägypten beeinflusst. Der deutlichste Hinweis auf diesen Einfluss ist die Übernahme der Pyramidenform für die Königsgräber, wobei der sehr steile Winkel der kuschitischen Pyramiden eher an ägyptische Privatgräber des Neuen Reichs (1550–1070 v. Chr.) als an die klassischen Königspyramiden des Alten und Mittleren Reichs (27. bis 17. Jahrhundert v. Chr.) erinnert.

Als die Gräber im 19. und frühen 20. Jahrhundert ausgegraben wurden, fand man darin keine Mumien – entweder sie waren nicht erhalten, oder die Kuschiten praktizierten keine Mumifizierung –, aber einen großen Reichtum an Grabbeigaben. Am spektakulärsten waren die Funde des Schatzjägers Giuseppe Ferlini 1834, der auf der Suche nach Beute zahlreiche Pyramiden zerstörte, wobei es ihm jedoch gelang, den Grabschatz der Königin Amanishakheto freizulegen, der eine große Menge hervorragend gearbeiteter Schmuckstücke enthielt.

Nachdem die Hauptstadt nach Meroe verlegt worden war, wurde die kuschitische Kultur zunehmend afrikanisch. Die Grabschätze von Meroe helfen, diese kulturelle Entwicklung zu veranschaulichen. »An den Gräbern und den Grabmalereien können wir sehen«, so Dr. Salah el-Din Muhammed Ahmed, Direktor für Feldforschung am Landesmuseum in Khartum, »dass die Menschen afrikanischer aussahen als die Bewohner des Mittelmeerraumes. Der Schmuck – Fußspangen, Armbänder, Ohrstecker und Ohrringe – ist echt afrikanisch, und man findet diese Art von Schmuck, wie ihn die Meroiten benutzten, bei Stämmen im Savannengürtel südlich von Khartum.«

### Die Linie der Königinnen

Eines der faszinierendsten Merkmale des antiken meroitischen Kusch war die Bedeutung der Königinnen. Über die Griechen waren sie unter ihrem Titel Kandake bekannt geworden, den einige antike Schriftsteller dann irrtümlich für den Eigennamen »Candace« hielten. Die Kandake teilte die Macht mit einem Qore oder König, der jedoch häufig eine rein zeremonielle Funktion ausübte, während seine Mitregentin Oberbefehlshaberin der Truppen, Premierministerin und oberste Priesterin war. Vielleicht hat sie sogar die kuschitischen Armeen in die Schlacht geführt. Eine berühmte Legende erzählt, Alexander der Große habe seine Truppen vor die Mauern von Meroe geführt, jedoch Halt gemacht und den Rückzug angetreten, als er auf Königin Candace und ihre Truppen stieß. Die vielleicht berühmteste Kandake war Amanirenas, die von etwa 40 bis 10 v. Chr. herrschte und verschiedene Feldzüge gegen die Römer anführte, bis diese ihre Eroberungsambitionen drosseln und die kuschitische Unabhängigkeit für weitere drei Jahrhunderte garantieren mussten.

### Meroes Ende

Das genaue Schicksal der Stadt Meroe ist unklar. Traditionell nimmt man an, dass die aufsteigende Macht des Königreichs von Aksum (oder Axum) in Äthiopien Kuschs Niedergang herbeiführte und Meroe um 350 n. Chr. nach einer Invasion der Aksumiten deren König Ezana in die Hände fiel. Eine Stele, die man in Meroe aufstellte, zeugt von seinem Triumph. Inzwischen aber neigt man allgemein zu der Auffassung, dass Meroe zu dieser Zeit schon weitgehend verlassen und das Umland hauptsächlich von dem Hirtenstamm der Noba besiedelt war. Was also geschah mit den Herrlichkeiten von Meroe und seiner aufstrebenden Bevölkerung?

Der Aufstieg von Aksum mag durchaus zu Meroes Niedergang beigetragen haben, weil die Stadt nun keinen Zugang mehr zu den lukrativen Handelsstraßen des Roten Meeres hatte, doch die Historiker glauben heute, dass Meroes Eisenindustrie die eigentliche Ursache war. Um die Holzkohle für die Feuerung der Öfen zu gewinnen, wurden große Waldflächen abgeholzt, was möglicherweise zu einem Zusammenbruch des Ökosystems führte. Die oberen Erdschichten erodierten, die Regenfälle ließen nach, und die Gegend wurde trocken und unfruchtbar. In Kombination mit dem Verlust der Handelsstraßen und dem Druck von Seiten der Noba führte dies zum Untergang des meroitischen Kusch. Damit wäre das antike Meroe eines der weltweit ältesten Beispiele für eine Zivilisation, die sich durch eine unkontrollierte industrielle Entwicklung ihr eigenes Grab geschaufelt hat.

### Amanirenas

Die kuschitische Kandake Amanirenas war eine großartige Königin und eine mutige Generalin. Als die Römer den zwischen Ägypten und Kusch gelegenen Nilabschnitt unter ihre Kontrolle brachten, führten Amanirenas und ihr Sohn eine Armee nach Norden, um das Gebiet zu erobern, die Bevölkerung zu versklaven und die Statue des Augustus zu rauben. Als sie Kusch gegen Gaius Petronius' Strafexpedition verteidigte, verlor sie ein Auge, konnte den römischen Vormarsch jedoch stoppen. Schließlich sahen sich die Römer zu Friedensverhandlungen gezwungen, und die Gesandten der Kandake wurden von Kaiser Augustus persönlich empfangen. Der Legende nach überreichten sie ihm ein Bündel Pfeile mit der Botschaft: »Die Kandake sendet dir diese Pfeile. Wenn du Frieden willst, nimm sie als Zeichen ihrer Freundschaft und Güte. Wenn du Krieg willst, dann wirst du sie brauchen.«

# Alexandria

**LAGE:** NILDELTA, ÄGYPTEN
**ERBAUUNGSZEIT:** 331 V. CHR.
**VERLASSEN:** NIE
**ERBAUER:** ALEXANDER DER GROSSE; PTOLEMÄISCHE PHARAONEN
**BESONDERHEITEN:** LEUCHTTURM VON PHAROS; MUSEUM UND KÖNIGLICHE BIBLIOTHEK; SERAPEUM; GRAB ALEXANDERS UND DER PTOLEMÄER; KATAKOMBEM VON KOM EL SHUKAFA

Bekannt als die Perle des Mittelmeeres, war Alexandria tausend Jahre lang eine der größten und bemerkenswertesten Metropolen der Welt. Es war ein Ort der Widersprüche: eine Stadt großer Bildung und fundamentalistischer Bigotterie – äußerster Weltoffenheit und extremer Intoleranz – größte griechische Stadt der Geschichte und doch ägyptisch – Standort einer Vielzahl großer Gebäude, darunter Hunderte von Palästen und Tempeln, mehrere Weltwunder wie der Leuchtturm, die Große Bibliothek, das Alexandergrab und die Katakomben von Kom el Shukafa, von der doch allem Anschein nach kaum etwas übrig geblieben ist. Auch in unserer Zeit ist es eine gewaltige und ausufernde Metropole und zugleich eine versunkene Stadt im wahrsten Sinne des Wortes.

## Stadt am Rand

An Ägyptens Mittelmeerküste liegt auf einem Streifen Land zwischen dem Mareotis-See und dem Meer Ägyptens zweitwichtigste Stadt und der größte Hafen des Landes: Alexandria. Die moderne Stadt hat wenig mit der antiken Metropole gemein, die zu ihren besten Zeiten eine der größten und wohl auch die großartigste Stadt der Welt war. Gegründet wurde sie von Alexander dem Großen, nach dem sie auch benannt ist. Alexander, der seine Macht nach der Eroberung Ägyptens konsolidieren und die See- und Handelswege zwischen dem Niltal, Griechenland und Asien wiederbeleben wollte, wählte einen der wenigen geeigneten Hafenplätze an der Mittelmeerküste, der immerhin berühmt genug war, um in Homers Odyssee Erwähnung zu finden. Im vierten Gesang heißt es: »Dort ist ein sicherer Hafen, allwo die Schiffer gewöhnlich frisches Wasser sich schöpfen, und weiter die Wogen durchsegeln.« Die vorgelagerte Insel Pharos schützte die Küste, und der Ort war so weit von der Nilmündung entfernt, dass keine Versandung zu befürchten war.

Eine kleine ägyptische Stadt namens Rhakotis bedeckte einen Teil des Gebietes, doch um 331 v. Chr. entwarf Alexander einen groben Plan für die neue Stadt – wobei er der Legende zufolge Getreidekörner benutzte, als keine anderen Materialien verfügbar waren: so begierig war er, das Projekt auf den Weg zu bringen – und beauftragte den Architekten Dinokrates mit der Ausarbeitung. Die Stadt war im klassischen griechischen Stil angelegt. An der Küstenlinie ausgerichtete, einander rechtwinklig kreuzende Straßen waren um zwei Hauptachsen angeordnet: die von Osten nach Westen verlaufende Canopusstraße, die vom Mondtor im Osten zum Sonnentor im Westen führte, und die von Norden nach Süden verlaufende Somastraße, die vom Mareotis-See zur Küste führte – an die Stelle, wo ein Damm, das so genannte Heptastadion, gebaut wurde, der Pharos mit dem Festland verbinden und auf jeder Seite einen Hafen schaffen sollte.

Alexander blieb nicht, um dem Bau seiner Stadt zuzusehen, sondern brach zu neuen Abenteuern und Eroberungen auf, bis er 323 v. Chr. in Babylon starb. Afrika und das eroberte Königreich Ägypten fielen letztlich an seinen General Ptolemäus, den Begründer der ptolemäischen Dynastie, die Alexandria prägte. In dem Machtkampf, der nun folgte, war der Leichnam des großen Königs ein wichtiges Pfand, weshalb Ptolemäus den prächtigen Begräbniszug auf seinem Heimweg nach Makedonien überfiel und den toten Alexander nach Ägypten brachte, wo er zunächst in Memphis bestattet wurde. Der Legende zufolge hatte Ptolemäus sich von einem Orakelspruch leiten lassen, wonach das Land, in dem Alexander begraben wurde, das reichste Königtum der Welt werden würde.

Später wurde Alexanders Leichnam nach Alexandria gebracht und in einem Grab am Schnittpunkt der beiden Hauptstraßen bestattet. Der Ort war als Soma oder Sema bekannt – nach dem altgriechischen Wort für »Körper« – und wurde zu einer der größten Touristenattraktionen des Altertums, die so berühmte Besucher wie Julius Cäsar, Augustus – der die Nase des einbalsamierten Leichnams abgebrochen haben soll, als er sich über ihn beugte – und eine ganze Reihe anderer römischer Herrscher anzog. Wo genau sich das Grab befindet, ist bis heute ein großes Geheimnis, obwohl es einer modernen Legende zufolge unterhalb der Nebi-Daniel-Moschee liegen soll; doch es gibt nicht den geringsten Beweis für diese Theorie.

Als Hauptstadt der hellenistischen Herrscher Ägyptens hatte Alexandria von Anfang an einen einzigartigen Charakter. Im Entwurf und in vielen anderen Aspekten war es eine griechische Stadt; ihre Bevölkerung setzte sich aus Griechen aus dem gesamten hellenistischen Raum, Ägyptern, Juden – vermutlich der größten jüdischen Gemeinde der damaligen Welt – und Menschen aus rund hundert anderen Nationen zusammen, zu denen im weiteren Verlauf ihrer Geschichte Römer kamen. Ihre Ikonographie, Kultur und Religion waren in hohem Maße synkretistisch – so sind Statuen in Gräbern dem Stil nach ägyptisch, jedoch römisch gekleidet und frisiert. Viele Darstellungen der hellenistischen Ptolemäer – z. B. Sphingen, die ihre Köpfe tragen – bedienen sich ägyptischer Ausdrucksformen. Alte ägyptische Statuen, Obelisken und andere Elemente wurden, wie wir es auch von Tanis kennen, nach Alexandria gebracht. Und doch war Alexandria ausgesprochen unägyptisch. Häufig wurde es als Alexandria ad Aegyptum, »Alexandria bei Ägypten«, bezeichnet, und in römischen Zeiten trug der örtliche Statthalter den Titel »Präfekt von Alexandria und Ägypten«.

*Der Leuchtturm von Pharos, wie man ihn sich gegen Ende des 19. Jahrhunderts vorstellte. Tatsächlich hatte der Leuchtturm wahrscheinlich drei Etagen. Das Licht selbst soll aus einem Ofen auf der Spitze des Turms gekommen sein; andere, phantasievolle Darstellungen berichten von einem gigantischen Spiegel oder einer Linse, die das Licht projizierte, aber auch als Waffe oder zur Vergrößerung entfernter Objekte diente. Neben den Pyramiden ist der Leuchtturm das letzte der Sieben Weltwunder, das erhalten geblieben ist. Im 4. Jahrhundert n. Chr. von Erdbeben schwer beschädigt, wurde er instandgesetzt und überstand viele weitere Erdbeben in zunehmend ruinenhafter Form. Der untere Teil steht bis heute und ist Teil des Qait-Bey-Forts.*

Unter ptolemäischer und später unter römischer Herrschaft wurde Alexandria zur größten Metropole der Welt. Seine Bevölkerung wuchs rasch in den Hunderttausende; einigen Schätzungen zufolge überschritt sie schließlich die Millionengrenze. Es war das Epizentrum des Mittelmeerhandels und konnte dank seiner günstigen Lage von den Handelsrouten vom Roten Meer und Arabien profitieren, die die griechisch-römische Welt mit Persien, Indien und China verbanden. Es besaß die weltweit größte Bibliothek und akademische Fakultät, und seine Einrichtungen zogen viele der wichtigsten Gelehrten der damaligen Zeit an, darunter Euklid, Eratosthenes und Aristarch. In Alexandria entstanden die erste griechische Übersetzung des Alten Testaments, die in der Folgezeit dazu beitrug, dessen Zusammensetzung zu fixieren, und Kulte wie die von Isis und Serapis, die sich nachher in großen Teilen der klassischen Welt verbreiteten.

## Höhepunkte des antiken Alexandria

Das wahrscheinlich berühmteste Gebäude von Alexandria war der Leuchtturm, der am östlichen Ende der Insel Pharos errichtet worden war. Ablagerungen auf beiden Seiten des Heptastadion haben dazu geführt, dass Pharos heute zum Festland gehört. Der Leuchtturm war eines der Sieben Weltwunder der Antike, ein großer, über hundert Meter hoher Turm mit einem Feuer und einem riesigen Spiegel auf der Spitze, der Schiffen den Weg in den Hafen weisen sollte. Der Haupthafen war der Große Hafen im Osten, während westlich des Heptastadions der Hafen Eunostos (»glückliche Heimkehr«) lag. Der Große Hafen bildete einen Halbkreis; an seinem östlichen Rand lag ein Vorgebirge namens Kap Lochias, wo sich der ptolemäische Palastkomplex befand. Darum herum erstreckte sich das Brucheion oder Königliche Viertel, wo die griechische Bevölkerung lebte und welches das nordöstliche Drittel des Stadtkerns von

*Das römische Theater oder Odeon in Alexandria. Die unterste Sitzreihe besteht aus Granit, die übrigen aus weißem Marmor, der vermutlich aus Italien importiert wurde.*

*Eine Sphinx aus Alexandria. Obwohl sie Griechen waren, übernahmen die Ptolemäer die Motive und Symbole des alten Ägypten, um ihre Herrschaft zu legitimieren.*

Alexandria bedeckte. Hier lagen die meisten prächtigen Gebäude, darunter das Museum oder der Musentempel, eine Art antiker Akademie, die einen festen Stab an Wissenschaftlern und Schreibern beschäftigte und die oben genannten Berühmtheiten anzog. Nebenan oder sogar im Museum lag die Königliche Bibliothek, auch bekannt als die Große Bibliothek von Alexandria.

Im Osten des Königlichen Viertels lag das große jüdische Viertel, das sich als halb-autonome Enklave selbst verwaltete. In der Mitte des Hafens lagen die Navalia oder Docks und hinter ihnen das Emporion oder der Warenumschlagplatz und die Apostases oder Lagerhallen. Außerdem befanden sich in diesem Bereich zwei Tempel – das von Marcus Antonius erbaute Timonium und das Caesarium – und zwei Obelisken, die später als Nadeln der Kleopatra bekannt und nach London und New York gebracht wurden.

Unter den zahlreichen anderen Tempeln waren der Isis- und der Serapistempel die bemerkenswertesten. Isis war eine traditionelle ägyptische Gottheit, die zu einer Art griechisch-römischer Supergöttin umdefiniert und mit einer sehr viel umfassenderen Rolle betraut wurde, während Serapis, eine von den Ptolemäern erfundene Kombination aus den ägyptischen Göttern Osiris und Apis (dem heiligen Stier), eigens geschaffen worden war, um Alexandria eine Schutzgottheit und den so unterschiedlichen griechischen und ägyptischen Einwohnern einen gemeinsamen religiösen Fokus zu geben. Das Serapeum, Alexandrias Haupttempel, lag auf einem Felsvorsprung im Süden der Stadt; hundert Stufen führten zu ihm empor. Unter anderem diente es der Königlichen Bibliothek als Zweigstelle oder »Filiale«. Im Westen des Serapeums lag einer von Alexandrias zahlreichen Friedhöfen, der heute als die Katakomben von Kom el Shukafa bekannt ist und eine bemerkenswerte Kombination aus ägyptischem Brauchtum und Stil und griechisch-römischen Einflüssen darstellt. Dieser Teil der Stadt war das Rhakotis-Viertel, wo die Ägypter lebten.

## Niedergang

Unter den Römern entwickelte sich Alexandria zur zweitwichtigsten Stadt des Imperiums, wurde aber gleichzeitig immer ungebärdiger und gewalttätiger. Regelmäßig flackerten Konflikte zwischen den verschiedenen ethnischen Gruppen auf – so kam es beispielsweise zu Judenpogromen –, während römische Kaiser wie Caracalla die Stadt mit Zerstörung und Massakern heimsuchten. Die Übermacht der Christen, die Alexandria zu einem der führenden Zentren der frühen Kirche machten, brachte neue Spannungen, die in grausamen antiheidnischen Unruhen gipfelten: Der Patriarch Theophilus führte 391 n. Chr. einen Mob an, der das Serapeum plünderte, und sein Neffe Kyrill war für den Tod der heidnischen Mathematikerin und Philosophin Hypatia im Jahr 412 n. Chr. verantwortlich. Zudem forderten schwere Erdbeben ihren Tribut. So war die Stadt erheblich kleiner geworden, als die Araber sie 640 n. Chr. eroberten – wenn auch noch immer prächtig genug für General Amr ibn al-As, der Kalif Omar berichtete, die Stadt habe »4000 Paläste, 4000 Bäder und 400 Theater«.

Veränderungen im Verlauf der Handelsrouten und die Gründung einer neuen muslimischen Hauptstadt führten dazu, dass Alexandria weiter an Bedeutung verlor und im 18. Jahrhundert nur mehr eine kleine Stadt war. Erdbeben, die Absenkung des Bodens und das Ansteigen des Meeresspiegels ließen den größten Teil des Königlichen Viertels in den Fluten versinken, und erst seit Mitte der 1990er Jahre haben Unterwasserarchäologen damit begonnen, seine Überreste wiederzuentdecken. Für georgianische Reisende war Alexandria eine fürchterliche Enttäuschung. So berichtet James Bruce 1768: »Nun können wir von [Alexandria] dasselbe sagen wie von Karthago: periere ruinae. Selbst seine Ruinen sind verschwunden.«

## Die Bibliothek von Alexandria

Die legendäre Bibliothek ist eine Kategorie für sich, denn sie soll größer gewesen sein als jede andere Bibliothek der Antike. Ihre Zerstörung dagegen wurde zu einem Inbegriff des Vandalismus: »der Tag, an dem die Geschichte ihr Gedächtnis verlor«. Es heißt, sie habe mehr als 500.000 Bücher enthalten. Die riesige Sammlung kam durch ptolemäische Bestimmungen zustande, wonach jeder Besucher, der nach Alexandria kam, sämtliche Schriftrollen, die er mit sich führte, für eine Abschrift zur Verfügung stellen musste; ferner durch den Diebstahl der kompletten Bibliothek von Athen und durch die Annektierung der Bestände der Konkurrenzbibliothek von Pergamon, die Marcus Antonius als Geschenk für seine Geliebte Kleopatra nach Alexandria brachte. In Wirklichkeit sind die Angaben zur Größe der Bibliothek jedoch wahrscheinlich übertrieben – um eine so gewaltige Zahl von Büchern unterzubringen, hätte man etwa vierzig Kilometer Regale gebraucht, doch in den historischen Beschreibungen der Stadt Alexandria findet sich kein Gebäude, das hierfür groß genug gewesen wäre. Vergleiche mit anderen antiken Bibliotheken und weitere Anhaltspunkte deuten darauf hin, dass man eher von Zehntausenden als von Hunderttausenden von Büchern auszugehen hat. Was zusätzlich Verwirrung stiftet, ist die Tatsache, dass die Bezeichnung Große Bibliothek nicht ganz eindeutig ist, denn neben der Königlichen Bibliothek gab es die »Filiale« im Serapeum und vielleicht auch noch weitere Zweigstellen in der Stadt.

Auch die Zerstörung der Bibliothek ist in Legenden gehüllt. Verschiedene Schuldige kommen in Frage. Julius Cäsar setzte unbeabsichtigt einen großen Teil der Stadt in Brand, als er 47 v. Chr. von einer aufgebrachten Masse belagert wurde. 391 n. Chr. zerstörte ein christlicher Mob unter dem Patriarchen Theophilus heidnische Tempel, und 640 n. Chr. sollen die muslimischen Streitkräfte, die Ägypten erobert hatten, die Bücher verbrannt haben, um die Badehäuser der Stadt zu beheizen – mit der Begründung, dass alle Schriftrollen, die dem Koran widersprächen, häretisch, und alle, die mit ihm übereinstimmten, überflüssig wären. Letzteres ist fast sicher eine Legende, doch es ist möglich, dass die beiden anderen tatsächlich ein Teil der Schuld trifft. Zudem war Alexandria das Ziel zahlreicher anderer Angriffe, und auch eine Reihe römischer Kaiser brachte Tod und Verwüstung über die Stadt, um sie für Revolten oder angebliche Kränkungen zu bestrafen. Mithin war der Untergang der Bibliothek höchstwahrscheinlich kein Einzelereignis, sondern eine Kette von Vorfällen, die in der Zerstörung des Serapeums gipfelten.

# Leptis Magna

**LAGE:** LIBYEN
**ERBAUUNGSZEIT:** 1000 V. CHR.
**VERLASSEN:** CA. IM 6. JAHRHUNDERT N. CHR.
**ERBAUER:** PHÖNIZIER, RÖMER
**BESONDERHEITEN:** SEVERUSBOGEN; TRAJANSBOGEN; AMPHITHEATER; ZIRKUS; THEATER; VILLEN UND MOSAIKEN

Eine der besterhaltenen antiken römischen Städte ist Leptis Magna (oder Lepcis Magna) an der Küste des heutige Libyen, 130 Kilometer östlich von Tripolis. In seiner Blütezeit war es nach Alexandria und Karthago die drittwichtigste Stadt in Afrika. Die Überreste einer Reihe öffentlicher Gebäude – namentlich des Theaters, des Amphitheaters und eines großartigen Bogens zu Ehren des größten Sohnes der Stadt, des Kaisers Septimius Severus – lassen erkennen, wie glanzvoll sie zu ihren besten Zeiten gewesen sein muss. Besonders bedeutungsvoll sind die Entdeckungen exquisiter Mosaiken in luxuriösen Villen in den Außenbezirken von Leptis, die zu den großartigsten römischen Kunstwerken überhaupt zählen.

Während die Bausubstanz zahlreicher anderer antiker Städte der Weiterverwendung durch spätere Bewohner zum Opfer gefallen ist, ist Leptis Magna dieses Schicksal weitgehend erspart geblieben, weil es bis vor kurzem in seiner Nähe kein nennenswertes Bevölkerungszentrum gegeben hat. Zudem waren große Teile der Stadt aus hochwertigem, erosionsresistentem harten Kalkstein erbaut, mit dem ein nahe gelegener Steinbruch die Stadt vom 1. Jahrhundert v. Chr. bis zum 2. Jahrhundert n. Chr. Versorgte, als es modern wurde, in Marmor zu bauen. Schließlich hat sich der Sand dieser Wüstenregion der Stadt bemächtigt und große Teile von ihr für ihre Wiederentdeckung durch moderne Archäologen bewahrt.

## Kreuzungspunkt am Meer

Obwohl Leptis Magna als römische Stadt am bekanntesten geworden ist, hat es schon lange vor den Römern existiert. Ursprünglich um 1000 v. Chr., möglicherweise an der Stelle einer bereits bestehenden Berbersiedlung als phönizische Stadt gegründet, geriet es später unter den Einfluss Karthagos, jenes Handelsimperiums, das ebenfalls phönizische Wurzeln hatte. Doch Karthago stieß mit Rom zusammen und erlitt im Zweiten Punischen Krieg eine katastrophale Niederlage. Die Sieger zwangen es, seine Einflusssphäre zu verkleinern, und so entwickelte sich Leptis zu einer unabhängigen Stadt. Noch vor Karthagos Vernichtung im Dritten Punischen Krieg 146 v. Chr. fiel es an den römischen Vasallenkönig Massinissa von Numidien, geriet in den Bannkreis Roms und wurde schließlich unter Tiberius (14–37 v. Chr.) auch offiziell dem Imperium einverleibt.

Vermutlich hatten die Phönizier sich entschlossen, hier eine Kolonie zu gründen, weil das Wadi Lebda, der Trockenfluss, der an dieser Stelle die Küste erreicht, die Wasserversorgung in einer ansonsten weitgehend trockenen Region sicherte und der dank vorgelagerter Inseln vor Stürmen geschützte Ort zudem alle Vorteile eines natürlichen Hafens bot. Später sollte der Platz als Station auf dem Küstenweg von Alexandria über Kyrene zu der von den Römern neugegründeten Kolonie Karthago größere Bedeutung für den Handel erlangen. Neben dem transafrikanischen Handel exportierte Leptis beträchtliche Mengen von Getreide und Olivenöl nach Rom und war ein Einschiffungshafen für den nicht abreißenden Strom exotischer Tiere für die römischen Zirkusspiele.

### Der Lieblingssohn

Unter den Römern wurde Leptis Magna immer wohlhabender. Örtliche Würdenträger und reiche Bürger stifteten bedeutende öffentliche Gebäude wie das 56 n. Chr. errichtete Amphitheater oder die nördliche Hafenschutzmauer, die um dieselbe Zeit entstand. Unter Kaiser Trajan (98–117 n. Chr.) erhielt die Stadt den Status einer Kolonie und den Namen Colonia Ulpia Traiana Lepcitanorium. Damit waren erhebliche wirtschaftliche und politische Vorteile verbunden – so erhielten beispielsweise alle frei geborenen Einwohner das volle römische Bürgerrecht.

Trajans Nachfolger war Hadrian, dessen Vorliebe für Marmor die weitere Gestaltung der Stad prägte und unter dessen Regierung neue wasserbauliche Maßnahmen ergriffen wurden. Stürme konnten im Wadi Lepta, der Hauptquelle für die Wasserversorgung der Stadt, gefährliche Sturzfluten auslösen, und römische Ingenieure hatten neben Zisternen und Becken für Regenwasservorräte bereits Überlaufkanäle und Dämme gebaut, um Flutschäden zu verhindern. Doch die wachsende Bevölkerung der Stadt – zu ihrer Blütezeit lebten dort möglicherweise bis zu 80.000 Menschen – sowie die Bedürfnisse der Landwirtschaft führten dazu, dass immer mehr Wasser benötigt wurde. Deshalb wurde ein neues Aquädukt gebaut, welches das Wasser über Land vom neunzehn Kilometer entfernten Wadi Camm heranführte. Diese zusätzliche Einrichtung half, den gewaltigen neuen Komplex der öffentlichen Bäder – einen der größten außerhalb Roms – zu versorgen, der 127 n. Chr. fertiggestellt wurde.

Doch Leptis Magnas eigentliche Blütezeit sollte erst noch kommen, denn 193 n. Chr. wurde Septimius Severus zum Kaiser ausgerufen und herrschte bis 211 n. Chr. Severus war in Leptis geboren worden und stammte aus einer ortsansässigen Familie – und er vergaß seine Wurzeln nicht. Er initiierte ein umfangreiches öffentliches Bauprogramm, und als er die Stadt 203 n. Chr. besuchte, befreite er sie von Vermögens- und Grundsteuern.

Damit hatte Leptis Magna seinen Zenit erreicht, denn auf die Stabilität der Regierung des Severus folgte schon rasch eine

*Der monumentale viertorige Severusbogen. Man beachte die aufgebrochene, »gesprengte« Giebelstruktur.*

*Nächste Doppelseite: Das restaurierte römische Theater wurde ursprünglich von einem wohlhabenden Mann namens Annobal Tapapius Rufus gestiftet, der auch den Bau des städtischen Marktes (Macellum) finanziert hat.*

ganze Reihe schwacher und geteilter Herrschaften mit Bürgerkrieg, Barbareninvasionen und wirtschaftlichen Turbulenzen – eine Zeit, die als die Krise des 3. Jahrhunderts in die Geschichte einging.

Der internationale Handel brach zusammen, und Städte wie Leptis hatten die Folgen zu tragen. Die Bevölkerung nahm ab, und im vierten Jahrhundert war die Stadt so geschwächt, dass sie den Übergriffen der Berber nicht mehr viel entgegenzusetzen hatte. Doch es sollte noch schlimmer kommen: 365 n. Chr. fielen zahlreiche Gebäude einem schweren Erdbeben zum Opfer. 455 n. Chr. wurde Leptis von Vandalen erobert, die brandschatzend durch Nordafrika zogen und die Stadtmauern niederrissen, was sich als kurzsichtig erwies. Die Vandalen siedelten und gründeten ein Königreich mit Karthago als Zentrum, doch Leptis war verwundbar zurückgeblieben und wurde 523 n. Chr. Opfer eines verheerenden Berberangriffs, von dem es sich nie wieder erholen sollte.

Elf Jahre später zerstörte der byzantinische General Belisarius das Vandalenreich, eroberte Leptis zurück und ließ eine neue Befestigung bauen, doch »nicht so groß, wie es einst gewesen war, sondern viel kleiner, damit die Stadt nicht wieder allein aufgrund ihrer Größe schwach und für Feinde angreifbar und dem Sand ausgesetzt war«, wie der byzantinische Chronist Prokop berichtet. Obwohl sie zur Provinzhauptstadt ernannt wurde, hatte Leptis zu viel durchgemacht; zur Zeit der arabischen Invasion Mitte des 7. Jahrhunderts war die Stadt bis auf eine Garnison byzantinischer Soldaten fast völlig verlassen. Schließlich wurde der Platz dem alles erstickenden Sand überlassen – bis man in modernen Zeiten mit Ausgrabungen begann.

## Leptis Magna – ein Überblick

Nur ein Teil der Anlage ist bisher ausgegraben worden, doch viele beeindruckende Ruinen stehen noch, und die Archäologen haben auch schon Hinweise auf andere wichtige Gebäude entdeckt. Der Grundriss der Stadt lässt ihre älteren und neueren Teile erkennen: Beide haben ein gitterartiges Straßennetz, doch die ursprüngliche punische Stadt unterscheidet sich in ihrer Ausrichtung leicht von den späteren Hinzufügungen der Römer. Die wichtigste Achse der römischen Stadt war der Cardo Maximus, die Hauptstraße, die vom Gebiet des alten Marktes im Nordosten ausging und gleich hinter der südöstlichen Stadtbegrenzung die wichtigste Küstenstraße schnitt. Letztere bildete den Decumanus, die andere Achse, die vermutlich wie üblich um das Stadtzentrum herumführte.

Am Schnittpunkt dieser beiden Hauptstraßen steht eines der beeindruckendsten Monumente, das in Leptis Magna zu sehen ist: der großartige Severusbogen. Dieser Bogen, mit dessen Errichtung die Bürger die Verleihung des kaiserlichen Purpurs an einen der Ihren feierten, ist unüblicherweise ein Tetrapylon oder Quadrifrons, das heißt, er besteht aus vier Eckpfeilern und vier Bögen. Auch wenn der heutige Bogen eine Rekonstruktion aus den 1920er Jahren ist, haben die Archäologen herausgefunden, dass es sich wahrscheinlich um die Umarbeitung eines Bauwerks handelt, das schon lange vor der Zeit des Severus errichtet worden ist, und dass seine Fertigstellung acht Jahre gedauert hat, wobei die Arbeiten aufgenommen, unterbrochen und dann anlässlich des kaiserlichen Besuchs 203 n. Chr. rasch vollendet wurden.

Die Dekoration des Bogens ist ungewöhnlich und an einigen Stellen von sehr hoher Qualität. Es gibt Szenen mit besiegten Feinden, die anhand ihrer Kleidung als Parther identifiziert worden sind – gegen sie hatte Severus zu Beginn seiner Herrschaft einen erfolgreichen Feldzug geführt –, und Darstellungen der kaiserlichen Familie. Die Frau des Kaisers und seine Söhne Caracalla und Geta werden Hand in Hand mit dem Kaiser in einer Szene gezeigt, die den Geist der Eintracht heraufbeschwört – was nicht der Ironie entbehrt, wenn man bedenkt, das Caracalla gleich nach seiner Thronbesteigung seinen Bruder ermorden ließ und sein Andenken offiziell auslöschte. Andere Merkmale des Bogens sind seine gebrochenen Giebel, eine Seltenheit, und Darstellungen der Viktoria und anderer Götter wie Melkart, den die Römer mit Herkules identifizierten. Besonderheiten wie die gesprengten Giebel weisen darauf hin, dass der Architekt, der den Bogen entworfen hatte, nicht aus Rom, sondern aus den östlichen Provinzen stammte.

Folgt man dem Cardo Maximus in nordöstlicher Richtung, gelangt man zum Trajansbogen. Links davon liegt das zum Teil aus dem Hügel herausgehauene Theater der Stadt. Um das Jahr 1 oder 2 n. Chr. erbaut, ist es das älteste und zweitgrößte im römischen Afrika. Bis zum Bau des Amphitheaters mag es auch für Gladiatorenkämpfe benutzt worden sein. Es besitzt einen Tempel, der möglicherweise verhindern sollte, dass die Römer gegen die Unmoral des Theaters vorgingen – mit einem angebauten Tempel war es heilig und konnte nicht niedergerissen werden. Im Südosten des Cardo liegt die Severus-Basilika oder Gerichtshalle, die in byzantinischer Zeit in eine Kirche umgewandelt wurde. Am nordöstlichen Ende führte der Cardo zum Alten Forum, dem ältesten Teil der Stadt und Zentrum der punischen Siedlung, wo sich zahlreiche Tempel befanden. Östlich davon lag der Hafen, die dazugehörigen Gebäude und sogar ein Leuchtturm – eine kleinere Version des großen Vorbildes in Alexandria.

Einen Kilometer östlich der Stadt liegen das Amphitheater und der Zirkus. Von letzterem ist nur wenig übriggeblieben. Er befand sich dort, wo heute der Strand ist, doch im Altertum bot er 25.000 Menschen Platz, die Wagenrennen und anderen sportlichen Wettkämpfen beiwohnten. Das Amphitheater ist dagegen weitgehend unversehrt. Mit Platz für 16.000 Menschen und einer ovalen, 57 x 47 Meter großen Arena wurde es in die Senke eines ehemaligen Steinbruchs hineingebaut. Aus Inschriften geht hervor, das die besten, von Leptis' reicher Elite bevorzugten Plätze die im Südosten waren, wo eine Brise vom Meer die Zuschauer erfrischte.

### Villen für Prinzen

Einige der bemerkenswertesten Funde stammen aus dem Umland, wo reiche Bürger in luxuriösen Villen lebten und ihren Wohlstand und Geschmack mittels vorzüglicher Mosaiken zur Schau stellten, von denen einige erhalten geblieben sind. Im Jahr 2000 wurde das bisher beste Mosaik – es diente als Einfassung des kalten Tauchbeckens im Badehaus einer Villa südlich von Leptis – von Archäologen der Universität Hamburg freigelegt. Das Mosaik zeigt einen erschöpften Gladiator, der eine Verschnaufpause einlegt, während er seinen besiegten Gegner im Auge behält. Gegenüber der Times beschrieb es Mark Marrony, Experte für römische Kunst, als »nichts weniger als ein römisches Kunstwerk, geschaffen von einem Sandro Botticelli der Antike ... Niemals habe ich [in der römischen Mosaikkunst] eine so kraftvolle Darstellung eines Menschen gesehen.«

Die Entscheidung, das Mosaik von seinem angestammten Platz zu entfernen und ins örtliche Museum zu verbringen, ist jedoch umstritten. Kritiker sagen, die Operation sei nachlässig durchgeführt worden und habe das Mosaik beschädigt, während Befürworter die Notwendigkeit der Maßnahme betonen und auf weiterreichende Probleme der Finanzierung von Archäologie und Denkmalschutz in Libyen hinweisen. In diesem Zusammenhang ist auch zu erwähnen, dass man auf die wachsende touristische Bedeutung des bisher wenig besuchten Leptis Magna nicht mit angemessenen Maßnahmen zum Schutz dieses antiken römischen Kleinods reagiert.

*Ein Gorgoneion oder Gorgonenhaupt, wie sie eine Kolonnade in Leptis Magna schmückten. Gorgonenhäupter galten als Glücksbringer und Talismane, die Unglück und den bösen Blick abwandten – vielleicht eine Art magische Umkehrung der grauenhaften Macht der Gorgone Medusa, deren Blick einen Menschen versteinerte.*

# SÜDASIEN UND DER FERNE OSTEN

Auch dieses Kapitel schlägt einen gewaltigen zeitlichen Bogen, denn es zeigt Metropolen, die in die ersten Anfänge der südasiatischen Zivilisation im 3. Jahrtausend v. Chr. zurückreichen, und Städte, die im Mittelalter florierten, und veranschaulicht so die Spannweite der dortigen Kulturen. Doch trotz aller Unterschiede gibt es Parallelen zwischen Städten, die zeitlich und räumlich so weit voneinander entfernt sind wie Harappa im Indus-Tal und Fujiwara-kyō in Japan.

Für Harappa und seine Schwesterstadt Mohenjo-Daro trifft die Bezeichnung »versunkene Metropole« insofern zu, als niemand mehr wusste oder sich daran erinnerte, dass sie oder die Kulturen, denen sie ihre Existenz verdankten, jemals existierten. Die Einheimischen kannten die großen Siedlungshügel, welche die Überreste der Städte enthielten, doch was diese Hügel bedeuteten, ahnten sie nicht. Stattdessen entstanden volkstümliche Geschichten und Märchen, und sie erzählten von kleinen Menschen, die auf den Hügelspitzen tanzten. Erst im 20. Jahrhundert kam die Existenz dieser bedeutenden Zentren einer frühen Zivilisation ans Tageslicht, die den Vergleich mit Mesopotamien oder dem alten Ägypten nicht zu scheuen braucht.

Fujiwara-kyō dagegen trat erst relativ spät auf: Es wurde rund 3500 Jahre nach Harappa gegründet. Doch wie die Stadt im Indus-Tal war es das erste urbane Experiment in jener Region – die erste echte Stadt, die in Japan gebaut wurde.

Angkor in Kambodscha ist eher organisch gewachsen, übertraf jedoch an Pracht und Größe jede andere Stadt im Fernen Osten. Obwohl es der modernen Zeit historisch gesehen sehr viel näher steht, entspricht es den heutigen Erwartungen an eine Stadt in mancher Hinsicht weniger und ist uns fremder als die viel älteren Städte im Indus-Tal. Zwar vermag sich der moderne Stadtbewohner in den Blöcken der vielgeschossigen Ziegelgebäude und der Straßenschluchten von Harappa wiederzufinden – Angkor jedoch macht ihm gar nicht den Eindruck einer Stadt, denn nichts scheint hier auf gewöhnliche Wohnungen oder gar auf Paläste oder Regierungsgebäude hinzuweisen. Alles, was geblieben ist, ist eine Ansammlung von Tempeln.

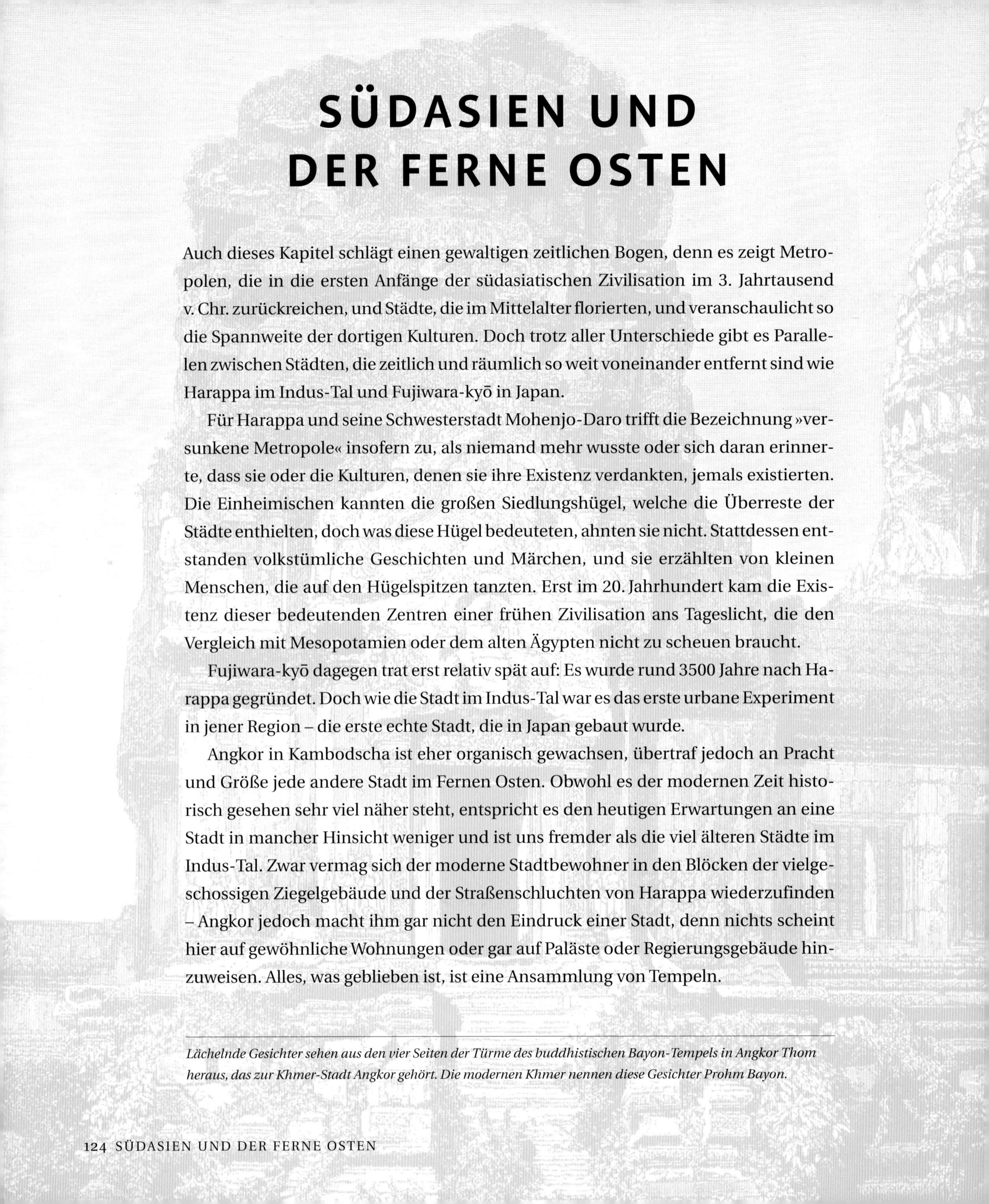

*Lächelnde Gesichter sehen aus den vier Seiten der Türme des buddhistischen Bayon-Tempels in Angkor Thom heraus, das zur Khmer-Stadt Angkor gehört. Die modernen Khmer nennen diese Gesichter Prohm Bayon.*

# Harappa

**LAGE:** INDUS-TAL, PAKISTAN
**ERBAUUNGSZEIT:** CA. 2800 V. CHR.
**VERLASSEN:** CA. 1500 V. CHR.
**ERBAUER:** HARAPPA- ODER INDUS-KULTUR
**BESONDERHEITEN:** STÄDTISCHE INSTALLATIONEN UND KANALISATION; GITTERFÖRMIGES STRASSENNETZ; PERLEN, SIEGEL; TAFELN; GEWICHTE; FIGURINEN; KEINE MONUMENTALE ODER FERNÖSTLICHE KUNST

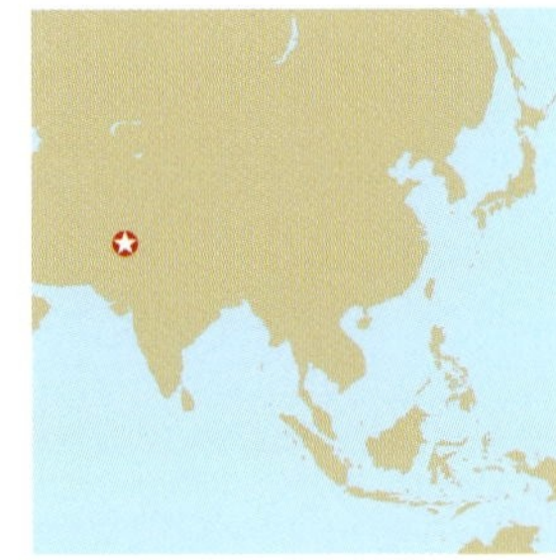

Harappa und seine Schwesterstadt Mohenjo-Daro sind zwei der großen Städte der Indus- oder Harappa-Kultur, der unbekanntesten und rätselhaftesten aller Kulturen in den vier ursprünglichen Zentren der Weltzivilisation. Während das alte Ägypten, Mesopotamien und China uns recht vertraut, in großem Umfang ausgegraben und erforscht sowie dank ihrer Schriften und Inschriften für uns in ihren eigenen Worten zugänglich sind, bleibt die Indus-Kultur ein Geheimnis, obwohl sie der größte und in mancher Hinsicht auch der am weitesten entwickelte der vier alten Staaten war. Welche Sprache sprachen die Menschen von Harappa? Was ist in ihrer Schrift verzeichnet? Wer herrschte über sie und wie? Welche Götter verehrten sie? Was für ein Erbe hinterließen sie den Menschen, die jetzt das Gebiet besiedeln?

Die ersten Europäer, welche die großen Siedlungshügel des Indus-Tals zu Gesicht bekamen, betrachteten sie als Überbleibsel aus den frühen Tagen der hinduistisch-buddhistischen Zivilisation, deren Geschichte seit der Maurya-Dynastie 321 v. Chr. dokumentiert ist. Der Forscher Charles Masson beispielsweise, der erste Europäer, der von den Ruinen von Harappa berichtete, nachdem er Ende der 1820er Jahre zufällig auf sie gestoßen war, hielt sie für die Festung des Königs Porus, den Alexander der Große 326 v. Chr. besiegt hatte. 1875 wurde in Harappa das erste einer Reihe merkwürdiger, mit einer unbekannten Schrift gravierter Siegel entdeckt, was auf die Möglichkeit hinwies, dass der Hügel die Überreste einer bisher gänzlich unbekannten Zivilisation barg. Doch erst als das Archaeological Survey of India 1924 die ersten Ergebnisse der Ausgrabungen in Harappa und Mohenjo-Daro veröffentlichte, wurde die Existenz einer zuvor unbekannten bronzezeitlichen Kultur endgültig publik.

Zu dieser Zeit hatte die Anlage von Harappa im Zuge des Eisenbahnbaus bereits katastrophale Schäden erlitten. Beim Bau der durch das Gebiet hindurchführenden Eisenbahnlinie Lahore–Multan hatten Arbeiter in den 1850er Jahren die Ziegelsteine, die in großer Zahl aus den mächtigen Hügeln herausschauten, als bequemen Schottervorrat genutzt und damit weite Teile der antiken Stadt zerstört.

## Die Indus-Kultur

Doch die von den Ziegelplünderern angerichteten Schäden hinderten die Archäologen nicht daran, sich ein Bild von der Zivilisation zu machen, deren Zentren große städtische Siedlungen wie Harappa waren. Die Wurzeln der Indus-Kultur gehen auf die Zeit um 7000 v. Chr. zurück, als sich im Indus-Tal und dem umliegenden Hügelland an der Grenze zwischen dem indischen Subkontinent und iranischem Territorium die ersten Dörfer entwickelten. Im Chalkolithikum, der Kupferzeit zwischen 4300 und 3200 v. Chr., wurden diese Dörfer recht groß und dehnten ihren Einfluss über das gesamte Indus-Tal aus, wo der große Fluss Indus und der inzwischen versiegte Fluss Sarasvati alljährlich über die Ufer traten und damit ein sehr frucht-

*Reihen aus Ziegelmauern in Harappa, die veranschaulichen, weshalb die Eisenbahnbauer des 19. Jahrhunderts die Ruinen als ergiebigen Steinbruch für Eisenbahnschotter verwenden konnten.*

bares, aber nur unter großen Schwierigkeiten zu besiedelndes Gebiet schufen.

Von etwa 3700 bis 2800 v. Chr. begannen sich Dörfer entlang dem Induszufluss Ravi zu entwickeln. In dieser Zeit entstand in der gesamten Region eine homogene Kultur; Spielzeugmodelle von Ochsenkarren weisen darauf hin, dass sich Handelsstraßen entwickelten, die bereits eine Reichweite von mehreren Hundert Meilen hatten. Auch breiteten sich spezialisierte handwerkliche Technologien wie Metallverarbeitung, Töpferei und Schmuckfertigung aus, die später in der Indus-Kultur eine zentrale Rolle spielte. Zu dieser Zeit waren die jahreszeitlichen Temperaturschwankungen in der Region möglicherweise größer als heute, sodass die Flussebenen und das Umland reiche Jagd- und Fischgründe sowie fruchtbares Ackerland boten. Erste Symbole wurden in Töpferwaren eingraviert – Vorboten des späteren, voll ausgebildeten Schriftsystems.

Von 2800–2600 v. Chr. entwickelte sich Harappa zu einer großen Stadt mit zwei von Wällen umgebenen Bereichen, die eine Fläche von über 25 Hektar bedeckte. Handwerk, Handel und soziale Organisation prägten sich immer weiter aus. Um 2600 v. Chr. begann die gänzlich urbane Phase oder Indus-Kultur, und für die nächsten 700 Jahre beherrschte Harappa das umliegende Gebiet. Es wuchs zu einer gewaltigen Metropole mit bis zu 80.000 Einwohnern – die Bevölkerungszahlen schwankten vermutlich übers Jahr, da die Marktsaison Scharen von ansonsten außerhalb lebenden Menschen in die Stadt schwemmte –, die eine Fläche von mehr als 150 Hektar bedeckte und deren Umfang über fünf Kilometer betrug.

Die Indus-Kultur selbst dehnte ihren Einfluss auf ein Gebiet von der Größe Westeuropas – zweimal so groß wie das antike Mesopotamien oder Ägypten – aus. Inzwischen weiß man von über 1.500 Siedlungen, die sich auf die heutigen pakistanischen Provinzen Punjab und Sindh konzentrierten und im Nordwesten Indiens bis zum Gangestal, im Südwesten bis zum heutigen Kachchh und Gujarat und im Westen bis nach Nordafghanistan reichten. In Harappa gefundene Materialien belegen ein Handelsnetzwerk, das sich von Zentralasien bis nach Mesopotamien und Arabien erstreckte und die Stadt mit Rohstoffen versorgte, aus denen Kunsthandwerker Exportgüter fertigten – so hat man beispielsweise an mesopotamischen und persischen Ausgrabungsstätten verzierte Karneolperlen aus Werkstätten der Indus-Kultur gefunden.

Die Bewohner von Harappa entwickelten ausgeklügelte Systeme für die Regulierung von Handel, Eigentum und Transaktionen. Siegel mit standardisierten Symbolen und eine Art Hieroglyphenschrift – die so genannte »Indus-Schrift« – waren weit verbreitet, und man glaubt, dass sie dazu verwendet wurden, Güter mit Angaben zu Menge und Eigentümer zu versehen. In dieser Weise beschriftete Kupferplatten bildeten vielleicht die ersten Anfänge eines Währungssystems, während mit Symbolen beschriftete kleine Marken aus Fayence und gebranntem Steatit, auch bekannt als Speckstein, vielleicht für buchhalterische Zwecke verwendet wurden. Man hat in zwei Hälften geteilte kleine Tafeln aus Ton oder Fayence gefunden, die möglicherweise beim Abschluss von Verträgen zum Einsatz kamen: Es könnte sein, dass jede Seite eine Hälfte der Tafel behielt, bis der Vertrag erfüllt war. Häufig findet man in Harappa auch kleine, jeweils gleich große Steinwürfel. Dabei handelte es sich um standardisierte Gewichte, die beim Handel mit wertvollen Waren wie Schmuck für faire Transaktionen sorgen sollten.

## Eine ausgeklügelte Stadtanlage

Eines der bekanntesten Merkmale der Indus-Kultur ist ihre hochentwickelte Stadtplanung und Kanalisation. Harappas Wasserinfrastruktur war so ausgeklügelt, dass man bis in römische Zeit nichts Vergleichbares gesehen hat – und selbst dann nur in den reichsten Vierteln einer Stadt, während die Einrichtungen in Harappa allen zur Verfügung standen. Über die ganze Stadt verteilt fanden sich zahlreiche von Ziegeln eingefasste Brunnen, die eine ständige Wasserversorgung gewährleisteten, während die Häuser mit Bädern und Latrinen ausgestattet waren, die in Kanalrohre abflossen, welche ihrerseits mit der städtischen Hauptabwasserleitung verbunden waren. Die Fäkalien wurden an Punkten außerhalb der Stadt gesammelt und wahrscheinlich als Dünger für die Marktgärten abtransportiert, die die Stadt umgaben.

Dieselbe sorgfältige Planung ist auch am großen Ganzen zu beobachten: Die Indus-Siedlungen dürfen als die ersten geplanten Städte der Welt betrachtet werden. Mesopotamische und ägyptische Städte wuchsen organisch und ohne jede strategische Planung, was windungsreiche Straßen, ein Gewirr von Fahrwegen und Alleen und unregelmäßige Gebäudeformen zur Folge hatte. Harappa dagegen war in einem Gittersystem angelegt, wie es danach erst wieder die griechischen Städte in der Mitte des 1. Jahrtausends v. Chr. aufwiesen, mit breiten zentralen Straßen, regelmäßig geformten Gebäuden und der bereits erwähnten Wasserinfrastruktur, die von vornherein in die Stadtplanung einbezogen worden war. Das Straßengitter war nach den vier Himmelsrichtungen ausgerichtet, und die Hauptstraßen waren über acht Meter breit. Einige davon waren in der Mitte unterteilt, was auf ein zweispuriges System hinweist, mit dessen Hilfe man den Verkehr der Ochsenkarren regulierte.

Harappa bestand aus drei von Mauern umgebenen Hauptbezirken und umliegenden, ebenfalls befestigten Vorstädten. Massive Wälle aus Lehmziegeln mit Ziegeltoren dienten verschiedenen Zwecken: der Kontrolle von Passanten, der Verteidigung und auch dem Schutz vor Überflutungen. Hinweise auf militärische Macht und die damit verbundenen soziopolitischen Strukturen finden sich in Harappa bemerkenswerterweise nicht: weder monumentale Kunst noch Reliefs, auch keine Darstellungen stolzer Herrscher und siegreicher Truppen. Es ist kaum möglich, irgendeines der verbliebenen Gebäude als Palast oder Tempel zu identifizieren, obwohl ein Bauwerk im Hauptbereich von Harappa als »Zitadelle« bezeichnet wird und auch die befestigten Bezirke möglicherweise öffentlich-administrativ-religiösen Zwecken gedient haben. Das Fehlen der üblichen Zeichen von Autorität in Gestalt eines Königs oder Kaisers ist Teil des größeren Rätsels, das die Indus-Kultur noch immer aufgibt. Wie kontrollierten und wie verwalteten sie ein so großes Gebiet? Wer war dafür verantwortlich? Man nimmt als wahrscheinlich an, dass die Regierung keine zentralistische Monarchie, sondern eher körperschaftlich organisiert war und jede Stadt von ihrer eigenen Elite regiert wurde, die möglicherweise eine sowohl religiöse als auch weltliche Autorität repräsentierte.

## Perlen

Zu Harappas kunsthandwerklichen Erzeugnissen zählen Keramik, kleine Statuen, Gold- und Silberschmuck, Bronzewerkzeuge, Siegel und Marken. Fast alle dieser Siegel und Marken sind mit der Indus-Schrift und zuweilen auch mit Tiermotiven versehen. Diese hatten möglicherweise religiöse Konnotationen – vielleicht als Totemtiere für verschiedene Stammesgruppierungen – oder symbolisierten verschiedene Klassen oder Clans. Das am häufigsten dargestellte Tier ist das Einhorn, welches das Markenzeichen eines bestimmten Kaufmanns oder Händlers gewesen sein könnte, doch die Vielfalt der anderen Tierdarstellungen – darunter Elefanten, Bisons, Tiger und Nashörner – zeugt von der ökologischen Vielfalt der Region in alten und vermutlich feuchteren Zeiten.

Das typische Erzeugnis der Indus-Kultur waren vielleicht die Perlen. Die Ausgrabungen in Harappa haben aus jeder Siedlungsphase Steinperlen zutage gefördert, und die Herstellung fein gearbeiteter, häufig äußerst schwierig herzustellender Perlen aus seltenen und kostbaren Materialien ist eine der prägenden Technologien dieser Zivilisation. Figurinen aus der Stadt zeigen, dass die Bewohner mehrfach geschlungene Perlenketten trugen und es vielleicht sogar eine ausgeklügelte »Perlenschmucksprache« gab, die den sozialen Stand, das Vermögen, den Einfluss und anderes anzeigte. Zudem waren die Perlen ein Exportartikel. Die meisten waren aus Steatit, jenem weichen weißen Stein gefertigt, den man auch Speckstein nennt, doch es gab auch andere Materialien wie Bronze, Karneol, Achat und Jaspis. Je härter das Material und je kleiner die Perle, desto schwieriger war die Herstellung, und die Ausgrabungen in Harappa weisen darauf hin, dass verschiedene Werkstätten der Stadt vielleicht unter der Leitung ihrer wohlhabenden Besitzer in der Vervollkommnung ihrer Kunst wetteiferten. Die Bewohner von Harappa entwickelten auch Technologien für die Glasur und Färbung von Perlen – darunter auch die Fayence-Technologie, bei der Keramiken oder Steine mit einer glänzenden Schicht überzogen wurden, damit sie wie Lapislazuli oder Türkis aussahen, denn diese kostbaren Materialien wurden leicht matt, wenn man sie direkt auf der Haut trug. Später, um 1700 v. Chr., wurden in Harappa auch Glasperlen entwickelt – zweihundert Jahre, bevor die Ägypter ihr erstes Glas herstellten.

# Mohenjo-Daro

**LAGE:** INDUS-TAL, PAKISTAN
**ERBAUUNGSZEIT:** CA. 2600 V. CHR.
**VERLASSEN:** CA. 1500 V. CHR.
**ERBAUER:** HARAPPA- ODER INDUS-KULTUR
**BESONDERHEITEN:** ZITADELLE; UNTERSTADT; INSTALLATIONEN UND KANALISATION; GROSSES BAD; GROSSE HALLE; GITTERFÖRMIGES STRASSENNETZ; PERLEN, SIEGEL, TAFELN, GEWICHTE, FIGURINEN; KEINE MONUMENTALE ODER FERNÖSTLICHE KUNST

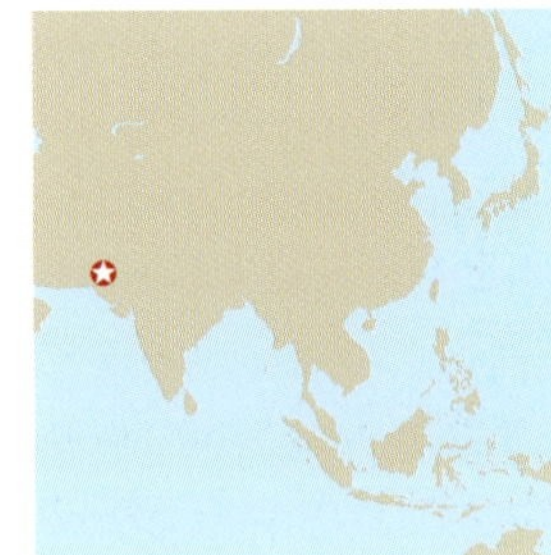

Die größte und bekannteste der Städte der Indus-Kultur ist Mohenjo-Daro, das anders als Harappa den Verwüstungen der Ziegelplünderer entging und unter seinen Siedlungshügeln bis ins 20. Jahrhundert überlebte, als umfangreiche Grabungen eine nahezu intakte Ziegelmetropole mit Wegen und Straßen zwischen hoch aufragenden Mauern freilegten. Doch nachdem sie 4.500 Jahre lang überlebt haben, drohen die Überreste dieser großen Metropole heute zu Staub zu zerfallen.

An den Ufern des Indus, rund 400 Kilometer stromauf von der Meeresküste im pakistanischen Bundesstaat Sindh entfernt, liegen die Überreste von Mohenjo-Daro – eine der verschiedenen Übersetzungsalternativen lautet »Mund des Todes«. Obwohl die erste entdeckte Besiedlungsphase auf etwa 3500 v. Chr. zurückgeht, begann die Hauptbesiedlungszeit 2600 v. Chr. und währte siebenhundert Jahre. In dieser Zeit beherrschte die Stadt die südliche Indusebene. Die gesamte Fläche der Anlage beträgt über 250 Hektar, doch das Herz der Stadt besteht aus einer Zitadelle und einer angrenzenden, achtzig Hektar großen Unterstadt – ein Muster, das in vielen der größeren Indus-Tal-Siedlungen wiederkehrt. Fast die gesamte Stadt besteht aus ofengebrannten Ziegeln, die in gewaltigen Mengen und genormten Größen im Verhältnis 1:2:4 hergestellt wurden.

Heute erheben sich die großen Siedlungshügel, die von der Stadt übriggeblieben sind, bis zu zwölf Meter über die umliegende Flussebene; in alten Zeiten waren sie vermutlich noch höher. Während der Indus heute im Osten der Stadt fließt und zuweilen ganze Stücke von ihr fortzuschwemmen droht, floss er in alten Zeiten im Westen. Mohenjo-Daro lag strategisch günstig zwischen ihm und dem Saraswati im Osten, einem anderen großen Fluss, der jedoch inzwischen ausgetrocknet ist.

## Zitadelle und Unterstadt

Von den beiden Hauptbezirken verbarg der große westliche Hügel die heute so genannte Zitadelle oder Akropolis, die in Hunderten von Jahren entstanden ist. Ihre Häuser und die umgebende Stadtmauer standen auf Lehmziegelplattformen, die inzwischen weggeschwemmt worden sind.

Innerhalb der Zitadelle sind verschiedene größere Gebäude ausgegraben worden. Ihre genaue Funktion ist unklar – möglicherweise handelte es sich um öffentliche Bauten. Waren sie religiöser, königlicher oder gemeinschaftlicher Natur? In einem großen, mit Säulen versehenen Gebäude befindet sich ein besonders konstruierter, zwölf Meter langer, sieben Meter breiter und bis zu 2,40 Meter tiefer Behälter oder Pool, der als Großes Bad bekannt ist. Dank einer Bitumenverkleidung war er wasserdicht und so angelegt, dass er leicht geleert und gereinigt werden konnte. Spekulationen zufolge könnte er für rituelle Säuberungen bestimmt gewesen sein.

Gleich daneben liegt ein mächtiger Bau mit engen, an ein Hypokaustum erinnernden Gräben im Boden, aufgrund deren es zunächst als Hammam oder Bad mit Heißluftheizung identifiziert wurde. Später interpretierte man es als den staatlichen Kornspeicher, in dem die Kornabgaben gelagert wurden – deren Zuteilung bei der Ausübung von Autorität eine Schlüsselrolle gespielt hätte –, und hielt die Gräben für ein Belüftungssystem. Doch der ursprüngliche Grabungsbefund bietet keinen konkreten Anhaltspunkt für diese Interpretation, und eine konservativere Bezeichnung lautet schlicht: Große Halle. Andere, bedeutendere Gebäude sind als Versammlungshalle und als Kolleg oder Seminar bezeichnet worden, weil man annahm, dass sich hier die Priesterquartiere befunden haben.

Eine Ansammlung von etwas kleineren Hügeln im Osten bildet die Unterstadt. Jeder Hügel könnte ein umfriedetes Wohnviertel gewesen sein, wobei die Wälle wie in Harappa wahrscheinlich eher der Kontrolle der Passanten und dem Hochwasserschutz denn als Befestigungen dienten). Das an den vier Himmelsrichtungen orientierte gitterartige Straßennetz besteht aus bis zu zehn Meter breiten Hauptstraßen und kleineren Straßen, die zwischen den jeweils rund 370 x 250 Meter großen Wohnblöcken hindurchführen. Vermutlich wurde die Stadt von über siebenhundert Brunnen mit Wasser versorgt, während jedes Haus über Badebereiche verfügte, deren Abwässer in unterhalb der Straßen verlaufende verdeckte Rohre abflossen. Die Brunnen waren so solide gebaut, dass sie bis heute erhalten sind. Die Häuser hatten in der Regel mindestens zwei Stockwerke und waren so angelegt, dass nur ein Minimum an Staub und Lärm von den belebten Straßen hereindrang.

Die ursprüngliche wissenschaftliche Interpretation der Unterteilung in Zitadelle und Unterstadt besagte, dass die unterschiedlichen Hügel unterschiedliche Funktionsbereiche darstellten: Die Zitadelle war der Verwaltungsbereich, während die östlichen Hügel gewerblich und für Wohnzwecke genutzt wurden. Heute glaubt man, dass diese Funktionen im Lauf der Zeit zwischen den einzelnen Bezirken hin- und herwechselten und alle Bereiche in verschiedenen Besiedlungsphasen Anhaltspunkte für Wohn- und gewerbliche Nutzung aufweisen, was vielleicht auf wechselnde Besitzverhältnisse oder politische Streitigkeiten zwischen den Bezirken zurückzuführen ist.

### Nur ein weiterer Stein in der Mauer

Archäologen und Historiker waren traditionell recht überheblich, wenn es darum ging, Ästhetik und Ausmaß der kulturellen und geistigen Errungenschaften der Indus-Städte, wie Mohenjo-Daro sie repräsentiert, zu beurteilen. Wie in Harappa ist auch hier keine öffentliche Kunst oder Kunst im großen Stil gefunden worden; nichts spricht für militärische Macht, imperiale Herrlichkeit oder auch nur schlichten städtischen Überfluss – keine Wandmalereien, Reliefs, Mosaiken oder monumentalen Skulpturen. Fast alle künstlerischen oder handwerklichen Gegenstände, die man gefunden hat, sind klein: Perlen, Votivfigurinen, Siegel und Täfelchen aus Lehm und Speckstein. Die dargestellten Symbole, Motive und Stile sind an allen Stätten der Indus-Kultur bemerkenswert homogen, was die Gelehrten veranlasst hat, die Kultur dieser alten Gesellschaft auf einem »toten Niveau bourgeoiser Mittelmäßigkeit« anzusiedeln. Angesichts der Monotonie der unendlichen Ziegelreihen von Mohenjo-Daro, die den Eindruck eines gigantischen, seines geschäftigen Treibens jedoch beraubten Termitenhügels vermitteln, ist es schwer, ihnen nicht zuzustimmen.

Und doch enthalten die künstlerischen und handwerklichen Objekte aus Mohenjo-Daro faszinierende Hinweise darauf, dass der Reichtum der späteren hinduistisch-buddhistischen Ästhetik in dieser antiken Vorläuferkultur wurzelt. Das berühmteste Artefakt aus dem Indus-Tal, die Specksteinbüste einer mit einem Diadem geschmückten bärtigen Figur, die gewöhnlich als Priesterkönig interpretiert wird, ist von einer zenartigen Heiterkeit, während die Siegel und Täfelchen häufig eine männliche Gestalt in einer Art Yogaposition zeigen, die dem Lotussitz ähnelt. Überdies hat die archäologische Forschung an pakistanischen Stätten der Indus-Kultur Parallelen zwischen heutigen Sang-Festivals, den jährlichen Frühlingsfeiern, und jenen Festen hergestellt, die den Ausgrabungen zufolge vermutlich vor 4.500 Jahren in derselben Weise an diesen Plätzen stattgefunden haben.

### Mohenjo-Daros Untergang

Nach traditioneller Auffassung wurden Mohenjo-Daro und andere Städte zwischen 1750–1500 v. Chr. verlassen, als ein allgemeiner Niedergang der Indus-Kultur schließlich in der arischen Invasion gipfelte – dem Zustrom indoeuropäischer Völker, der im alten Rigveda überliefert ist. Der Rigveda erzählt, wie der

*Nächste Doppelseite: Das Große Bad in Mohenjo-Daro. Anders als seine Schwesterstadt Harappa entging Mohenjo-Daro der Aufmerksamkeit der Eisenbahnarbeiter, und seine Bauten überlebten in einem weitaus besseren Zustand. Das runde Gebäude im Hintergrund ist der buddhistische Stupa, der in der Kuschana-Zeit (ca. 100–250 n. Chr.) auf dem Hügel von Mohenjo-Daro errichtet worden ist.*

Gott Indra seinem Volk half, mächtige Festungen und alte Burgen zu überwinden. Die Entdeckung einiger weniger Gruppen von Skeletten in Mohenjo-Daro, die teilweise sichtbare Zeichen von Gewalt aufweisen oder von ihrer Haltung her auf einen Fluchtversuch schließen lassen, verleihen dem Versuch, die alten vedischen Überlieferungen mit den Funden der modernen Archäologie in Zusammenhang zu bringen – wie Schliemann es mit Homer und Troja tat –, einiges Gewicht.

Heute bestehen jedoch erhebliche Zweifel daran, ob es überhaupt jemals eine indo-arische »Invasion« gegeben hat, und eine gründlichere Auswertung des archäologischen Befundes zeigt, dass Mohenjo-Daro und andere Stätten noch weit über das Jahr 1500 v. Chr. hinaus besiedelt waren. Zwar sind die archäologischen Funde nicht lückenlos, doch gilt es inzwischen wegen der günstigen Lage der Stadt oberhalb der beiden Flüsse als unwahrscheinlich, dass sie jemals ganz aufgegeben worden ist.

Dennoch stehen Mohenjo-Daros Niedergang und Bedeutungsverlust außer Frage. Unterteilte Räume und zugebaute Straßen weisen darauf hin, dass die Stadt während der letzten Besiedlungsphase, die um 1900 v. Chr. begann, immer dichter besiedelt war, während nicht reparierte Rohre und nicht instandgesetzte Stadtmauern für ein Nachlassen der sozialen Ordnung und zentralen Kontrolle sprechen. Alle Anzeichen einer funktionierenden, wohlgeordneten Kultur – die würfelförmigen Gewichte, die beschrifteten Siegel und Täfelchen, die typischen, mit Indus-Schrift markierten Töpferwaren und auch die Rohstoffe und Handelsgüter aus anderen Kulturen – verschwinden. Auch in den mesopotamischen Texten ist vom Handel mit Meluhha – einem Volk, das gemeinhin mit der Indus-Kultur identifiziert wird – keine Rede mehr.

*Diese Specksteinstatue, der so genannte Priesterkönig, ist das berühmteste Artefakt der Indus-Kultur. In das Diadem und die Augen waren ursprünglich vielleicht andere Materialien eingelegt, und kleine Löcher unterhalb der Ohren weisen darauf hin, dass hier vielleicht ein Halsschmuck befestigt war. Das Gewand der Figur trägt ein Kleeblattmuster, das ursprünglich rot gefärbt war. Die Rückseite des Kopfs ist flach; möglicherweise war hier ein Haarknoten oder eine Kopfbedeckung angebracht.*

Dieser Niedergang hatte vermutlich mehrere Ursachen. Wie bereits erwähnt, kam es bei den Flüssen Indus und Sarasvati zu erheblichen Veränderungen. Letzter trocknete ganz aus, und vermutlich sahen sich viele Menschen gezwungen, andernorts Hilfe und Lebensunterhalt zu suchen, was die Überbevölkerung von Mohenjo-Daro mitverursacht haben könnte. Der Indus änderte seinen Lauf, beschädigte die Stadt und schnitt sie von ihrer landwirtschaftlichen Grundlage ab. Damit gingen möglicherweise größere ökologische Probleme einher – die in den Städten des Indus-Tals betriebene industrielle Massenfertigung von Ziegeln muss gemeinsam mit den anderen Gewerbezweigen gewaltige Mengen von Holz verbraucht haben, was zu Entwaldung und entsprechenden klimatischen Auswirkungen geführt haben könnte: geringere Regenfälle, Sturzfluten und ähnliches.

Parallel zum Niedergang der Indus-Kultur zeigt der archäologische Befund den sich ausbreitenden Einfluss neuer Kulturen, welche die soziale Ordnung wiederherstellten. Einige dieser kulturellen Traditionen stammen aus dem nordwestlichen Subkontinent, andere weisen Beziehungen zum Nordwesten und Osten auf. Schließlich entstand eine neue soziale Ordnung, in der neue Technologien vorherrschten: der Einsatz von Pferden, der Gebrauch von Eisen sowie neue Sprachen und eine Religion, die mit der vedischen und der frühen hinduistischen, jainistischen und buddhistischen Kultur in Verbindung gebracht werden kann.

Was wurde aus den Bewohnern des Indus-Tals? Jonathan Mark Kenoyer, die maßgebliche Autorität für die Indus-Kulturen, glaubt, dass die meisten von ihnen dort geblieben und mit den ankommenden neuen Kulturen verschmolzen sind. Unter der kulturellen Übernahme eines Gebiets durch eine neue Zivilisation stellt man sich gemeinhin etwas anderes vor, nämlich den Austausch der kompletten Bevölkerung. In Wirklichkeit zeigen genetische Untersuchungen jedoch, dass die Kulturen sich zwar ändern, die Bevölkerungen jedoch bemerkenswert stabil sind – mit anderen Worten: Die Rollen sind vielleicht andere, aber die Schauspieler bleiben dieselben.

## Mohenjo-Daro in Gefahr

Tragischerweise ist Mohenjo-Daro, nachdem es so viele Jahrtausende überdauert hat, zurzeit gefährdeter denn je. Das Indushochwasser und vor allem der kaum kontrollierte Salzgehalt in den durch verschwenderische Bewässerungstechniken ausgelaugten Böden der Region drohen die Ziegel der alten Stadt buchstäblich aufzufressen. Einige der ältesten Ausgrabungszonen sind bereits zu Staub zerfallen. Von Pakistan und von der UNESCO geförderte Projekte haben Millionen von Dollar in die Instandhaltung und Erforschung investiert, ohne dass es bisher gelungen wäre, die Stadt zu retten. Eine schon lange von Archäologen vorgeschlagene Lösung bestünde darin, große Teile der Stadt wieder zuzuschütten und nur ein kleines Gebiet für die Touristen offen zu halten. Gegenwärtig experimentiert das Archäologiereferat der pakistanischen Regierung mit einer teilweisen Wiedereingrabung und intensiven Konservierungsmaßnahmen, die einige positive Resultate erbracht haben. Für die Zukunft sind extensive Sondierungen und unterirdische Vermessungen der Umgebung geplant, um die tatsächlichen Ausmaße der Anlage zu ergründen und dann in selektiven Grabungen eine bessere Vorstellung von der Chronologie der Siedlung zu gewinnen. Es ist denkbar, dass neue Ausgrabungen in Mohenjo-Daro und Harappa und an den vielen Ausgrabungsstätten in anderen Regionen Pakistans und Indiens die Geheimnisse dieser Kultur Schritt für Schritt lüften.

# Angkor

**LAGE:** KAMBODSCHA
**ERBAUUNGSZEIT:** 889 N. CHR.
**VERLASSEN:** 1431 N. CHR.
**ERBAUER:** KHMER-REICH
**BESONDERHEITEN:** ANGKOR WAT; ANGKOR THOM; BAYON-TEMPEL; BARAYS (WASSERRESERVOIRE); KEINE NICHT-SAKRALE ARCHITEKTUR

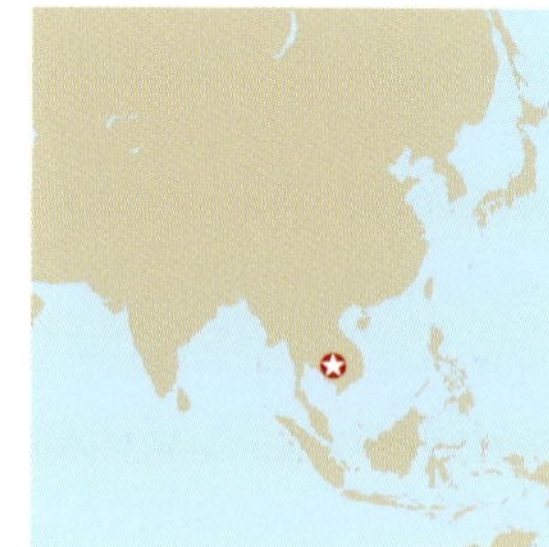

Die Stadt Angkor, großartiges Erbe des Khmer-Reichs und der wohl größte religiöse Komplex aller Zeiten, ist eine bemerkenswerte Ansammlung von Tempeln und Kanälen, die im tiefen Dschungel versteckt lag, als europäische Forscher sie zum ersten Mal erblickten. Erst kürzlich haben Hi-Tech-Untersuchungen ihre gesamte, kolossale Ausdehnung enthüllt und wertvolle Hinweise auf die Umweltschäden geliefert, die vielleicht ihren Untergang herbeigeführt haben. Dagegen, dass diese alte Pracht nach wie vor von Plünderern heimgesucht wird, scheinen die Behörden jedoch machtlos zu sein.

Angkor ist ein Khmer-Wort und von dem Sanskrit-Wort für »heilige Stadt« abgeleitet. Es war die Hauptstadt und das religiöse Zentrum des Khmer-Reichs, eines Staates, der zwischen dem 9. und dem 15. Jahrhundert n. Chr. in Indochina florierte. Westlich des Mekong, in der Nähe des Tonle Sap, des größten Sees in Indochina, auf einer weitläufigen niedrigen Ebene im Zentrum des heutigen Kambodscha gelegen, entwickelte sich Angkor über die Jahrhunderte zu der in geographischer Hinsicht größten vorindustriellen Stadt der Geschichte mit einer Bevölkerung, deren Zahl bis zu einer Million betragen haben könnte. Wer den Ort jedoch heute besucht, der sieht wenig, was auf eine Metropole schließen lässt; stattdessen findet sich dort eine Ansammlung von Tempeln und Wasseranlagen, die weit verstreut auf einer überwucherten, stellenweise von dichtem Dschungel bedeckten Ebene liegen. Wie kann diese merkwürdige Landschaft eine so riesige Bevölkerung ernährt haben, und was könnte der Grund für eine so verschwenderische religiöse Architektur gewesen sein?

## Sitz der Gottkönige der Khmer

Die Region von Indochina, die heute als Kambodscha bekannt ist, war eine Ansammlung kleiner Staaten, die bei ihren nördlichen Nachbarn, den Chinesen, Zhenla hieß. Anfang des 9. Jahrhunderts n. Chr. einte der Khmer-König Jayavarman II., der Herrscher von Kambuja, die zersplitterten Fürstentümer der Region und dehnte seine Macht über weite Teile Indochinas aus. 802 n. Chr. erklärte er sich selbst zum Devaraja oder »Gottkönig« und begründete damit den Kult um die Person des Königs als zentrale Strategie zur Legitimierung der monarchischen Regierungsform – eine Strategie, die die unglaubliche Sakralarchitektur von Angkor hervorbrachte.

889 n. Chr. verlegte Yasovarman I. die Hauptstadt des Khmer-Reichs nach Angkor und begann den Platz zu einer Sakrallandschaft umzugestalten: einem Abbild des Himmels auf Erden. In der hinduistischen Mythologie, der Staatsreligion der Khmer, lag das Zentrum des Himmels auf dem Berg Meru, der von Ozeanen umgebenen Wohnung der Götter. Auf dem Phnom Bakheng, dem einzigen natürlichen Hügel der Umgebung, errichtete Yasovarman einen Pyramidentempel, der den Berg Meru gleichzeitig symbolisierte und nachbildete. Innerhalb des Tempels verkörperte ein heiliger Stein oder Lingam den Götterkönig Shiva, aber auch den Gottkönig der Khmer. Auf diese Weise brachten die Gottkönige der Khmer ihre göttliche Herrschaftsbefugnis sichtbar zum Ausdruck und legitimierten ihre Autorität allein schon durch den Bau ihrer Hauptstadt.

Um die irdische Rekonstruktion der Kosmologie zu vervollkommnen, wurde um den Tempel auf dem Phnom Bakheng ein

Graben gezogen, der die Ozeane darstellen sollte und aus dem ersten der beiden riesigen Reservoire oder Barays auf dem Gelände gespeist wurde. Der östliche Baray in Angkor ist 6,5 × 1,6 Kilometer groß und fasste sechzig Millionen Kubikmeter Wasser; der westliche ist sogar noch größer. Sie waren die größten sichtbaren Bestandteile des gewaltigen und komplexen Systems aus Bewässerungskanälen, Wasserstraßen, Gräben und kleinen Seen – insgesamt über tausend –, welche die Lebensadern der Stadt Angkor bildeten. Mit diesem wasserwirtschaftlichen Netzwerk waren die Khmer in der Lage, das jährliche Hochwasser des Tonle Sap zu kontrollieren, ihre Reisfelder zu bewässern und eine äußerst produktive Landwirtschaft zu betreiben. Ein Besucher aus China, der im 13. Jahrhundert nach Angkor kam, berichtet, dass die Khmer drei oder vier Reisernten im Jahr produzieren und damit die gewaltige Bevölkerung ihrer unkontrolliert wachsenden Metropole ernähren konnten. 2007 konnten Forscher mithilfe von NASA-Satelliten, Leichtflugzeugen und Skootern zeigen, dass Angkor in seiner Blütezeit eine Fläche von 3.000 Quadratkilometern bedeckte und damit die größte vorindustrielle Metropole der Geschichte war. Die nächstkleinere Konkurrentin, die Maya-Stadt Tikal, war mit ihren 100–150 Quadratkilometern mehr als nur eine Größenordnung kleiner.

Seine ruhmreichste Zeit erlebte Angkor im 11. und 12. Jahrhundert. Unter König Suryavarman I. (reg. 1011–1050) nahm die kaiserliche Palaststadt Angkor Thom als eine Art Hauptstadt in der Hauptstadt Gestalt an. Suryavarman II. (reg. 1113–1150) erbaute Angkor Wat, den berühmtesten und größten der Tempel von Angkor, den er zu seinem Mausoleum machen wollte. Einer Inschrift im Tempel zufolge kam Suryavarman II. auf den Thron, nachdem er einen gegnerischen Prinzen in der Schlacht besiegt hatte: Er war auf seinen Kampfelefanten gesprungen und hatte ihn in einen Einzelkampf verwickelt. Wie die früheren Tempel war auch Angkor Wat mit seinen fünf Türmen ein Symbol für den heiligen Berg Meru, welcher der Mythologie zufolge fünf Gipfel hatte.

*Dieses Flachrelief von Angkor Wat zeigt tanzende Apsaras, weibliche Geister oder Gottheiten, die auch als Himmels- oder himmlische Tänzerinnen bezeichnet werden.*

*Nächste Doppelseite: Der kolossale Tempel Angkor Wat mit dem ihn umgebenden Wassergraben. Der Graben symbolisiert die Ozeane, und die Türme stehen für die Gipfel des heiligen Berges Meru.*

Größter Khmer-König und letzter bedeutender Bauherr von Angkor war Jayavarman VII. (reg. 1181–1220), der Angkor Thom renovierte, Tempel für seine Eltern erbaute und, nachdem er persönlich zum Mahayana-Buddhismus übergetreten war, den buddhistischen Bayon-Tempel im Herzen von Angkor Thom errichtete. Dieser Tempel ist berühmt für die riesenhaften Gesichter, die aus seinen Türmen heraussehen und König Jayavarman VII. als Bodhisattva Avalokiteshvara darstellen: Auf diese Weise wollte der König, obwohl er selbst die Religion gewechselt hatte, den königlichen Persönlichkeitskult erhalten und sogar verstärken.

## Der Bericht von Zhou Daguan

1296 kam ein chinesischer Diplomat namens Zhou Daguan nach Kambuja und verfasste eine Beschreibung des Lebens in Angkor: »Ein Bericht über die Sitten von Kambodscha« – ein unschätzbar wertvolles Dokument über das mittelalterliche Königreich. Er beschreibt darin die wichtigsten Tempel und auch die Bewohner und entwirft das Bild einer Gesellschaft, die sowohl von einer alles durchdringenden religiösen Frömmigkeit als auch von strengen und unterdrückerischen Hierarchien beherrscht wird, welche die Frömmigkeit fördern, um ihren Status und ihre Privilegien zu behalten. Die Elite betonte, wie wichtig Unterordnung sei, und besaß Hunderte von Sklaven, die oft erbärmlich behandelt wurden.

Und doch war das Leben in Kambuja in mancher Hinsicht einfacher als in China, was dazu führte, dass ein nicht unbeträchtlicher Teil der Bevölkerung aus Auslandschinesen bestand, die aus ihrer Heimat geflohen waren. Das Erste, was ein solcher Neuankömmling tun musste, berichtet Zhou Daguan, war, eine Frau zu bekommen, denn der Handel war ein ausschließlich weibliches Vorrecht. Er beschreibt auch die typische Hauseinrichtung und gibt damit einen wertvollen Hinweis für die Lösung des Rätsels, weshalb diese bevölkerungsreiche Stadt keinerlei Spuren nicht-religiöser Nutzung aufweist. Das typische kambujanische Haus war demzufolge unmöbliert, und auch viele Werkzeuge und Gerätschaften waren »Einwegartikel« – so machten sie beispielsweise »aus Baumblättern kleine Schüsseln und aus Jiao-Blättern kleine Löffel, um Brühe zum Mund zu führen. Wenn sie diese Dinge nicht mehr brauchten, warfen sie sie weg.« Ähnliche Schüsseln werden in Kambodscha noch heute verwendet.

Wenn man dieses Prinzip der Verwendung natürlicher Materialien auf einen größeren Maßstab überträgt, dann könnte dies die Erklärung dafür sein, dass in Angkor nur religiöse Bauwerke erhalten sind. Steinbauten waren den Göttern vorbehalten; weltliche Gebäude, offenbar sogar königliche Paläste bestanden aus Holz oder noch vergänglicheren Materialien, die wegen des tropischen Klimas den Zeitpunkt, als die Stadt verlassen wurde, nicht lange überlebten.

## Angkor – verloren und wiederentdeckt

Auf den Tod Jayavarmans VII. folgte eine vorübergehende Rückkehr zum Hinduismus und verbreitet ein gegen buddhistische Bildwerke gerichteter Ikonoklasmus. Letztendlich etablierte sich jedoch der Buddhismus als Staatsreligion der Khmer, und viele Tempel wurden in buddhistische Heiligtümer umgewandelt. Insgesamt aber war das Khmer-Reich im Niedergang begriffen, und vom späten 13. Jahrhundert an wurde es von der aufstrebenden Macht des siamesischen Königreichs der Thai im Westen bedroht. 1431 marschierten die Thai in die westlichen Provinzen von Kambuja ein und plünderten Angkor, das jedoch zu diesem Zeitpunkt wohl nur noch ein schwacher Schatten seiner früheren Herrlichkeit war. Die Khmer flohen in ihre neue Hauptstadt Phnom Penh und nahmen ihre Schätze mit sich; nur einige wenige buddhistische Mönche blieben in Angkor zurück. In der tropisch-feuchten Hitze eroberte der Dschungel den Platz rasch zurück, und die Wurzeln von Feigenbäumen und anderen Pflanzen fügten dem mörtellosen Mauerwerk erheblichen Schaden zu, drängten Blöcke zur Seite und drohten die mächtigen Tempel zum Einsturz zu bringen.

Die außergewöhnlichen Ruinen von Angkor wurden in Europa erstmals durch die Schriften und Zeichnungen des französischen Forschers Henri Mouhot bekannt, der den Ort 1860 besucht hatte. Er beschrieb lebhaft, welchen Eindruck die in wucherndes Grün gehüllten zyklopischen Ruinen inmitten des dichten Dschungels auf den Ankömmling machen – ein Anblick, »der sich dem Auge des Reisenden bietet und ihn all die Mühen seiner Reise vergessen lässt, ihn mit Bewunderung und Wonne erfüllt, vergleichbar dem, was man empfindet, wenn man inmitten der sandigen Wüste auf eine grüne Oase trifft«.

Doch war Mouhot bei weitem nicht der erste Europäer, der Angkor besuchte. Schon 1550 – nur etwas mehr als ein Jahrhundert, nachdem es verlassen worden war – hatten es die Portugiesen gesehen. Doch erst Mouhots Bericht legte den Grundstein für Angkors Berühmtheit als Archetyp einer versunkenen Stadt, wobei das Staunen und die Ehrfurcht, die es hervorrief, durchaus nicht auf Europa beschränkt blieben. Als Mouhot die Einheimischen fragte, wer diese Wunder erbaut habe, erzählten sie ihm, sie seien von Göttern oder Riesen errichtet worden, während siamesische Schreiber nur zwei Jahrhunderte nach dem Untergang des Khmer-Reichs verzeichneten, es hieße, dass »Engel vom Himmel herabgekommen seien, um beim Bau dieser prächtigen Stadt zu helfen«.

## Der rätselhafte Niedergang

Seit die seriöse Erforschung von Angkor mit der Einrichtung der École française d'Extrême-Orient 1898 ihren Anfang nahm, wird heftig über die Gründe für Angkors Niedergang und die schließliche Aufgabe der Stadt debattiert. Die Thai-Invasion von 1431 könnte einen größeren Wegzug ihrer Einwohner ausgelöst oder Angkor sogar den Todesstoß versetzt haben, doch es wird allgemein angenommen, dass die Endphase des Niedergangs zu diesem Zeitpunkt bereits begonnen hatte. Was die Gründe betrifft, so gibt es verschiedene Theorien. Eine davon besagt, dass die Herrschaft der Khmer sowohl durch ständige Kriege mit den Nachbarn als auch durch die gewaltigen Anstrengungen, welche die Gestaltung der sakralen Landschaft von Angkor erfordert hatte, ausgelaugt war. So gilt König Jayavarman VII. zwar als der größte der Khmer-Könige, doch für seine Untertanen muss die krankhafte Bautätigkeit unglaublich belastend gewesen sein.

Gegen Ende der Khmer-Ära wurde der Theravada-Buddhismus zur Staatsreligion. George Coedès, vielleicht der führende Angkor-Experte, vertritt die Auffassung, diese Form der Religion mit ihrer Betonung der Realität des Individuellen sei mit dem königlichen Persönlichkeitskult nicht zu vereinbaren gewesen. Coedès argumentiert, dass dies in Kombination mit einer militärischen und wirtschaftlichen Erschöpfung des Staates zu einer Schwächung der zentralen Autorität geführt habe, die wiederum zur Folge hatte, dass das Bewässerungssystem nicht instand gehalten wurde – eine Kettenreaktion, die letztlich die landwirtschaftliche Existenzgrundlage der Stadt gefährdete.

In jüngerer Zeit ist das wasserwirtschaftliche System von Angkor als die eigentliche Ursache für den Niedergang der Stadt in Betracht gezogen worden. Das jüngste Projekt zur Erfassung der Gesamtausdehnung des alten Angkor hat Hypothesen hervorgebracht, wonach die ausufernde Zersiedelung der Stadt selbstzerstörerische Züge annahm. Die Bedürfnisse der Bevölkerung und die fortwährenden Bauvorhaben führten zu großflächiger Entwaldung und Bodenerosion, während das wasserwirtschaftliche System gleichzeitig schlicht zu groß wurde, um noch effizient genutzt werden zu können – mit dem Ergebnis, dass die Bewässerungskanäle verschlammten und verstopften und nicht mehr funktionierten.

Andere Theorien zum Untergang der Stadt beziehen die Möglichkeit eines Klimawandels ein: Archäologen der Universität Sydney vertreten die Ansicht, der Übergang von der mittelalterlichen Wärmeperiode zur Kleinen Eiszeit habe die Wasserkrise der Stadt und damit auch Krankheiten ausgelöst, weil der Zusammenbruch des Bewässerungssystems stehende Gewässer und damit eine explosionsartige Zunahme Malaria übertragender Moskitos verursacht habe.

Unglücklicherweise ist der Verfall der Stadt bis auf den heutigen Tag nicht abgeschlossen. Anfänglich war die Bausubstanz der Metropole durch den wuchernden Dschungel bedroht, doch nun ist diese Gefahr der Bedrohung durch den Menschen gewichen. Seit seiner Entdeckung hat Angkor die Aufmerksamkeit von Plünderern und Kunstdieben auf sich gezogen, und noch heute suchen professionelle Plündererteams die Anlage ganz ungeniert nach Statuen, Fassaden und Reliefs ab, die sie entfernen und verkaufen können. Auch der rasch zunehmende Tourismus könnte Probleme mit sich bringen.

# Fujiwara-Kyō

**LAGE:** ASUKA, JAPAN
**ERBAUUNGSZEIT:** 682 N. CHR.
**VERLASSEN:** 710 N. CHR.
**ERBAUER:** KAISER TEMMU UND KAISERIN JITO
**BESONDERHEITEN:** GITTERARTIGES STRASSENNETZ; KAISERPALAST; STAATSHALLEN; KAISERLICHE AUDIENZHALLE; SUZAKU-MON (HAUPTTOR); KERAMIKDÄCHER; YAKUSHIJI-TEMPEL; BESCHRIFTETE HOLZTAFELN UND MÜNZEN

Japan ist als eine Nation bekannt, in der Geschichte und Tradition an oberster Stelle stehen, doch in mancher Hinsicht ist Historie verhältnismäßig kurz. Mit dem Bau von Japans ältester Stadt Fujiwara-kyō wurde erst um das Jahr 682 n. Chr. begonnen, und zur selben Zeit führten die japanischen Herrscher verschiedene Technologien ein, die normalerweise mit der Zivilisation in Verbindung gebracht werden, bis dato jedoch offenbar nicht verfügbar gewesen waren. Trotz ihres recht späten Erscheinens schufen die Erbauer von Fujiwara-kyō – der Stadt auf der Wisterienebene – jedoch eine beeindruckende und gut geplante Stadt, die von einem mächtigen kaiserlichen Palastkomplex mit dem größten Gebäude, das Japan je gesehen hatte, beherrscht wurde.

Der Bau von Fujiwara-kyō, Japans erster permanenter Hauptstadt – wobei diese Bezeichnung nicht der Ironie entbehrt, denn der Ort war nur sechzehn Jahre lang bewohnt, bis der kaiserliche Hof und der Rest der Bevölkerung in eine neue Hauptstadt verpflanzt wurden –, war einer der bedeutendsten Aspekte eines tiefgreifenden politischen, sozialen und kulturellen Wandels. Er markierte und erleichterte Japans Übergang von einer unzusammenhängenden Gruppe konkurrierender Stammesfürstentümer zu einem Nationalstaat und ist nur vor diesem Hintergrund zu verstehen.

## Japan im Wandel

Japans prähistorische Zeit endete relativ spät, und seine protohistorische Periode reicht bis zum Bau von Fujiwara-kyō. Im 4. und 5. Jahrhundert hatte der Adel, der aus einer Reihe von mächtigen und unablässig rivalisierenden Familien oder Clans bestand, die geopolitische Kontrolle unter sich aufgeteilt. Zu ihnen gehörte auch der kaiserliche Clan aus der Yamato-Region. Bis zum 7. Jahrhundert jedoch war das japanische Kernland zum größten Teil fest in der Hand des kaiserlichen Hofs, der seinerseits nicht selten von einem oder mehreren nicht kaiserlichen Clans kontrolliert wurde. Als geographisches Machtzentrum hatte sich die Asuka-Region herauskristallisiert, doch der Standort des kaiserlichen Palastes und damit de facto auch der japanischen Hauptstadt wechselte innerhalb dieser Region. Diese Epoche ist heute als das Asuka-Zeitalter bekannt.

Mit zunehmender Zentralisierung intensivierte Japan auch seine Verbindungen zum Festland und zu den dortigen chinesischen und koreanischen Hochkulturen. Im Asuka-Zeitalter kamen große Scharen von Immigranten aus diesen Regionen nach Japan, und der Buddhismus wurde als Staatsreligion eingeführt. Zu Beginn des 7. Jahrhunderts lag die Herrschaft in den Händen des Soga-Clans, doch 645 gewann der kaiserliche Clan seine Vormachtstellung zurück. Unter Prinz Naka-no-œe, dem späteren Kaiser Tenji, wurde ein doppelter Kurs verfolgt, der einerseits darin bestand, Chinas politische und sozioökonomische Modelle zu übernehmen, und sich andererseits in einer Außenpolitik manifestierte, die darauf ausgerichtet war, Chinas Einfluss zu begrenzen. Ersteres wurde als die Taika-Reform bekannt, letzteres führte zu militärischen Abenteuern in Korea, wo japanische Truppen das koreanische Königreich Baekje in seinem Kampf gegen das mit Tang-China verbündete südostkoreanische Silla-Reich unterstützten.

663 entsandte der kaiserliche Hof eine Armee von 27.000 Mann nach Korea, um Baekje zu unterstützen, doch die verbündeten Truppen erlitten bei der Schlacht von Hakusonko eine Niederlage, und das von der Tang-Dynastie unterstützte Silla übernahm die Kontrolle über die gesamte Halbinsel. Viele Baekje flohen nach Japan, wo man fürchtete, dass die Tang ihnen folgen würden, um Rache zu nehmen. Tenji forcierte die inneren Reformen mit dem Ziel, Japan in einen funktionstüchtigen, starken Nationalstaat zu verwandeln, der in der Lage ist, seine Grenzen gegen Angriffe vergleichbarer Mächte zu verteidigen. Die wichtigste Reform war die Einführung von Ritsuryo, einem aus China übernommenen straf- und verwaltungsrechtlichen System, das die gesetzliche Grundlage des neuen Nationalstaats bildete. Ritsuryo unterwarf die gesamte Bevölkerung der Kontrolle und Besteuerung durch die Zentralgewalt, wobei der Kaiser die Spitze der Pyramide bildete. Die Einführung dieses neuen Systems erforderte eine noch größere Bürokratie, und in den 670er Jahren war klar, dass der traditionelle, nicht permanente Kaiserpalast nicht mehr ausreichte. So begann man mit der Planung einer neuen, ständigen Hauptstadt nach chinesischem Vorbild. Zum ersten Mal wurde in Japan eine große Ansiedlung im Voraus geplant und entsprechend gebaut.

## Kurzlebige Hauptstadt

Begonnen wurde der Bau der Stadt unter Kaiser Temmu. Man wählte einen Platz in der Asuka-Region: eine zwischen drei Hügeln gelegene Ebene im heutigen Takadono-Viertel der Stadt Kashihara, wo drei der wichtigsten Straßen Japans – Nakatsumichi, Shimotsumichi und Yoko-oji – zusammentrafen, welche die Stadt jeweils im Osten, Westen und Norden begrenzten. Ursprünglich hieß der Ort Fujiigahara oder »Ebene des Wisterienbrunnens«, der Name wurde jedoch später auf Fujiwara, »Wisterienebene« verkürzt, sodass die Stadt schließlich Fujiwara-kyō, »Stadt der Wisterienebene«, hieß. Für den Transport von Bauholz und Steinen wurden eigens Kanäle angelegt, die man allerdings vor der Besiedelung der Stadt wieder zuschüttete.

Als Temmu 687 starb, wurden die Bauarbeiten vorübergehend unterbrochen; dann jedoch wurde das Projekt unter seiner Witwe, Kaiserin Jito, fortgesetzt und schließlich 694 vollendet. Von diesem Zeitpunkt an diente Fujiwara-kyō der Kaiserin als Hauptstadt. Ein von Prinz Shiki verfasstes Gedicht verrät einige der Emotionen, die der Umzug in die neue Stadt auslöste: »Asukas sanfte Brisen, die einst die Ärmel der Palastmädchen umspielten, wehen nun umsonst, da der Hof so weit entfernt ist.«

Auch unter Jitos Nachfolgern, Kaiser Mommu und der Kaiserin Gemmei, blieb Fujiwara-kyō die Hauptstadt, doch 710 wurde sie ins 14,5 Kilometer nördlich gelegene Nara verlegt. Alle wiederverwertbaren Materialien wurden aus Fujiwara-kyō abtransportiert, und was übrigblieb, wurde 711 durch ein Feuer verwüstet. Im 9. Jahrhundert wurde der Platz wieder als Ackerland genutzt und erst mit dem Beginn der Ausgrabungen 1934 wiederentdeckt.

## Eine chinesische Modellstadt

Die Stadt wurde nach Art chinesischer Städte – etwa Chang'an, der Hauptstadt der Tang-Dynastie – wie ein Go-Brett im Jōbō-Gittersystem angelegt. Auch wenn sie, was die Größe betrifft, nicht mit den chinesischen Metropolen konkurrieren konnte, haben Ausgrabungen vor kurzem ergeben, dass sie mit einer Fläche von 25 Quadratkilometern möglicherweise größer war als angenommen. Die Stadt war von rechtwinklig angelegten Oji oder Straßen in zwölf Jō (Nord-Süd-Blöcke) und acht Bō (Ost-West-Blöcke) unterteilt. In Fujiwara-kyō entstand die japanische Sitte, die Hauptstadt entlang einer von Norden nach Süden verlaufenden Trennlinie in Sakyō (»linke Hauptstadt«) und Ukyō (»rechte Hauptstadt«) zu unterteilen. Während die Stadtblöcke in späteren Hauptstädten nummeriert waren, trug in Fujiwara-kyō jeder Block einen eigenen Namen, zum Beispiel Ohari-machi und Hayashi-mach.

Bis zu 30.000 Menschen könnten hier gelebt haben. Ein Anhaltspunkt für die Bevölkerungszahl stammt aus einem Dokument namens Shoku Nihongi, in dem verzeichnet ist, dass im Jahr 704 1.505 Haushalte in Fujiwara-kyō mit Stoffballen beliefert wurden. Haushaltsregister der Zeit – so genannte »Koseki«, ihre Einführung war Teil des Ritsuryo-Systems und diente dazu, die Steuerpflichtigen im Blick zu behalten – zeigen, dass jeder Haushalt im Durchschnitt aus mehr als sechzehn Personen bestand, woraus sich für die Stadt eine Bevölkerung von mindestens 24.000 Menschen ergibt.

Zentrum der Stadt war der Fujiwara no Miya, der kaiserliche Palast. Hierbei handelte es sich wie bei einem chinesischen Palast um eine Anlage oder einen Komplex aus Mauern, Plätzen und Gebäuden. Er lag inmitten des zentralen nördlichen Bereichs der Stadt, sodass der Monarch seinen Herrschaftsbereich symbolisch nach Süden hin überblicken konnte, bedeckte eine Fläche von annähernd einem Quadratkilometer und war von einem fünf Meter breiten äußeren Graben, etwa fünf Meter hohen hölzernen Wällen und einem inneren Graben umgeben. Es gab drei Haupttore; das wichtigste, Suzaku-Mon, befand sich im südlichen Wall und führte in das Herzstück der Anlage: die persönliche Residenz des Kaisers oder Dairi und die Staatshallen, Chōdo-in, deren bedeutendste die kaiserliche Audienzhalle Daigokuden war: Mit 45 Meter Breite, 21 Meter Tiefe und 25 Meter Höhe war sie das größte Gebäude in ganz Japan. Die Omiya Dodan oder »Erdplattform des großen Palasts«, auf der diese Audienzhalle errichtet war, ragt noch heute aus der umliegenden Ebene hervor. Bezeichnenderweise waren die Audienzhalle und andere Palastgebäude die ersten Gebäude Japans, die mit Keramikziegeln gedeckt wurden – auch dies eine Neuerung, die aus China stammte. Man schätzt, dass für den Palast bis zu zwei Millionen Ziegel verwendet wurden. Wie in China lagen die öffentlichen Gebäude in der Mitte großzügiger Plätze, um die Wirkung auf die Untertanen des Herrschers zu verstärken.

Um den Platz herum befanden sich die Häuser der Aristokraten und hochrangigen Würdenträger. Eines dieser Häuser in der Nähe des Suzaku-Mon hatte eine Grundfläche von 12.000 Quadratmetern. Die niedrigen Beamten und einfachen Bürger lebten weiter außerhalb. In der Stadt gab es auch mehrere buddhistische Tempel. Einer davon, Yakushiji, existiert noch immer: Er zog in die neue Hauptstadt Nara um, wo er – in Teilen immer wieder restauriert – bis heute erhalten geblieben ist.

Nicht nur die Stadt selbst war innovativ, ihr Bau und ihre Besiedelung brachten weitere Neuerungen hervor. In Fujiwara-kyō fand man die bisher ältesten Latrinen von ganz Japan. Inhaltsanalysen haben ergeben, dass die Bewohner der Stadt rohes Gemüse und halbgaren Fisch wie Karpfen oder Forelle aßen, wovon sie Würmer bekamen. Um den Handel zu regulieren und zu erleichtern, wurden in der Stadt außerdem die ersten Münzen Japans geprägt. 1999 fanden Archäologen ein Versteck mit Fuhonsen-Münzen, die nach den Kanji-Schriftzeichen auf beiden Seiten benannt sind: Fu und Hon, die »Wohlstand« und »Grundlage« bedeuten und vielleicht auf ein legendäres chinesisches Epigramm anspielen: »Die Grundlage für den Wohlstand des Volkes sind Nahrung und Geld.« Diese Münzen, die aus dem späten 7. Jahrhundert datieren und damit älter sind als die ältesten bis dato bekannten japanischen Münzen von 708, repräsentieren, wie man glaubt, eine neue Stufe der auf die Modernisierung Japans ausgerichteten Taika-Reform, die das Land in einen Nationalstaat nach chinesischem Vorbild umwandeln sollte. Es ist sogar die Vermutung geäußert worden, dass diese Münzen eigens entworfen worden sind, um die Öffentlichkeit im Umgang mit Geld zu unterweisen.

Eine weitere Neuerung dieser Epoche war der Gebrauch von Mokkan: gravierten Holztäfelchen oder Stäben, die im Ritsuryo-System zur Anwendung kamen. Sie dienten zur Etikettierung von Gepäckstücken oder Gütern, als Kerbholze zum Quittieren steuerlicher Abgaben oder als offizielle Dokumente. 7.000 Mokkan wurden in Fujiwara-kyō gefunden, die wertvolle Einblicke in die Verwaltungsabläufe dieser entscheidenden Phase der japanischen Geschichte gewähren.

### Erneuter Umzug

Warum wurde eine Stadt, nachdem man so viel Zeit und Mühe darauf verwandt hatte, sie aus dem Boden zu stampfen, nach so kurzer Zeit wieder aufgegeben?

Der Umzug geschah vermutlich aus politisch-symbolischen Gründen, und wahrscheinlich sollte die neue Hauptstadt dem neuen Regierungssystem eine noch größere und imposantere Kulisse liefern, die nicht mehr mit dem traditionellen Herrschaftssitz in der Region Asuka in Verbindung gebracht wurde. Nara lag etwas weiter im Norden. Der Historiker Hisashi Kano vermutet jedoch, dass die Entscheidung auch von Geomantie – Landschaftsmagie – beeinflusst gewesen sein könnte, da der Hügel gleich im Süden von Fujiwara-kyō das Feng-Shui des Palastes beeinträchtigte – er bewirkte nämlich, dass der Palast, von dem aus der Kaiser sein Reich überblicken sollte, selbst überblickt werden konnte.

*Die Überreste von Itabuki no Miya, dem Palast von Kaiserin Kōgyoku in der Provinz Asuka. Hier wurde 645 der mächtige Anführer Soga no Iruka vom kaiserlichen Clan ermordet und der Weg für die Taika-Reformen freigemacht. Am Grundriss wird erkennbar, wie viel kleiner die vor Fujiwara-kyō erbauten Paläste waren.*

# AMERIKA

Das Bild der versunkenen Metropole schlechthin stammt vielleicht aus Amerika: Tempel, Paläste und Pyramiden inmitten eines unberührt wirkenden Dschungels; einige wenige bizarre Felszeichnungen, die erahnen lassen, welche Kulturen hier einst gelebt haben; und die düsteren Geschichten, die sich vor dieser Ehrfurcht gebietenden Kulisse abgespielt haben. Durch eine ganze Reihe von Begleitumständen – die rasante und totale Zerstörung einheimischer Zivilisationen und Kulturen, die Abgelegenheit der Stätten und das alles verschlingende Wachstum des Regenwalds – verschwanden Städte wie die der Maya und der Inka aus dem Gesichtskreis der Menschheit und blieben für Hunderte von Jahren verborgen. Und auch die Geschichten ihrer Wiederentdeckung bieten Stoff für romantische Legenden mit furchtlosen Abenteurern, die sich auf der Suche nach verlorenen Goldstädten ihren Weg durch den Dschungel bahnen.

Auch andere Kulturen haben das präkolumbische Amerika geprägt – von den Moundbuilders am Mississippi und den Pueblo-Völkern in den Canyons der südlichen Wüsten bis hin zum Reich der Azteken in Mexiko und zur geheimnisvollen alten Tiahuanaco-Kultur der Anden. In vielen Fällen sind die Überreste dieser Königtümer und Reiche vergleichsweise jung und damit gut genug erhalten, um auch den heutigen Besucher noch zu verzaubern und mit Staunen zu erfüllen.

Dem Historiker bieten die Kulturen der Neuen Welt eine einzigartige Chance. Anders als in der Alten Welt, deren Zivilisationen sich unweigerlich in einem ganzen Netzwerk von Einflüssen und ineinander verwobenen Traditionen entwickelten, entstanden die Kulturen der Neuen Welt – von den ersten Anfängen bis hin zu voll ausgebildeten, hochentwickelten Kulturen mit Schrift, monumentaler Baukunst und vielen anderen Arten von Technologie – in ruhmreicher Isolation. Die Ähnlichkeiten und Unterschiede zwischen diesen Metropolen und denen der Alten Welt sind lehrreich und gewähren uns wertvolle Einblicke in die Bedeutung der Umwelt, die Zerbrechlichkeit des Ökosystems angesichts der urbanen Zivilisation und in die Weltanschauungen exotischer Kulturen. Vielleicht macht gerade dieser letzte Punkt die Besonderheit der verlorenen Städte Amerikas aus – Religion und Mystik ihrer Erbauer sind kraftvoll und faszinierend und verleihen dem ohnehin schon Rätselhaften einen zusätzlichen mysteriösen Anstrich.

*El Castillo – »Die Burg« – in Chichén Itzá, auch bekannt als der Tempel von Kukulcán, der gefiederten Schlange. Bei der Tagundnachtgleiche im Frühling und im Herbst kommen die Menschen scharenweise hierher, um zu sehen, wie die Sonne ihren schlangenförmigen Schatten über die nördliche Seite der Pyramide wirft.*

# Cahokia

**LAGE:** COLLINSVILLE, ILLINOIS, BEI ST. LOUIS, MISSOURI, USA
**ERBAUUNGSZEIT:** CA. 1500 N. CHR.
**VERLASSEN:** CA. 1350 N. CHR.
**ERBAUER:** MISSISSIPPI-KULTUR
**BESONDERHEITEN:** KÜNSTLICHE HÜGEL; MONK'S MOUND; GRAND PLAZA; WOODHENGE; PALISADEN

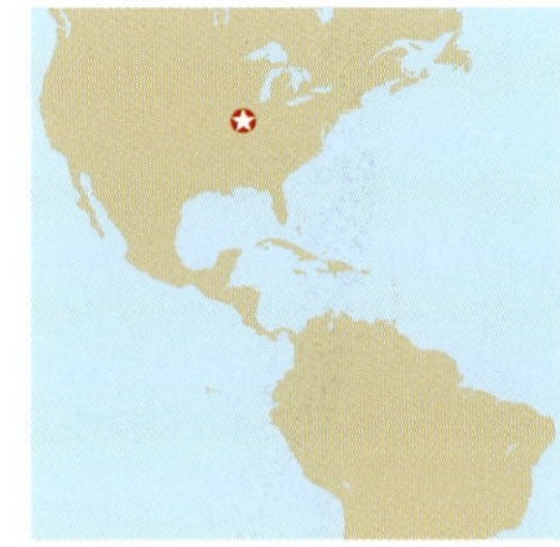

Im zentralen Mittleren Westen der USA markiert eine Ansammlung menschengemachter Hügel, so genannter Mounds, den Standort von Nordamerikas größter präkolumbischer Stadt und den Brennpunkt einer versunkenen Zivilisation, die Generationen von Amerikanern unbekannt war und ist. Mächtige Erdwälle und weitläufig angelegte Plazas zeugen von der Existenz einer gut organisierten und hochentwickelten Gesellschaft, deren Erbe spurlos verschwunden zu sein scheint.

In den Flussniederungen des Mississippi in Illinois gegenüber von St. Louis, Missouri, liegt die zum Weltkulturerbe gehörende Ausgrabungsstätte der Cahokia Mounds. Sie umfasst rund siebzig Siedlungshügel, darunter den gewaltigen Monk's Mound, dessen Grundfläche die der großen Pyramide von Gizeh übertrifft; ursprünglich gab es in der versunkenen Stadt etwa 120 dieser Hügel. Heute bedeckt die Anlage rund 890 Hektar, doch in ihrer Blütezeit um 1100 n. Chr. war das Stadtgebiet 1619 Hektar groß und beherbergte eine Bevölkerung, die sich auf 10.000 bis 20.000 Menschen belaufen haben könnte. Damit war sie größer als jede zeitgenössische europäische Stadt und wurde bis zum 19. Jahrhundert von keiner Stadt der Neuen Welt nördlich von Mexiko übertroffen.

Cahokia repräsentiert den Höhepunkt der Mississippi-Kultur, die sich gegen Ende des 1. Jahrtausends n. Chr. in der heute unter dem Namen American Bottom bekannten Flussaue entwickelte. Weil sie schriftlos war und einige Jahrhunderte vor der Ankunft der Europäer unterging, bleibt diese Zivilisation und insbesondere Cahokia geheimnisumwittert. Weder weiß man, wie die Einwohner selbst ihre Stadt genannt haben – Cahokia nannten örtliche Historiker den Ort nach einem der Unterstämme der Illiniwek-Indianer (Illinois), die jedoch erst im 17. Jahrhundert in die Gegend kamen –, noch ist bekannt, wer sie waren oder welche Sprache sie sprachen. Zwar weiß man, dass die Stadt praktisch innerhalb einer Generation entstanden ist, doch niemand kann genau sagen, wie es zu dieser bemerkenswerten Entwicklung kam oder warum der Platz später wieder verlassen wurde. Waren die Stämme, die bei Ankunft der Europäer dort lebten, Nachkommen der Mississippi-Kultur? Inwieweit lässt sich das Erbe dieser untergegangenen Zivilisation noch aufspüren?

### Sensation über Nacht

Der American Bottom bietet üppiges, fruchtbares Land, das sogar ohne schwere Pflüge bearbeitet werden konnte, und die neolithischen Völker bauten dort unter anderem Sonnenblumen und Kürbisse an. Im 1. Jahrtausend n. Chr. verbreitete sich der Getreideanbau von Mesoamerika aus nach Norden. Die Folge waren ein Bevölkerungswachstum und die Herausbildung einer erkennbaren Mississippi-Kultur kurz vor dem Jahr 1000 n. Chr., die sich an bestimmten Dekorationsstilen auf Töpferwaren und dem durchgängigen Gebrauch eines gemeinsamen Bestands an religiösen Symbolen auf Keramik-, Kupfer- und Steinartefakten identifizieren lässt – etwa eines geflügelten »Vogelmanns«.

Die Angehörigen der Mississippi-Kultur lebten in Dörfern, doch als die Bevölkerungsdichte einen kritischen Punkt erreichte, entstand um 1050 n. Chr. in verhältnismäßig kurzer Zeit – manche Archäologen sprechen von einem »Big Bang« –

*Rekonstruktion einer strohgedeckten Hütte, wie sie vielleicht der Mehrzahl der Bewohner von Cahokia als Behausung gedient haben könnte. Sie ist von einem hölzernen Palisadenzaun umgeben – typisches Kennzeichen der Mississippi-Kultur.*

die Stadt Cahokia. Von ihrem Zentrum in Cahokia aus verbreitete die Mississippi-Kultur ihren Einfluss über große Teile des oberen Mittleren Westens und hinterließ Spuren in einem Gebiet, das von der heutigen kanadischen Grenze bis zur Golfküste reicht. Die Übernahme eines Kernbestandes an Praktiken und Stilen scheint darauf hinzuweisen, dass allen Bewohnern dieser Region eine Kosmologie und ein entsprechendes religiöses System gemeinsam war – Cahokia wird zuweilen als der Vatikan oder das Mekka dieses Systems bezeichnet.

Cahokia war die letzte Manifestation jener für die Mississippi-Kultur typischen Charakteristika – großzügige öffentliche Plazas; mächtige Mounds, insbesondere solche mit flachen Dächern; hölzerne Palisaden; charakteristische Stile und Motive auf Töpferwaren u. ä.; das Chungke-Spiel und die Praxis des Menschenopfers. Obwohl diese Eigenschaften auch an anderen Orten am Mississippi zu finden sind, waren sie in Cahokia in weit höherem Maße präsent als anderswo.

## Stadt der Mounds und Plazas

Die typischsten Merkmale von Cahokia sind die Mounds und die Grand Plaza. In Cahokia gibt es drei Arten von Mounds – vermutlich diente jede einem anderen Zweck. Manche der Mounds waren abgeflacht und bildeten oben eine Plattform, auf der in der Regel Gebäude standen. Konisch geformte Mounds mit runden Spitzen wurden als Gräber benutzt, und die oben spitz zulaufenden Hügel haben vielleicht als Landmarken oder Grenzmarkierungen gedient und scheinen überdies bei Bestattungen eine Rolle gespielt zu haben. Der größte Mound – er heißt Monk's Mound, weil 1811, als ihn ein Antiquar erstmalig beschrieb, eine Trappistengemeinschaft in der Nähe lebte – ist über dreißig Meter hoch und misst in der Grundfläche etwa 300 x 240 Meter. Das ist ein Viertel mehr als die Grundfläche der Großen Pyramide. Er verfügt über mehrere unterschiedliche Terrassen und Plattformen sowie eine abgeflachte Spitze, auf der sich früher ein mächtiges hölzernes Gebäude befand: vielleicht die Residenz des obersten Häuptlings oder ein Tempel. Monk's Mound entstand im Verlauf mehrerer Jahrhunderte; sukzessive wurden neues Material und neue Schichten hinzugefügt – vielleicht immer dann, wenn ein Anführer gestorben und ein Nachfolger an seine Stelle getreten war. Man hat geschätzt, dass zu seinem Bau 15 Millionen Körbe Erde nötig waren, die in einem Zeitraum von dreihundert Jahren aufgeschüttet wurden. Die Erde stammte aus so genannten Entnahmegruben, von denen einige noch heute auf dem Gelände besichtigt werden können, obwohl viele wieder aufgefüllt und sogar überbaut worden sind.

Als man 1998 Entwässerungsrohre am Monk's Mound anbringen wollte, um Erosion und Erdrutsche zu verhindern, entdeckte man unterhalb der westlichen Seite des Mounds eine geheimnisvolle Steinschicht. Diese ist in einer Richtung mindestens 9,75 Meter dick, doch ihre genaue Größe ist unbekannt, und sie erstreckt sich nicht unter den gesamten Mound. Die Angehörigen der Mississippi-Kultur bauten normalerweise mit Erde und Holz – der nächstmögliche Herkunftsort dieser Steine ist mindestens 12,75 Kilometer entfernt. Der Transport einer solchen Masse von Steinen war also mit so beträchtlichem Aufwand und so großer Mühe verbunden, dass es dafür einen besonderen Grund gegeben haben muss. Handelte es sich um eine Plattform oder ein Gebäude mit zeremoniellen Funktionen? Vielleicht ein Grab oder eine Krypta? War es eine Instandhaltungs- oder Entwässerungsmaßnahme? Die Antwort muss ein Geheimnis bleiben, denn die Steinschicht liegt so tief, dass man sie nicht ausgraben kann, ohne den größten Teil von Monk's Mound abzutragen.

Andere, kleinere Mounds umgeben die zentrale Grand Plaza, die mit ihren 19 Hektar der vielleicht größte irdene Stadtplatz der Welt ist. Es handelt sich um eine künstliche Ebene, die mit großem Geschick durch das Nivellieren und Auffüllen von Senken geschaffen wurde, und zwar allem Anschein nach im Rahmen eines einzigen gewaltigen Bauprojekts um 1050 n. Chr., als Cahokia entstand. Ein achtzig Hektar großes Gelände, das die Plaza und die Mounds umschließt, wurde mit einem 3,25 Kilometer langen Palisadenzaun umgeben. Dieser diente zwar in erster Linie der Verteidigung, erfüllte aber auch eine rituelle Funktion und markierte möglicherweise die Grenzen des heiligen Bezirks. An anderen Stellen lagen kleinere Plazas.

Im Westen des Monk's Mound befand sich ein »Woodhenge« – ein Kreis aus Zedernholzpfosten, der benutzt wurde, um mithilfe der Sonne Tagundnachtgleichen und Sonnenwenden zu berechnen. Er wurde mehrere Male neu angelegt – vielleicht im Zuge der aufeinanderfolgenden Vergrößerungen von Monk's Mound, an dessen Profil er angepasst wurde. Dieses Woodhenge deutet darauf hin, dass die Plazas und Pyramiden der Mississippi-Kultur wie in Mesoamerika Teil eines Sonnenkults waren.

## Cahokias Ursprünge – ein Rätsel

In den meisten Kulturen gibt es bei Siedlungen eine deutliche Aufeinanderfolge von Entwicklungsstadien, doch Cahokia scheint im Kontext der Mississippi-Kultur als eine Anlage sui generis entstanden zu sein und existiert zu haben. Dennoch haben die Archäologen möglicherweise Hinweise auf frühere Entwicklungsphasen gefunden. Gruppen von Mounds im Süden von Cahokia, die so genannten Pulcher- und Lohmann-Mounds, könnten Überreste sehr viel kleinerer Siedlungen oder Kultzentren der Mississippi-Kultur sein. Einer Theorie zufolge waren sie die Vorläufer von Cahokia und der erste Entstehungsort jener religiösen Vorstellungen und Praktiken, die später zum Bau der größeren Stadt führten. Manche Elemente der Mississippi-Kultur könnten auch von den mesoamerikanischen Kulturen im Süden abgeleitet oder inspiriert sein, wenngleich in Cahokia keinerlei mesoamerikanische Artefakte gefunden wurden, sodass es für Migration aus diesem Gebiet keine Anhaltspunkte gibt.

Eine andere Theorie besagt, dass Cahokia sich gewissermaßen selbst erschaffen habe. Der Historiker und Archäologe Timothy Pauketat hat die These formuliert, Cahokias abrupter und umfänglicher Zusammenballung müsse ein Prozess von Verhandlungen und Übereinkünften zwischen verschiedenen Stammesgruppen oder Völkern vorausgegangen sein. Wenn die Sitten späterer Völker in diesem Teil Amerikas Rückschlüsse erlaubten, dann müssten im Laufe dieses Prozesses große öffentliche Versammlungen und riesige Feste stattgefunden haben. Aus Entnahmegruben in der Nähe der Plaza wurden Überreste solcher Feste zutage gefördert. Pauketats Theorie besagt, dass die Plaza angelegt wurde, damit große Versammlungen, Feste oder Verhandlungen abgehalten werden konnten, die schließlich zur Entstehung von Cahokia führten. Sobald sie fertiggestellt war, fungierte die Plaza als religiöser Brennpunkt der Mississippi-Kultur: Sie bot Platz für weitere Feste und Versammlungen und verlieh Cahokia seine Existenzberechtigung. Als es sich erst einmal etabliert hatte, entstanden – vermutlich durch Geschenke – neue Hierarchien und Gesellschaftsstrukturen. In vielen Stammesgesellschaften insbesondere in Nordamerika beruht die Macht häufig auf der Fähigkeit des Häuptlings, Dinge zu verschenken und auf diese Weise sozioökonomisch niedriger gestellte Gruppen an sich zu binden, Bündnisse zu festigen, Ressentiments zu beseitigen oder Uneinigkeit beizulegen.

### Cahokias Ende

Um Cahokias Niedergang und die Tatsache, dass es verlassen wurde, zu erklären, sind schon viele Theorien vorgebracht worden. Vielleicht haben seine Bewohner, weil das Stadtleben bei ihnen keine Tradition hatte, keine ausreichenden sanitären Vorkehrungen für eine so große Zahl von Menschen getroffen, sodass die hohe Bevölkerungsdichte zu Krankheiten führte. Es ist auch denkbar, dass das Umland die überbevölkerte Stadt nicht mehr ernähren konnte – es gibt Anzeichen dafür, dass eigens Satellitensiedlungen entstanden, um ihren Bedarf zu decken. Die hohe Bevölkerungszahl und ihr Holzverbrauch könnten Entwaldung, Verlust der Artenvielfalt, Bodenerosion, Überflutungen und steigende Wasserstände zur Folge gehabt haben, was den Unterhalt einer Stadt nicht eben erleichterte. Vielleicht haben auch klimatische Veränderungen wie die sinkenden Temperaturen der Kleinen Eiszeit von 1250 an eine Rolle gespielt. Vermehrte kriegerische Aktivitäten und Konflikte weisen darauf hin, dass politische Veränderungen stattfanden und Cahokias Autorität möglicherweise ins Wanken geriet. Und wenn eine Siedlung von dieser Größe für die Mississippi-Kultur ohnehin untypisch war, dann ist es vielleicht nicht so überraschend, dass ihre Bevölkerung später wieder zu einer verstreuten, dorfzentrierten Lebensform zurückkehrte.

Cahokias Niedergang begann im 13. Jahrhundert, und bis zum Ende des 14. Jahrhunderts war die Stadt weitgehend verlassen. Die Mississippi-Kultur bestand jedoch im Südosten der heutigen USA fort, und es gilt als wahrscheinlich, dass die Natchez-Indianer des Mississippi-Gebiets, die spanische und französische Forscher zwischen dem 16. und dem 18. Jahrhundert beschrieben, die Erben der Mississippi-Tradition gewesen sind. Sie lebten in von Palisaden umgebenen Dörfern, spielten Chungke, brachten Menschenopfer dar – in Cahokia fand man in Begräbnishügeln kopf- und handlose Skelette neben vornehmen Einwohnern – und waren Anhänger einer Sonnenreligion.

Cahokia selbst jedoch erregte nur geringe Aufmerksamkeit und ist bis heute vergleichsweise unbekannt. Die Mounds wurden von frühen Siedlern eher respektlos behandelt – sie ebneten sie ein, um Ackerland zu gewinnen –, und noch heute werden große Teile von Cahokia bebaut und sind nicht geschützt. Zudem gab es unter Historikern und Archäologen den Trend, die Errungenschaften der Mississippi-Kultur zu bestreiten oder zu schmälern und die Mounds legendären präkolumbischen Europäern zuzuschreiben – etwa phönizischen oder walisischen Siedlern. Auf diese Weise befand man sich im Einklang mit der Doktrin des Manifest Destiny, das die Enteignung der indigenen Völker aufgrund ihrer »primitiven« Natur für gerechtfertigt erklärte.

### Chungke

Die Plazas dienten vermutlich Festen und Zeremonien und wurden vielleicht auch benutzt, um Chungke zu spielen, ein Spiel, das noch heute von amerikanischen Ureinwohnern gespielt wird. Dabei wird eine Steinscheibe durch die Mitte des Spielfelds gerollt, während die Spieler speerartige Stöcke schleudern, um die Scheibe entweder umzustoßen oder möglichst nah an die Stelle heranzukommen, an der sie schließlich stehen bleibt. Man weiß von Spielern, die ihre gesamte Habe und sogar das, was sie auf dem Leibe trugen, beim Chungke-Spiel verwetteten. In Mound 72 in Cahokia wurden fünfzehn Chungke-Steine als Tribut an einen frühen Anführer gefunden.

*Nächste Doppelseite: Zwei der niedrigeren Mounds im Cahokia Mounds State Historic Park. Links ein Plattform-Mound, auf dem vielleicht Gebäude standen, rechts ein Mound mit einer runden Spitze, der für Begräbnisse benutzt wurde.*

# Pueblos im Chaco Canyon

**LAGE:** NEW MEXICO, USA
**ERBAUUNGSZEIT:** CA. IM 10. JAHRHUNDERT N. CHR.
**VERLASSEN:** ENDE DES 12. JAHRHUNDERTS N. CHR.
**ERBAUER:** ALTE PUEBLO-VÖLKER (AUCH BEKANNT ALS ANASAZI)
**BESONDERHEITEN:** GROSSE HÄUSER; PUEBLO BONITO; KIVAS (ZEREMONIELLE RÄUME); TÜRKISPERLEN; STRASSENSYSTEM

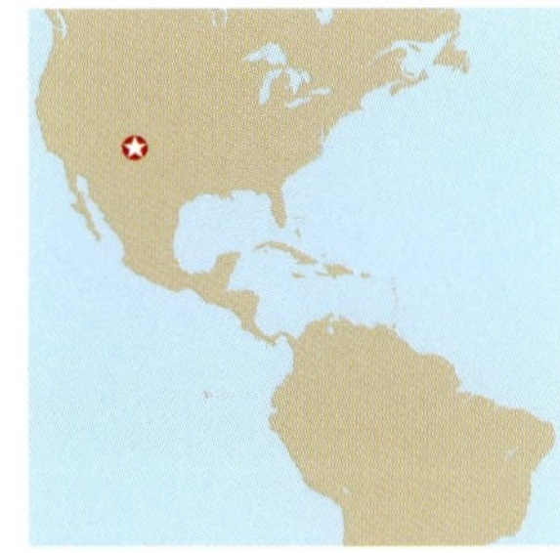

Die Kundschafter der US-Armee, die Viehhirten und die Cowboys des 19. und 20. Jahrhunderts, die als Erste versuchten, die trockenen Canyons und Wüsten des heutigen Vier-Staaten-Ecks im Südwesten der USA zu besiedeln, waren überrascht, als sie in düsteren Canyons auf die Überreste gewaltiger Bauten stießen. Imposante vielgeschossige Wände aus Steinen und Ziegeln umschlossen zahllose Räume und Kammern, die oft mit Apartment-Komplexen verglichen werden. Wer hat diese Wunderwerke errichtet und, was noch rätselhafter war: Wie konnten die großen Bevölkerungen dieser Mini-Metropolen mitten in der kargen Wüste überleben?

Die Wüstencanyons im Südwesten der USA sind unwirtlich und heute extrem dünn besiedelt, und doch müssen sie einst mehrere komplexe Gesellschaften ernährt haben, deren Kern aus Gemeinschaften von vielleicht 10.000 und mehr Menschen bestand. Diese Gemeinschaften, die zu Kolumbus' Zeiten nicht mehr existierten, haben die Überreste der größten Gebäude im präkolumbischen Amerika hinterlassen – Gebäude, die erst in den 1880er Jahren von den ersten Stahlträgerwolkenkratzern in Chicago übertroffen wurden. Sie sind als die Großen Häuser bekannt und stellen die größte Form der von den präkolumbischen Bewohnern der Gegend geschaffenen Pueblos oder Dörfer dar. Obwohl sie als Anasazi bekannt sind – von dem Navajo-Wort für »die Alten« –, sind auch die Navajos erst in postkolumbischer Zeit in dieses Gebiet gezogen. Daher sprechen die Archäologen und Historiker heute lieber von alten Pueblo-Völkern oder mit Bezug auf ihre modernen Nachkommen, die Hopi und Zuni, von Ancestral Puebloans. Die Anasazi waren nur eine von mehreren benachbarten Kulturen in diesem Teil Amerikas, doch sie haben die bemerkenswertesten Überreste hinterlassen. Die imposantesten und bekanntesten sind die Felswohnungen der Mesa Verde und die Pueblos im Chaco Canyon im Norden von New Mexico, zu denen auch das größte aller Großen Häuser, das so genannte Pueblo Bonito, gehört. Die Pueblos stellen die größte Ansammlung archäologischer Überreste in den USA dar.

### Der Aufstieg der alten Pueblovölker

Obwohl das Gebiet wahrscheinlich schon seit der ersten Besiedelung Amerikas um 12.000 v. Chr. von Jägern und Sammlern bewohnt war, dauerte es lange, bis sich die Landwirtschaft von Mesoamerika aus nach Norden ausbreitete. Zu Beginn unserer Zeitrechnung bauten zunehmend sesshafte Völker in dieser Gegend Mais, Kürbiss und Bohnen an, und die Bevölkerungsdichte nahm zu. Um 600 n. Chr. zogen die Bauern in den Chaco Canyon, wo sie zunächst in unterirdischen Grubenhäusern lebten: Sie hoben eine Grube aus, fassten sie mit flachen Steinen ein, stützten die Wände mit Pfählen und bedeckten das Ganze mit Stangen und geflochtenen Matten. Um 700 n. Chr. begannen sie überirdische Steinbauten zu errichten und schließlich formvollendete, mit Schutt aufgefüllte Trockenmauern hochzuziehen: Aus sorgfältig ausgesuchten ziegelartigen Steinen bauten sie Doppelwände und füllten den Hohlraum dazwischen mit Schutt und Lehm. 920 n. Chr. waren die Gebäude des Pueblo Bonito zweigeschossig, und von etwa 1000 n. Chr. an erreichte die Anasazi-Kultur im Chaco Canyon

ihren Höhepunkt, der allerdings nicht lange währte – schon 1150 brachte eine Katastrophe den Pueblovölkern den Untergang.

In seiner Blütezeit war der Chaco Canyon das Zentrum einer blühenden Zivilisation, die sich auf den Pueblo Bonito und zwölf weitere, jeweils etwa eine Meile auseinanderliegende Große Häuser im Canyon verteilte. Löcher für hölzerne Dachbalken in der Nordwand des Canyons zeigen, dass er wahrscheinlich der Länge nach von Häusern gesäumt war, während auf der südlichen Seite des Canyons die Überreste von Hunderten kleinerer Siedlungen gefunden wurden. Zusammen mit der Größe der Großen Häuser wie des Pueblo Bonito scheint dies darauf hinzuweisen, dass hier bis zu 10.000 und mehr Menschen gelebt haben. Andererseits stimmen die meisten Archäologen darin überein, dass, obwohl die Anasazi Experten für Trockenfeldbau waren, hier aufgrund der spärlichen natürlichen Ressourcen der Region nicht mehr als fünftausend Menschen gelebt haben können, was offenbar auch durch den Befund bestätigt wird, dass viele der Räume im Pueblo Bonito lange Zeit unbewohnt waren. Es könnte daher sein, dass es sich bei den Großen Häusern um zeremonielle Zentren handelte, die nur zeitweise bewohnt gewesen sind; in diesem Fall hätten verhältnismäßig wenige Menschen dauerhaft im Canyon gelebt, und die Bevölkerung wäre nur zu bestimmten Gelegenheiten vorübergehend angewachsen.

*Der Pueblo Bonito im Chaco Canyon. Bei den großen Rundbauten handelt es sich um Kivas. Bemerkenswert ist die Mauer, die zwischen zwei Kivas über die zentrale Plaza auf den Betrachter zuläuft. Sie führt von Norden nach Süden und teilt das Pueblo in zwei Hälften.*

*Gegenüber dem Pueblo Bonito liegt eine riesige unterirdische Kiva, die so genannte Casa Rinconada, die exakt von Norden nach Süden ausgerichtet ist. An den Wänden finden sich 28 Nischen und sechs Krypten. Zur Sommersonnenwende scheint die Sonne durch den nordöstlichen Eingang und beleuchtet eine der Nischen. Hierbei handelt es sich jedoch vermutlich um einen Zufall, denn als die Kiva in Benutzung war, kann dieser Effekt nicht eingetreten sein, weil Stützbalken und andere Räume das Licht sehr wahrscheinlich gar nicht hindurchließen.*

Der Chaco Canyon war außerdem das Zentrum eines ausgeklügelten Netzwerks von Straßen, das ihn mit Zehntausenden kleinerer Anasazi-Siedlungen im ganzen heutigen Vier-Staaten-Eck verband; allein in New Mexico hat man bereits 22.000 identifiziert. Die Straßen sind bis zu 96 Kilometer lang und 13 Meter breit und zeigen zum Teil noch heute die Überreste von Bordsteinen, was darauf hinweist, dass sie sorgfältig angelegt und instandgehalten wurden. Handelsgüter, die man im Pueblo Bonito gefunden hat, beweisen, dass diese Straßen für den Import von Lebensmitteln, Holz und anderen Rohstoffen sowie insbesondere von Luxusgütern wie Türkis, Muscheln und sogar exotischen Vogelfedern aus dem fernen Mexiko benutzt wurden. Überdies könnten die Straßen militärischen Zwecken wie dem raschen Durchzug von Kriegern aus dem Machtzentrum im Chaco Canyon gedient haben.

Es besteht jedoch auch die Möglichkeit, dass die Straßen in erster Linie religiöse oder spirituelle Funktion hatten. Anders als die meisten Straßen der amerikanischen Ureinwohner folgen sie nicht den Konturen der Landschaft und führen auch nicht um Hindernisse herum; vielmehr laufen sie schnurstracks wie die Speichen eines Rads im Chaco Canyon zusammen. Einer Theorie zufolge könnte es sich um heilige Straßen gehandelt haben, die als zeremonielle Wege und religiöse Symbole fungierten. Der Schriftsteller Paul Devereux hat gezeigt, dass die Vorstellung von Geisterstraßen vielen verschiedenen Kulturen in der Geschichte eigen gewesen ist: realen Straßen, die von Geistern – den Seelen der Toten, Schamanen auf ihrer spirituellen Suche und anderen übernatürlichen Wesen – beschritten werden und deren charakteristisches Merkmal ihr geradliniger Verlauf ist. Ist es denkbar, dass die Anasazi diese Straßen angelegt haben, um den Geistern freien Durchgang zu ihrer natürlichen Heimat zu gewähren und auf diese Weise womöglich von ihnen und ihrer Macht zu profitieren?

### Pueblo Bonito

Das Juwel der Anasazi-Kultur ist das Große Haus des Pueblo Bonito, das größte Bauwerk der Anasazi überhaupt; es war bis zu sechs Stockwerke hoch. Seine über sechshundert Räume bildeten ein ineinander verflochtenes Ganzes, das entfernt an Çatalhöyük erinnert – auch sie wurden von den höher gelegenen Ebenen aus über flache Dächer betreten, die ebenfalls Schauplatz gemeinschaftlicher Aktivitäten waren. Die Dächer wurden von Holzträgern gestützt – gewaltigen, bis zu fünf Meter langen und 317,5 Kilogramm schweren Balken. Über 200.000 davon wurden in den Pueblos verbaut, die im Lauf von zwei Jahrhunderten im Chaco Canyon entstanden. Zunächst verwendete man Pinyon-Kiefern aus der nahen Umgebung, doch als diese abgeholzt waren, mussten die Anasazi weitere Wege in Kauf nehmen. Fachleute haben die mineralischen Isotope in den erhaltenen Balken analysiert und festgestellt, dass sie aus den etwa 80,5 Kilometer entfernten Chuska- und San-Mateo-Berge stammen. Da die Anasazi keine Wagen oder Lasttiere hatten, mussten sie die Balken mit bloßer Muskelkraft aus den Bergen zum Canyon transportieren. Das in der trockenen Wüstenluft gut erhaltene Holz hat es den Archäologen zudem ermöglicht, die Siedlungen mithilfe der Dendrochronologie zu datieren.

Die meisten der Zimmer im Pueblo Bonito sind ungefähr vier mal fünf Meter groß, doch es gibt mehrere große kreisförmige Räume, die wie die identischen Bauwerke heutiger Bewohner »Kivas« genannt werden. Die heutigen Kivas werden für Rituale und Stammesversammlungen benutzt, und man nimmt an, dass die Kivas der Anasazi ähnlichen Zwecken dienten. Bei anderen Räumen im Pueblo handelte es sich um Vorratskammern, während unter den Böden mancher Räume Gräber mit reichen Grabbeigaben – unter anderem große Mengen wertvoller Türkisperlen – gefunden wurden. Die Skelette der hier Begrabenen sind größer und kräftiger als an weniger bedeutenden Wohnstätten der Anasazi, was darauf hinweist, dass in den Großen Häusern die gut ernährte Anasazi-Oberschicht beheimatet war, während die niedrigeren Stände, die jene mit ihren Produkten und ihrer Arbeit versorgten, in außerhalb gelegenen Siedlungen wohnten.

### Saat der Zerstörung

Zwei der größten Geheimnisse des Chaco Canyon betreffen zum einen die Frage, wie es den Anasazi gelang, eine so dichte Bevölkerung in einer so kargen Gegend zu ernähren, und zum anderen die Ursache für den Untergang ihrer Zivilisation. Wahrscheinlich besteht zwischen beidem ein enger Zusammenhang. Das Wüstenhochland scheint für die Landwirtschaft höchst ungeeignet. Niederschläge sind selten, sporadisch und unvorhersehbar, und wenn es regnet, dann oft so plötzlich und heftig, dass es zu blitzartigen Überschwemmungen kommt und der Abfluss größtenteils verlorengeht. Und in den höheren Bereichen, wo mehr Regen fällt, sind die Temperaturen so niedrig, dass es lange dauert, bis die Wälder wachsen und die Böden fruchtbar werden.

Die Anasazi verwendeten verschiedene Techniken, um die von ihrer Umwelt gesteckten Grenzen zu überwinden. Sie legten im Chaco Canyon ein ausgeklügeltes Wasserwirtschaftssystem an, indem sie den Hauptcanyon und Nebencanyons mit Dämmen versahen, um den Abfluss aufzufangen und zu sammeln. Sie trieben Ackerbau an Stellen wie der Flusssenke des Chaco Canyon, wo der Grundwasserspiegel so dicht unter der Oberfläche lag, dass die Wurzeln der Feldfrüchte hinabreichten, und sie überzogen ein großes Gebiet mit landwirtschaftlichen Kolonien oder Stützpunkten, sodass zumindest einige von ihnen genügend Regen bekamen und einen Überschuss erwirtschaften konnten, der dann aufgeteilt wurde.

Doch barg der Erfolg der Anasazi des Chaco Canyon bereits den Keim ihres Untergangs. Das landwirtschaftliche System war

kaum ausreichend – in guten Jahren mit angemessenen Regenmengen konnte es eine große Bevölkerung ernähren, doch weil Vorräte nur zwei Jahre lang gelagert werden konnten, war es anfällig für Dürrezeiten. Außerdem war das urbane Modell, das sie im Chaco Canyon umgesetzt hatten, in diesem kargen Ökosystem nicht aufrechtzuerhalten. Analysen von Pflanzenresten in den Nestern von Buschratten, die in der Wüste Tausende von Jahren konserviert werden können, haben gezeigt, dass die Anasazi des Chaco Canyon nach 1000 n. Chr. sämtliche Wälder der Umgebung abgeholzt hatten, was Bodenerosion und einen Rückgang der Fruchtbarkeit mit sich brachte. So wurde der Chaco Canyon schließlich ein weitgehend unproduktives Zentrum und war vom Rest der Anasazi-Welt abhängig, die den Canyon von Lebensmitteln über Holz bis hin zu Luxusgütern mit allem versorgte – vermutlich, weil die Anasazi eine streng hierarchische Gesellschaft entwickelt hatten, deren Mittelpunkt der Canyon mit der in den Großen Häusern angesiedelten Elite war.

Im 12. Jahrhundert führten die durch die hohe Bevölkerungsdichte verursachten Umweltprobleme und eine überdurchschnittlich lange Dürreperiode zum Untergang der Anasazi des Chaco Canyon. Dendrochronologische Analysen zeigen, dass der letzte Baumstamm, der im Pueblo Bonito Verwendung fand, im Jahr 1117, der jüngste im ganzen Canyon 1170 gefällt wurde. Andere Plätze der Anasazi zeigen Spuren von Befestigungen, Krieg und Kannibalismus – offenbar konnte sich das Zentrum, nachdem die ausbleibenden Ernten Hungersnöte ausgelöst hatten, nicht länger halten, und die Gesellschaft endete in Chaos und Krieg. Einige der Anasazi scheinen überlebt zu haben und in neue Gebiet gezogen zu sein; der Mangel an Gebrauchsgegenständen an vielen Orten der Anasazi weist darauf hin, dass die Bewohner eine geplante Evakuierung durchgeführt und alles Wichtige mitgenommen haben. Man glaubt, dass Pueblovölker wie die Hopi, Zuni und Acoma, die noch heute in Pueblos leben und Trockenfeldbau betreiben, zumindest teilweise von den Anasazi abstammen.

*Oben: Ein Forscher steigt zu einer der Felsbehausungen der alten Pueblovölker hinauf, die wie der weitaus größere Cliff Palace in einen Felsvorsprung hineingebaut sind. Im 19. und frühen 20. Jahrhundert wurden viele der alten Pueblos geplündert.*

*Gegenüberliegende Seite: Teil des Cliff Palace im Mesa-Verde-Nationalpark, der größten Felsbehausung in Nordamerika. Wie der Chaco Canyon war auch Mesa Verde ein wichtiges Zentrum der alten Pueblovölker.*

# Tenochtitlán

**LAGE:** TAL VON MEXIKO, MEXIKO
**ERBAUUNGSZEIT:** 1325 N. CHR.
**VERLASSEN:** 1521
**ERBAUER:** AZTEKEN
**BESONDERHEITEN:** PYRAMIDENTEMPEL; KANÄLE UND DÄMME; GROSSER MARKT; AQUÄDUKTE; ÖFFENTLICHE LATRINEN; CHINAMPAS (»SCHWIMMENDE FELDER«)

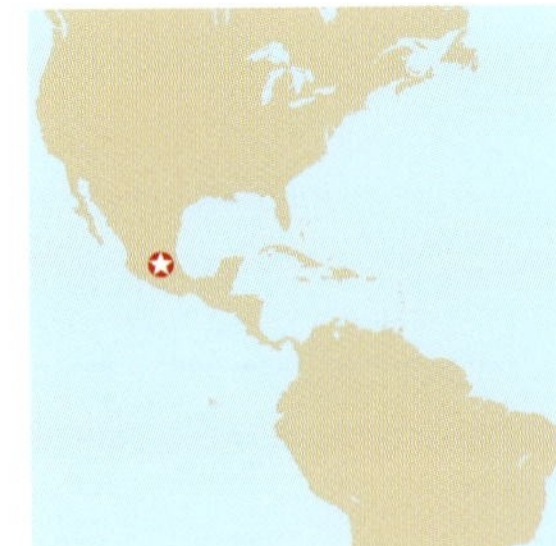

Als Hernán Cortés und seine kleine Schar von Konquistadoren die Aztekenhauptstadt Tenochtitlán zum ersten Mal zu Gesicht bekamen, waren sie überwältigt. Allein ihre Ausmaße machten sie sprachlos, denn sie war viermal so groß wie die größte Stadt im damaligen Spanien, Sevilla, und sogar größer als Paris oder Venedig, die größten Städte Europas. Und auch ihr Erscheinungsbild übertraf diese urbanen Wunderwerke. Die Stadt, die auf einem gewaltigen See zu schwimmen schien, war von makellosem Weiß, durchzogen von einem Netz von Kanälen, Dämmen und Straßen, die alle zu einem gewaltigen Bereich im Zentrum führten, wo sich inmitten breiter Plazas hoch aufragende, skulpturenverzierte Pyramiden in lebhaftem Rot und Blau erhoben. Alles war sauber, großzügig und ordentlich.

Bernal Diaz del Castillo, einer von Cortés' Soldaten, der später einen Bericht über die Eroberung Mexikos verfasste, schrieb, dass es »wirkte wie eine verzauberte Vision … Tatsächlich fragten einige unserer Soldaten, ob dies nicht alles ein Traum sei … Es war alles so wundervoll, dass ich nicht weiß, wie ich diesen ersten Blick auf nie zuvor gehörte, gesehene oder erträumte Dinge beschreiben soll.«

Nur zwei Jahre später war die ganze Herrlichkeit restlos verschwunden – nach einer verzweifelten und erbitterten Belagerung dem Erdboden gleichgemacht. »Nun ist nichts mehr übrig von all den Wundern, die ich an jenem Tag erblickte. Alles ist umgestürzt und verloren«, lamentierte Diaz, der doch selbst dazu beigetragen hatte, die großartigste Stadt im präkolumbischen Amerika Haus für Haus zu zerstören.

## Stadt der Mexica

Tenochtitlán ist heute als Hauptstadt des Aztekenreichs bekannt, doch der Begriff »Azteken« ist problematisch. In der Aztekensprache Náhuatl bedeutet es »Volk von Aztlán« und bezieht sich auf das legendäre Heimatland, von dem aus mehrere Stämme in das Tal von Mexiko und die umliegenden Gebiete gezogen waren. Die Gründer von Tenochtitlán bezeichneten sich selbst als Mexica, und ihrem Gründungsmythos zufolge waren sie dem Sonnen- oder Kriegsgott Huitzilopochtli – vielleicht ein mythologisierter Kriegshäuptling – zu den Ufern des Texcoco-Sees gefolgt, wo er das Herz eines besiegten Feindes ins Wasser schleuderte und ihnen befahl, den Punkt, an dem es auftraf, zu ihrer Heimat zu machen. Dort erblickten die Mexica auf einem aus dem Felsen wachsenden Kaktus einen Ad-ler, der mit einer Schlange rang – ein Motiv, das noch heute auf dem mexikanischen Wappen zu sehen ist –, und nannten ihre neue Heimat den »Ort der Kaktusfrucht«: Tenochtitlán.

*Holzschnitt einer Karte von Tenochtitlán, nach einer Zeichnung aus einem Brief, in dem Hernan Cortés dem König von Spanien von seinen Entdeckungen und Eroberungen berichtet. Die Zeichnung soll Cortés selbst angefertigt haben.*

LAGO
DOLCE.
Suchimilco
Calcacan
venezuola
Messicalongo
LEVANTE
PONENTE
Atacuba.
de mutezuma
MEXICO.
El Tempio
Piaza
Tempio de la oration.
LAGO
SALSO.
SETTENTRIONE.

Die Mexica waren, wo auch immer sie herkamen, einer von mehreren Stämmen, die in das Gebiet des Tals von Mexiko zogen, um das Vakuum zu füllen, das der Untergang der Tolteken im 11. Jahrhundert n. Chr. hinterlassen hatte. Da sie verhältnismäßig spät – 1325 – ankamen, mussten sie sich mit einem der scheinbar weniger begehrenswerten Plätze zufrieden geben – einer sumpfigen Insel inmitten eines teilweise brackigen Sees. Mit einer Kombination aus kriegerischem Geist, landwirtschaftlicher Technologie und religiösem Eifer gelang es ihnen jedoch, die bescheidenen Anfänge zu überwinden.

Die ursprüngliche Insel wurde trockengelegt, durch Landnahme und eine kluge Sumpflandwirtschaft erweitert und mit dem benachbarten Inselstadtstaat Tlatelolco verbunden. Vornehme Mexica festigten ihre Position, indem sie in den alten toltekischen Adel einheirateten und politische Bündnisse schlossen. Im 15. Jahrhundert schließlich entstand ein Dreibund mit zwei anderen aztekischen Stadtstaaten zur Eroberung des Tals von Mexiko und weiterer Gebiete. Als das Reich wuchs, übernahm Tenochtitlán die Führung, und die Stadt und ihr Herrscher – der »große Sprecher« oder Huey Tlatoani – standen an der Spitze einer sozioökonomischen Pyramide politischer Macht und Tributpflicht. Die Könige und Fürsten der eroberten Gebiete durften die Kontrolle in ihren Stadtstaaten weiterhin ausüben und mussten dafür Tribut zahlen. Sie erhielten wiederum Tributzahlungen vom niederen Adel und so fort bis hinab zum einfachen Volk, das diesen Tribut durch seine landwirtschaftliche und industrielle Arbeit – in Heimindustrie wurden vor allem Baumwollgewänder gefertigt – produzierte. Tatsächlich spannen und woben alle Aztekenfrauen Baumwolle: von der niedrigsten Sklavin bis zur vornehmsten Prinzessin). Viermal im Jahr strömten gewaltige Mengen von Tributleistungen nach Tenochtitlán.

## Tenochtitlán auf dem Gipfel

Zunächst wuchs die Inselstadt organisch und willkürlich, doch nach einer größeren Überschwemmung ergriffen die Mexica die Gelegenheit – vielleicht inspiriert von den Ruinen des alten Teotihuacán im Nordosten –, entlang sorgfältig geplanter Linien zu bauen. Die neue Stadt wurde als ein Netz rechtwinklig aufeinander treffender Straßen und Kanäle angelegt und von vier Hauptprozessionsstraßen in Viertel unterteilt, die ihrerseits wieder in kleinere Einheiten, die so genannten Calpulli, gegliedert waren. Jedes von diesen hatte seine eigenen lokalen Tempel und Märkte und war um ein eng gewobenes, hierarchisch strukturiertes Netzwerken organisiert. Der fünfte Bezirk der Stadt spiegelte die fünfte Himmelsrichtung der mesoamerikanischen Kulturen wider: das Zentrum, wo in einer Art Axis Mundi – die Parallelen zu Babylon sind unverkennbar – Himmel und Erde zusammentrafen.

Hier bauten die Mexica einen 347,50 × 301,75 Meter großen heiligen Bezirk, der von einer Mauer aus gemeißelten Schlangen umgeben war und über 8000 Menschen Platz bot. Darin erhoben sich mächtige Steinpyramiden und der Haupttempel. Mit einer Höhe von etwa 27 Metern bestand der Haupttempel aus zwei Stufenpyramiden, die nebeneinander auf einer gewaltigen Plattform standen. Sie symbolisierten die beiden heiligen Berge der aztekischen Mythologie: die Heimstätten der beiden zentralen Gottheiten ihres Pantheons. Die südliche Pyramide war Huitzilopochtli (»Kolibri der linken Hand«) geweiht und stellte den Coatepec oder Schlangenberg dar, an dem er in voller Rüstung aus dem Schoß seiner Mutter gesprungen war und seine böse Schwester vernichtet hatte. Die nördliche Pyramide versinnbildlichte Tonacatepetl, die fruchtbare, paradiesische Bergheimat von Tlaloc (»lange Höhle«), dem Gott der Fruchtbarkeit, den die Azteken von den Tolteken übernommen hatten. So hatten die Mexica wie die Khmer in Angkor Wat das Herz ihrer Hauptstadt in ein Heiligtum verwandelt, das ihren Herrschaftsanspruch – namentlich ihre militärische Macht durch den Kriegsgott Huitzilopochtli und ihre wirtschaftliche Macht durch Tlaloc, den Gott der natürlichen Fülle – feierte und bestätigte.

Mit dem Aufstieg der Azteken ging im Tal von Mexiko und den angrenzenden Gebieten eine bemerkenswerte Bevölkerungsexplosion einher. Zu Beginn des aztekischen Zeitalters (1150–1350 n. Chr.) lebten im Tal etwa 175.000 Menschen. Gegen Ende der aztekischen Periode (1350–1519 n. Chr.) war die Bevölkerung auf fast eine Million angewachsen – 200.000 lebten allein in Tenochtitlán, das damit eine der damals größten Städte überhaupt war. Nach den Berichten der Spanier, die, wenn auch mit Argwohn, in der Stadt willkommen geheißen wurden und diese zunächst als Touristen ehrfürchtig bestaunen konnten, zog der große Markt in der Stadt bis zu 60.000 Menschen an – das übertraf die Einwohnerzahlen der damals größten Stadt Spaniens. Sie beobachteten, dass Frauen den Männern in vielen Lebensbereichen gleichgestellt waren und auch Handel trieben; sie sahen Prostituierte in greller Aufmachung, die lautstark eine Art von Gummi kauten, um Kunden anzuziehen, bescheidene Bürger, hochmütige Krieger und Priester und einen erstaunlichen Überfluss an Lebensmitteln und anderen Gütern aus ganz Amerika, darunter Meeresfrüchte von der Pazifik- und der Atlantikküste, exotische Tiere und Vögel aus den Dschungeln des Südens, Obsidianklingen aus dem Norden und vielleicht sogar Güter aus dem fernen Inkareich.

Auch die Sauberkeit der Stadt verblüffte die Spanier. Aquädukte brachten frisches Wasser, und die Einwohner badeten mindestens einmal am Tag. Es gab keine Lasttiere, die die Straßen verunreinigten, und jedes Haus war mit Latrinen ausgestattet, während öffentliche Toiletten – eine Art abgeschirmter Kabinen, unter denen winzige Kähne vertäut waren – in Abständen entlang den Kanälen in der gesamten Stadt verteilt waren. Hier wurden die menschlichen Abfälle fein säuberlich eingesammelt und zu den Feldern am Stadtrand transportiert. Diese Felder, die so genannten Chinampas, werden häufig als schwimmende Gärten bezeichnet, und es heißt sogar, man habe sie losbinden und an einen anderen Ort bringen können. Das ist jedoch vermutlich übertrieben. In Wirklichkeit waren die Chinampas eine einfallsreiche Methode, die Beschränkungen des Sumpflands zu überwinden und eine äußerst produktive Form der Intensivlandwirtschaft zu betreiben. Ein rechteckiges Stück Sumpf wurde von Zäunen aus Pfählen und Flechtwerk umgeben und mit Aushub, verfaulenden Pflanzen und menschlichen Fäkalien aufgefüllt und gedüngt. Lange Reihen solcher kleinen Felder wurden durch ein Netz von Kanälen voneinander getrennt, welche die Bewässerung gewährleisteten. Auf diese Weise entstanden auf dem Sumpf abgetrotztem Land fruchtbare Marktgärten.

## Untergang

In weniger als zwei Jahrhunderten hatte sich Tenochtitlán von einem düsteren Sumpfland zu der wohl größten Stadt der Erde entwickelt. Inga Clendinnen von der LaTrobe-Universität in Australien spricht von einem »bemerkenswerten Experiment städtischen Lebens«, das auf ganz anderen Prinzipien basierte als die europäischen Städte: nicht auf Entpersönlichung, Individualisierung und Demokratisierung, sondern auf eng verwobenen, strengen Hierarchien sowie festen Familienbanden und Clanstrukturen; nicht auf Durchlässigkeit und Chaos, sondern auf strenger Überwachung und Kontrolle und einer stark eingeschränkten Bewegungsfreiheit; nicht auf Schmutz und Verfall, sondern auf Sauberkeit und Ordnung; und nicht auf dem Streben nach Weltlichkeit, sondern auf einer religiösen Fokussierung, die auch Menschenopfer und beständiges Blutvergießen einschloss. Die Azteken hielten sich selbst für das auserwählte Volk, das zum Herrschen bestimmt und dafür verantwortlich war, dass Himmel und Erde und auch der Lauf der Sonne richtig funktionierten – und dazu bedurfte es Blutes.

Für die Spanier war all das fremd und falsch, und ihre Feindseligkeit wurde durch die Gier nach Gold nur noch gesteigert. Sie zogen als »Ehrengäste« in den Palast ein, doch in Wirklichkeit machten sie den Aztekenherrscher Moctezuma zu ihrem Gefangenen und verlangten immer großzügigere Goldgeschenke. Cortés, der Anführer der Konquistadoren, und seine Priester demonstrierten ihre Macht, indem sie die aztekischen Idole durch christliche Symbole ersetzten. Rasch wurde Tenochtitlán zu einem Pulverfass, das explodierte, als Cortés' Leutnant Pedro de Alvarado Hunderte von aztekischen Adligen abschlachten ließ. Die Indianer revoltierten und belagerten die kampfbereiten Spanier. Moctezuma, den man hinausschickte, um die Menschen zu beruhigen, wurde mit einem Steinhagel empfangen. Die Spanier behaupteten, dass er diesen Verletzungen erlegen sei, doch es ist wahrscheinlicher, dass sie ihn umbrachten, weil er für sie nicht mehr von Nutzen war. Am 1. Juli 1520 flohen die Konquistadoren in einer verzweifelten Nacht- und Nebelaktion, kehrten aber nur ein Jahr später mit einer Armee spanischer Soldaten und einheimischer Verbündeter zurück, um die Stadt zu belagern. Von ihrem göttlichen Auftrag überzeugt, hielten die Azteken stand, doch weil ihre Reihen durch die von den Spaniern ins Land gebrachten Pocken dezimiert wurden, war ihre Niederlage unausweichlich. Cortés machte die Stadt dem Erdboden gleich und baute eine neue darüber. Heute liegt die Ausgrabungsstätte von Tenochtitlán im Herzen von Mexiko-Stadt, und wieder ist das Tal von Mexiko die Heimat einer der größten Metropolen der Welt.

# Chichén Itzá

**LAGE:** HALBINSEL YUCATÁN, MEXIKO
**ERBAUUNGSZEIT:** CA. 600 N. CHR.
**VERLASSEN:** 1000 ODER 1250 N. CHR.
**ERBAUER:** MAYA
**BESONDERHEITEN:** HEILIGER CENOTE; PYRAMIDE EL CASTILLO; STERNWARTE EL CARACOL; TEMPEL DES HOHENPRIESTERS; CASA DE LAS MONJAS; GROSSER BALLSPIELPLATZ; CHAK-MO'OL-STATUEN

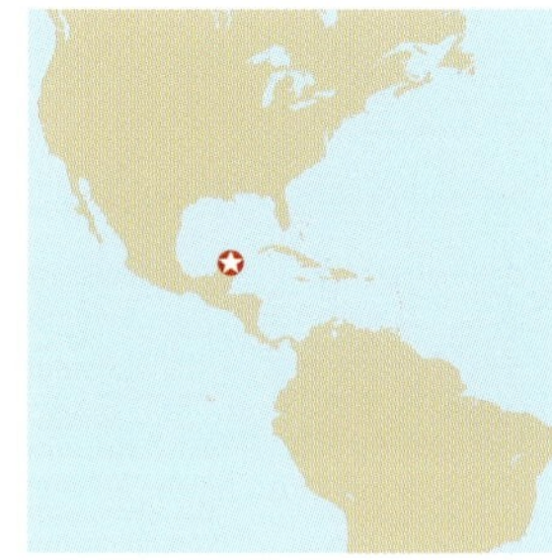

Chichén Itzá, die größte Stadt der nördliche Maya, auf der mexikanischen Halbinsel Yucatán gelegen, ist heute eine der meistbesuchten alten Ruinenstädte und berühmt für ihre Pyramiden, den großen Ballspielplatz und den düsteren Cenote, einen mit Wasser gefüllten Trichter, welcher der Stadt ihren Namen gegeben und sie noch lange nach ihrem Untergang zu einer bedeutenden religiösen Pilgerstätte gemacht hat.

Chichén Itzá bedeutet »am Mund des Brunnens von Itzá«, wobei mit »Brunnen« der Cenote Sagrado, der heilige Cenote oder auch Cenote der Opfer gemeint ist, in den nach den Legenden der Maya, die bis in postkolumbische Zeit überdauerten, Menschenopfer hineingeworfen wurden, um die Götter der Unterwelt zu besänftigen. In der spanischen Schreibweise Chichén Itzá machen die Akzente deutlich, dass in beiden Wörtern jeweils die zweite Silbe betont ist. Das ist die übliche Aussprachepraxis des yukatekischen Maya, der Sprache, die heute von den Einheimischen der Region gesprochen wird und vermutlich auch von ihren Vorfahren, den Erbauern der Stadt, gesprochen wurde. Noch korrekter wäre die Schreibung Chich'én Itzá, um den Glottisschlag in der Aussprache des Wortes ch'en (»Brunnen«) deutlich zu machen.

## Die nördlichen Maya

Die Maya waren die höchstentwickelte präkolumbische Kultur Amerikas und die einzige, die neben allen anderen Kennzeichen der mesoamerikanischen Kulturen – monumentaler Architektur, fortgeschrittener Astronomie und Mathematik und hochentwickelter Wasserwirtschaft – auch über ein voll ausgebildetes Schriftsystem verfügte. Ihr Einfluss erstreckte sich über ein weites Gebiet, das von den südlichen Staaten Mexikos bis nach Guatemala und Belize reichte. Die so genannte klassische Periode der Maya-Zivilisation begann um 250 n. Chr. und konzentrierte sich auf den südlichen Bereich des Maya-Kernlands mit Städten wie Palenque, Copán und Tikal. Nach deren dramatischem Untergang im 9. Jahrhundert traten die nördlichen Tiefebenen von Yucatán und insbesondere Chichén Itzá die Nachfolge der führenden Stadtstaaten der Maya an.

Chichén Itzá selbst entwickelte sich um 600 n. Chr. zu einer bedeutenden Stadt, und sein architektonischer Stil scheint sich aus Maya- und anderen Einflüssen zusammenzusetzen – darunter auch »mexikanische« Elemente aus dem Tal von Mexiko, wo voraztekische Zivilisationen sich zeitgleich mit den Maya entwickelten. Den Chilam-Balam-Büchern zufolge, einer auf der Grundlage von Maya-Quellen nach dem Beginn der spanischen Eroberung verfassten Geschichte, erhielt die Stadt ihren Namen von einer Gruppe »Fremder«, den Itzá, die nur gebrochen Maya sprachen. Man vermutet, dass es sich dabei um die Gruppe der Chontal-Maya aus den heutigen mexikanischen Bundesstaaten Tabasco und Campeche im Westen handelte, die einen anderen Maya-Dialekt sprachen. Sie könnten mit mexikanischen Kulturen in Berührung gekommen sein und diese Einflüsse nach Chichén Itzá gebracht haben.

Weiter berichten die Chilam-Balam-Bücher, dass im 10. Jahrhundert n. Chr. eine Gruppe »toltekischer« Immigranten aus dem Westen unter Führung von Kukulcán – so nannten die Maya den von den Azteken als Quetzalcoatl verehrten Gott – die

Stadt übernommen und in einem stärker »mexikanisierten« Stil zu einer Toltekenstadt umgebaut habe. Der archäologische Befund scheint jedoch eine etwas andere Geschichte zu erzählen, denn es gibt Hinweise auf einen beträchtlichen Bevölkerungszustrom, der jedoch nicht im 10., sondern im 9. Jahrhundert und damit zum Zeitpunkt des Untergangs der klassischen Städte in den südlichen Tiefebenen stattgefunden hat – vermutlich flohen die Menschen damals vor Krieg und Hungersnot in die Städte des Nordens, weil diese von der Dürre, auf die der Zusammenbruch der klassischen Zivilisation zurückgeführt wird, weniger stark betroffen waren.

Auch über das Schicksal von Chichén Itzá, die Ursachen seines Niedergangs und die Gründe dafür, dass es schließlich aufgegeben wurde, herrscht Ungewissheit. Nach traditioneller Auffassung stieg die Stadt im 9. Jahrhundert zur führenden Macht der so genannten spätklassischen Periode auf. Das bedeutet nicht unbedingt, dass sie die Hauptstadt des Maya-Reichs gewesen ist, denn das Fehlen von Lasttieren und die eingeschränkte Landwirtschaft begrenzten die militärische Reichweite der Maya-Stadtstaaten, sodass die Kontrolle eines Königs nie sehr weit über sein eigenes Machtzentrum hinausging. Dennoch hatte Chichén Itzá in der Region die Vormachtstellung inne, wobei seine Autorität möglicherweise auch durch das Prestige ihres heiligen Cenote untermauert wurde. Zwei Jahrhunderte lang hielt es diese Hegemonie aufrecht, bis es sie nach einem Bürgerkrieg verlor, der den Maya-Chroniken zufolge um 1250 n. Chr. schließlich zur Zerstörung der Stadt führ-

*Der heilige Cenote, der Chichén Itzá seinen Namen gegeben hat und in den man Wertgegenstände und Menschenopfer warf, um die Götter der Unterwelt gnädig zu stimmen.*

te, was auch die verkohlten Überreste einiger Tempel auf den Pyramiden bestätigen.

Vor kurzem jedoch ist diese Chronologie ins Wanken geraten: Radiokohlenstoffdatierungen und stilistische Analysen gefundener Keramiken weisen darauf hin, dass die Stadt in Wirklichkeit um 1000 n. Chr. untergegangen ist – genau zu dem Zeitpunkt also, da sie nach traditioneller Auffassung auf dem Höhepunkt ihrer Macht stand. Ein so frühes Datum würde wohl auch toltekische Einflüsse ausschließen, da die Blütezeit der Tolteken erst später begann. Wann auch immer die Stadt tatsächlich zerstört worden ist – vergessen wurde sie nie, denn, so berichten die Maya-Quellen, die Menschen pilgerten nach wie vor zum heiligen Cenote.

## Der heilige Cenote

Der Schlüssel zu Chichén Itzás Macht waren seine Cenotes. Die nördlichen Tiefebenen der Halbinsel Yucatán können trocken sein; Regen fällt unregelmäßig und unvorhersehbar – häufig in Verbindung mit verheerenden Hurrikans –, und es gibt keinerlei Flüsse oder Bäche. Bedingt durch die spezifische Geologie der dicht über dem Grundwasserspiegel liegenden Karstregion mit ihrem porösen, zu Erosion neigenden Kalkstein konnten die Maya sich jedoch über die Cenotes mit Wasser versorgen, so dass Bevölkerungen von beträchtlicher Größe in einer ansonsten unwirtlichen Gegend ernährt werden konnten.

Der heilige Cenote ist ein besonders großer seiner Art. Er ist fast kreisrund und misst im Durchmesser mehr als fünfzig Meter. Bis hinab zu seinem schmutzig grünen Wasser sind es zwanzig Meter und von dort mindestens noch einmal fünfzehn Meter bis zum Boden des Trichters, der dick mit Schlick und Schlamm bedeckt ist. Chronisten der postkolumbischen Zeit haben berichtet, dass die Maya dem Regengott Chaac Opfer brachten, die ihn gnädig stimmen sollten. Vor allem junge Mädchen waren als Gabe beliebt. Manchmal wurden mehrere von ihnen bei Morgengrauen hineingeworfen; diejenigen, die

*Der Kopf einer gefiederten Schlange sieht über den großen Ballspielplatz, den größten in ganz Mesoamerika, auf dem die gegnerischen Teams einen schweren Kautschukball über das Feld trieben. Die Verlierer konnte ein grausiges Schicksal ereilen – Wandmalereien zeigen, wie der Kapitän der siegreichen Mannschaft seinen Gegner enthauptet.*

am Mittag noch lebten, zog man wieder heraus und befragte sie über das, was sie gesehen hatten, und dann erzählten sie finstere Geschichten über ihren Austausch mit jenen, die in den düsteren Tiefen des Brunnens hausten.

Von diesen Erzählungen inspiriert, erwarb Edward Thompson, der amerikanische Konsul in der nahegelegenen Stadt Merida, 1894 das Grundstück, auf dem die Ruinen von Chichén Itzá lagen, und beschloss, die Tiefen des heiligen Cenote zu erforschen. Zunächst verbrachte er Jahre damit, fauligen Schlick vom Boden des Trichters zu baggern. Den richtigen Punkt hatte er dadurch ermittelt, dass er Balken von den ungefähren Ausmaßen eines menschlichen Körpers hineinwarf, um zu sehen, wo sie auftrafen und versanken. Schließlich brachte er eine Reihe von Artefakten ans Licht, darunter Speere, Axtklingen, Kupferscheiben, Keramik und Votivgaben wie Jadeschmuck und kleine goldene Glocken. Die Schmuckstücke waren mit Absicht zerbrochen und die Glöckchen zerdrückt worden – vielleicht in einer Art symbolischem »Tötungsakt«. Außerdem förderte er zahlreiche Kugeln aus Kopalharz, die während der Opferhandlungen verbrannt wurden, und die Knochen vieler junger Frauen und anderer Opfer zutage.

Als der Bagger schließlich auf harten Fels zu stoßen schien, zog Thompson sich einen schweren Taucheranzug an und stürzte sich selbst in die tintenschwarze Tiefe. Tastend stellte er fest, dass er auf dem Grund einer gewaltigen, in den dicken Schlamm gegrabenen Senke stand. »Ich fühlte ein merkwürdiges Schaudern, als mir bewusst wurde, dass ich das einzige Lebewesen war, das diesen Ort jemals lebend erreicht hatte und hoffen durfte, ihn auch lebend wieder zu verlassen«, berichtete er in seinem 1933 erschienenen Buch »People of the Serpent«. Mit den Fingern grub er noch viele kleinere Artefakte aus Kupfer, Gold und Jade aus den Spalten im felsigen Boden.

## Gebäude in Chichén Itzá

Chichén Itzá besitzt eine »alte Stadt«, Alt-Chichén, wo sich Tempel und Gebäude befinden, doch die imposantesten, zum großen Teil restaurierten Ruinen liegen in der neueren Stadt. Sie wird von der großen Stufenpyramide des Kukulcán beherrscht, die auch El Castillo (»das Schloss«) genannt wird. An jeder der vier Seiten führt eine Treppe über neun Plattformen auf 25 Meter Höhe. Die Pyramide ist so angelegt, dass ihr Stufenprofil bei der Frühlingstagundnachtgleiche einen schlangenförmigen Schatten wirft, der mit dem Lauf der Sonne über ihre nördliche Fassade »kriecht«. In ihrem Inneren befindet sich eine weitere, ältere Pyramide mit einer Kammer, die einen Thron in Form eines Jaguars und eine Chak-Mo'ol-Statue birgt. Chak Mo'ol sind liegende Figuren mit Opfertellern auf ihrem Schoß, die man erstmalig hier gefunden hat.

Eine kleinere, aber ähnliche Pyramide ist als Tempel des Hohenpriesters bekannt, weil Thompson bei seinen Nachforschungen hier einen Raum entdeckte, den er für die Grabkammer eines Priesters hielt. Tatsächlich fand er eine ganze Flucht von Grabkammern, die von der Spitze der Pyramide aus abwärts verläuft. Als er mit einer Eisenstange auf den Boden schlug, entdeckte er einen Hohlraum, lüftete die Bodenplatte und gelangte in eine weitere Kammer. Dies wiederholte sich insgesamt fünfmal, bis er in einen in den Fels gehauenen Raum unter der Pyramide gelangte, der mit Asche und geschmolzenen Jadeperlen gefüllt war. Lebhaft schildert er, was geschah, als er in der Erwartung, nur weitere Aschenhaufen zu finden, eine Platte in der Ecke dieser Kammer anhob: »Sie sprang so plötzlich auf, dass ich nach hinten fiel ... Auch meine Gefährten stürzten rücklings zu Boden, denn sie verschloss ein großes, kreisrundes, pechschwarzes Loch ... [aus dem] uns ein kalter, dampfender Wind entgegenwehte ... Die beiden Einheimischen [seine Begleiter] standen in nackter Angst wie angewurzelt da. Endlich fand Pedro seine Sprache wieder. »Das ist der Schlund der Hölle.« Tatsächlich war es eine 15,25 Meter tiefe Grube, und wie ein echter Indiana Jones ließ sich Thompson hinab, um festzustellen, dass es darin von giftigen Spinnen wimmelte, die eine Sammlung von Grabartefakten bewachten.

Andere wichtige Gebäude sind der Kriegertempel, eine Stufenpyramide, deren Säulenreihen ähnlich wie toltekische Gebäude in der Stadt Tula mit steinernen Kriegern verziert sind; ein Gebäude, das La Casa de las Monjas (»Nonnenkloster«) genannt wird, weil man glaubte, dass es eine Art Konvent für einen Orden von Priesterinnen und geweihten Frauen war, während man heute davon ausgeht, dass es sich um ein Regierungsgebäude handelt; und, nördlich davon gelegen, El Caracol, (»die Schnecke«), ein rundes Gebäude auf einer viereckigen Plattform, die nach dem spiralenförmigen Treppenhaus in seinem Inneren benannt ist. Es ähnelt einem modernen Observatorium und wurde von den Maya tatsächlich als solches verwendet.

*Einer der Ringe in der Wand des großen Ballspielplatzes. Auch wenn er als »Punktring« bezeichnet wird, weiß man im Grunde nicht genau, wie dieses Ballspiel der Maya ablief und welche genaue Bedeutung der Ring hatte – so verlockend die Parallele zum Basketball auch sein mag. Der Ring ist sehr hoch an der Seitenwand angebracht, und es hätte erstaunlichen Geschicks bedurft, den schweren Kautschukball hindurchzubefördern.*

Im Nordwesten des Castillo liegt der große Ballspielplatz, der größte seiner Art, der jemals entdeckt wurde. Mit einer Länge von 175 Metern und einer Breite von 70 Metern ist er größer als ein American-Football-Feld und an jeder Seite von sieben Meter hohen Mauern umgeben, die mit bildhauerischen Darstellungen der Teams geschmückt sind – darunter auch ein grauenhaftes Bild, das Aufschluss darüber gibt, was bei diesem mesoamerikanischen Ballspiel mit den Verlieren geschah. Gespielt wurde mit einem schweren Kautschukball, den die Spieler mit ihren Unterarmen, Hüften und Schenkeln in der Luft hielten. Punkte erzielte man möglicherweise dadurch, dass man den Ball durch die beiden Ringe beförderte, die am oberen Ende der Seitenwände des Spielfelds befestigt sind. Eine der in den Stein gemeißelten Darstellungen zeigt den enthaupteten Kapitän der unterlegenen Mannschaft, aus dessen Nacken Blut spritzt.

# Tikal

**LAGE:** GUATEMALA
**ERBAUUNGSZEIT:** CA. 200 V. CHR.
**VERLASSEN:** CA. 900 N. CHR.
**ERBAUER:** MAYA
**BESONDERHEITEN:** GROSSE PLAZA; ZAHLREICHE STUFENPYRAMIDEN; BALLSPIELPLÄTZE; PALÄSTE; STELEN

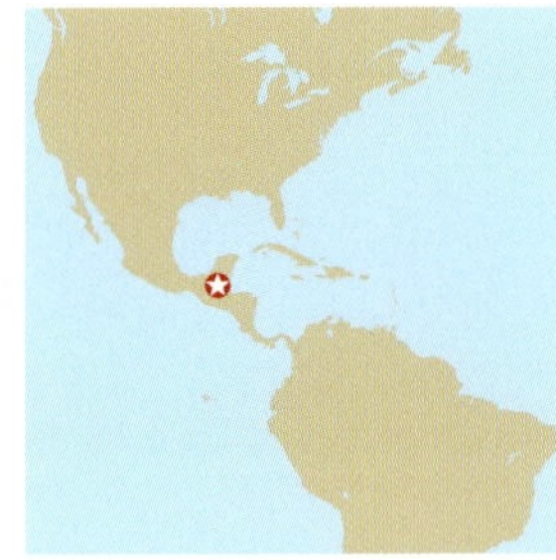

Tikal, die größte und großartigste aller Maya-Städte, wurde so gründlich verlassen, dass sie erst 1848 wirklich wiederentdeckt wurden. Und doch lebten mehr als 60.000 – vielleicht sogar bis zu 200.000 – Menschen in dieser Stadt, die eine Fläche von mehr als 121,75 Quadratkilometern bedeckte und das Kernland der Maya von der Halbinsel Yucatán bis ins westliche Honduras beherrschte. Erst kürzlich ist es dank der Entzifferung der geheimnisvollen Maya-Schrift möglich geworden, den großen Reichtum an Inschriften – so genannten »Glyphen« – an dieser archäologischen Stätte und damit die blutige, von Gewalt und Intrigen erfüllte Stadtgeschichte zu lesen.

Tikal in Guatemala war die großartigste Stadt der großartigsten Etappe in der Geschichte der Maya, der so genannten klassischen Periode. Der heutige Name der Stadt ist relativ jung und bedeutet »am Wasserloch«. Gemeint sind damit die halbkünstlichen Reservoire der alten Maya, die ihnen halfen, eine intensive Landwirtschaft zu betreiben und so die Stadt mit ihrer hohen Bevölkerungsdichte zu ernähren. Den gefundenen Glyphen zufolge nannten die Einwohner selbst ihre Stadt Yax Mutul, wobei die Glyphe für Mutul, die vermutlich einen Haarknoten darstellt, der seinerseits wohl das Symbol für eine geheiligte Korngarbe ist, auf Steinen in Städten der gesamten Region gefunden worden ist und damit die große Reichweite der Stadt bezeugt.

## Tikals Aufstieg und Fall

Die erste Siedlung in Tikal geht auf das Jahr 800 v. Chr. zurück, doch eigentlich begann die Stadt erst um 200 v. Chr. Gestalt anzunehmen, als Tikals Stadtkern – insbesondere die spätere große Plaza angelegt wurde. Hierbei handelte es sich um ein weites, flaches, mit Gips verputztes Gelände, das für tausend Jahre der Dreh- und Angelpunkt der Stadt blieb. Tikals ruhmreiche Zeit fiel mit der klassischen Periode der Maya-Kultur zusammen und währte von etwa 250 bis 900 n. Chr. Obwohl die Maya-Schrift schon sehr viel früher existierte, stammt die erste datierte Inschrift von Tikal – überhaupt die erste, die man im Kernland der Maya gefunden hat – von 292 n. Chr. oder 8.12.14.13.15 in der Langen Zählung der Maya. Sie befindet sich auf einer Stele, einer jener aufrecht stehenden, mit Inschriften versehenen Steintafeln, wie sie in Tikal zu Dutzenden errichtet wurden – siebzig allein auf der großen Plaza. Mithilfe dieser Stelen, Inschriften von Tempeltorschwellen und anderer Quellen konnten die Historiker eine sehr exakt datierte Liste von Königen und Königinnen erstellen und dabei enthüllen, welchen dynastischen Machtspielen und Städterivalitäten Tikal seinen Aufstieg zur vorherrschenden Maya-Stadt verdankte. Durch die Kontrolle der über die Landenge führenden lukrativen Handelsstraßen und durch Waffengewalt dominierte Tikal große Teile des Maya-Territoriums.

*Die nördliche Akropolis war das rituelle Zentrum von Tikal – eine von mehreren Gruppen von Pyramiden und anderen monumentalen Gebäuden, die sich, über Plazas und Dämme miteinander verbunden, über den sumpfigen Waldboden erhoben und die Maya-Stadt bildeten.*

*Tempel Eins auf der großen Plaza, eine der großartigsten Leistungen der Maya von Tikal, der erbaut wurde, nachdem die Stadt ihre Vorrangstellung zurückerobert hatte. Der nach Westen, zur untergehenden Sonne ausgerichtete Tempel galt als Tor zur Unterwelt.*

Die Inschriften zeigen, dass einer der in Tikal am meisten verehrten Herrscher, Jaguartatze – so die anfängliche Interpretation seines Namens, die sich am Erscheinungsbild seiner Glyphen orientierte; inzwischen kann man die Glyphen richtig lesen und weiß daher, dass er den Namen Chak Tok Ich'aak I trug –, am 31. Januar 378 n. Chr. gestorben ist – jenem Tag, an dem Siyah K'ak', ein Fürst aus der »mexikanischen« Stadt Teotihuacán, ankam. Es fällt schwer, hieraus nicht zu folgern, dass der 31. Januar 378 das exakte Datum einer Schlacht ist, in der Siyah K'ak', ein General aus Teotihuacán, Jaguartatze besiegte und tötete.

Damit geriet Tikal unter den Einfluss von Teotihuacán, was sich in einer mexikanisierten Architektur und der Einführung einer militärischen Neuerung, dem Speerwerfer, äußerte und zu wachsenden Konflikten mit den Nachbarn führte, die sich schließlich gegen Tikal verbündeten. Glyphen aus Tikal und von anderen Fundstätten geben uns die Möglichkeit, die Politik der damaligen Zeit bis ins Detail nachzuzeichnen. Es scheint, dass Tikals traditioneller Feind, der Stadtstaat Calakmul, aus einer fatalen Fehleinschätzung seitens der Herrscher von Tikal Kapital schlagen konnte, die 556 n. Chr. einen Überraschungsschlag gegen ihren früheren Verbündeten Caracol führten. Grollend verbündete sich Caracol mit Calakmul und wartete eine günstige astronomische Konstellation ab, um Rache zu nehmen. Caracols Zauberer-Priester-Astronomen erklärten, der günstigste Moment sei gekommen, wenn die Venus in engster Konjunktion mit der Morgensonne aufgehe, was 562 eintrat. Mit Calakmuls Hilfe überzog Caracol Tikal mit einem verheerenden Angriff, und in den nun folgenden Jahrzehnten machte die Achse Calakmul-Caracol Tikals Ausschaltung perfekt, indem sie Bündnisse mit anderen Stadtstaaten schloss, die zuvor von Tikal kontrolliert worden waren. Schließlich unterstützte Calakmul im späten 6. Jahrhundert die Abspaltung einer Gruppe Adliger aus Tikal, die in Dos Pilas eine Konkurrenzstadt gründeten und ihr den Namen Neu-Tikal gaben.

Im späten 6. Jahrhundert war Tikal gänzlich von feindlichen Staaten umgeben und mehr als ein Jahrhundert wurden dort keine Inschriften verfertigt. Diese Zeit des »Schweigens« ist als Hiatus von Tikal bekannt. Sie bezeichnet den Übergang von der früh- zur spätklassischen Periode, und als Tikal sich letzten Endes doch wieder etablieren konnte, war die Maya-Kultur nicht mehr dieselbe: Alle Einflüsse von Teotihuacán waren ausgelöscht.

672 begann Tikal sich wieder zu erheben: Zunächst führte es einen Feldzug gegen Dos Pilas, gewann in den darauffolgenden hundert Jahren viel von seiner früheren Macht zurück und erreichte den Höhepunkt seines Ruhmes. Immer mehr – insgesamt über 3000 – große Gebäude entstanden auf hoch gelegenen Plattformen oder Akropolen rund um das Stadtzentrum, darunter gigantische Stufenpyramiden, die bis zu 64 Meter hoch waren, außerdem zahlreiche Paläste, bei denen es sich vielleicht um Regierungs- oder Verwaltungsgebäude handelt, Ballspielplätze, Dämme, Sternwarten und Privatgebäude.

750 n. Chr. war Tikal auf dem Gipfel seiner Macht, doch wenig mehr als ein Jahrhundert später erlitt die Stadt einen katastrophalen Zusammenbruch. 869 wurde in Tikal die letzte datierte Stele errichtet; die letzte Stele im ganzen südlichen Tiefland stammt aus dem Jahr 909. Was kann eine Zivilisation auf dem Höhepunkt ihrer Geltung so vollständig vernichtet und auf diese Weise etwas herbeigeführt haben, das Robert Sharer, Archäologe an der Universität von Pennsylvania, als »mit das gründlichste kulturelle Scheitern der Menschheitsgeschichte« bezeichnet?

## Der Weg in den Untergang

Tikal verdankte seine Errungenschaften einer sprießenden Gesellschaft, die offenbar imstande war, der Umwelt zu trotzen. Ungeachtet der üppigen Wälder, die die Stadt umgeben, bieten die südlichen Tiefebenen, in denen Tikal liegt, nicht unbedingt die günstigsten Voraussetzungen für den auf Landwirtschaft basierenden Unterhalt einer hochentwickelten Zivilisation. Regen fällt sehr unregelmäßig, es gibt lange Trockenperioden und nur wenige Flüsse, und abgesehen von den Talsohlen sind die Böden dünn und werden erst nach langer Zeit fruchtbar. Bis vor verhältnismäßig kurzer Zeit war dieses Gebiet sehr dünn besiedelt. Tikal selbst war so gründlich verlassen worden, dass Hernán Cortés, als er 1525 durch dieses Gebiet zog, wenige Meilen an der Stadt vorbeimarschierte, ohne sie zu bemerken. 1841 leisteten die Forscher John Lloyd Stephens und Frederick Catherwood Pionierarbeit und erkundeten Dutzende von Maya-Städten – doch Tikal fanden sie nicht. Wie war das möglich bei einer Stadt, in der tausend Jahre zuvor über 60 000 Menschen lebten?

Die Maya von Tikal waren bestrebt, die ökologischen Einschränkungen zu überwinden, indem sie natürliche Senken nutzten und künstliche schufen und auf diese Weise gewaltige Wasserreservoire einrichteten – groß genug für eine Menge an Trinkwasser, mit der man 10.000 Menschen achtzehn Monate lang versorgen konnte. Sie führten auch landwirtschaftliche Neuerungen ein, mulchten den Boden, um Feuchtigkeit zu speichern und die Felder fruchtbarer zu machen, ernteten mehrmals im Jahr und wählten den Zeitpunkt für die Aussaat so, dass sie die heftigen Regenfälle und Überflutungen am besten nutzen konnten. Diese intensive Landwirtschaft erbrachte große Erträge, und die Bewohner von Tikal waren in der Lage, eine ständig wachsende Bevölkerung zu ernähren, die eine Dichte von bis zu 1500 Personen pro Quadratmeile erreichte. Zum Vergleich: Das ist doppelt so viel wie in den am dichtesten besiedelten Ländern des heutigen Afrika und entspricht ungefähr dem, was unter denselben ökologischen Bedingungen auch heute machbar wäre.

Doch das Bestreben, die Produktivität der Landwirtschaft zu steigern, brachte die Maya auf Kollisionskurs mit der Natur. Auch wenn die eher kargen Talsenken der südlichen Tiefebenen ein vernünftiges Maß an Fruchtbarkeit halten und, was entscheidender ist, auch wieder aufbauen konnten, war dies in den Randgebieten, die die Maya zunehmend auszubeuten suchten, nicht möglich. Mit dem Bevölkerungswachstum gingen zusätzliche Umweltbelastungen einher. Die Wälder wurden nicht nur des Ackerlandes wegen, sondern auch für die Gewinnung von Bau- und Feuerholz sowie für die Herstellung von Gips abgeholzt, mit dem sie ihre Häuser verschönerten und von dem die Maya geradezu besessen waren. Die Entwaldung führte zu Bodenerosion, Sturzfluten, sinkendem Wasserrückhalt und schließlich zu klimatischen Veränderungen infolge ausbleibender Regenfälle. Der Boden gewann seine Fruchtbarkeit nicht wieder zurück, so dass die Bevölkerung gezwungen war, sich auf das nicht ausreichende Kernackerland der Talsohlen zu beschränken.

Zeugnisse des Klimas wie Sedimente in Flussbetten belegen, dass es in dieser Zeit außerdem zu einer der schlimmsten und längsten Dürreperioden innerhalb von tausend Jahren kam. Besonders verheerend war die Trockenheit um 810, 860 und 910. Vermutlich führte der ökologische Zusammenbruch auch zu Spannungen im Hinblick auf die knapper werdenden Land- und Nahrungsressourcen – die dramatischen Dürreperioden stürzten die klassischen Maya in die Katastrophe. Jede Autorität ging verloren, Kriege tobten und Millionen verhungerten. Der archäologische Befund zeigt, dass die Paläste und Regierungsgebäude in Tikal niedergebrannt wurden. Es ist nicht schwer, sich eine rachsüchtige Bevölkerung vorzustellen, die sich nun gegen ihre Herrscher wandte, da diese ihren Teil der Vereinbarung »Wohlstand gegen Gehorsam« nicht eingehalten hatten. Ende des 10. Jahrhunderts war die größte amerikanische Metropole ihrer Zeit vollkommen verlassen – nach einem Zusammenbruch, der für unsere moderne, nicht nachhaltige Gesellschaft eine ernste Warnung sein sollte.

# Tiahuanaco

**LAGE:** TITICACASEE, BOLIVIEN
**ERBAUUNGSZEIT:** CA. 200 N. CHR.
**VERLASSEN:** CA. 1000 N. CHR.
**ERBAUER:** TIAHUANACO-KULTUR (AYMARA?)
**BESONDERHEITEN:** SONNENTOR; AKAPANA-PYRAMIDE; HALBUNTERIRDISCHER TEMPEL; KALASSAYA-TEMPEL; HOCHENTWICKELTER TROCKENMAUERBAU; MONOLITHEN UND STELEN; SUKA KOLLU (HOCHFELDER)

Lange bevor die mächtigen Inka ihre Fühler nach großen Teilen des westlichen Südamerika ausstreckten, übte eine in Tiahuanaco in der bolivianischen Hochebene ansässige Kultur einen tiefgreifenden Einfluss auf die Andenregion aus. Tiahuanaco hinterließ das Musterbild einer fortschrittlichen Hochlandwirtschaft, eines hochentwickelten Trockenmauerbaus, einer ausgereiften Astronomie und einer mysteriösen Religion, auf dem das spätere Inka-Reich aufbaute.

Tiwanaku – so nennt die einheimische Aymara-Bevölkerung die monumentalen Ruinen, die etwa 15 Kilometer südöstlich des Titicacasees und 72 Kilometer westlich der bolivianischen Stadt La Paz liegen. Im Spanischen kennt man die Ruinenmetropole und die moderne Stadt, die am selben Platz entstanden ist, als Tiahuanaco. Wie ihre Erbauer sie nannten, weiß man nicht. Zwischen etwa 200 n. Chr. bis um das Jahr 1000 war Tiahuanaco das Zentrum einer bedeutenden Zivilisation, vielleicht sogar eines Reichs, dessen Einfluss sich über einen breiten Streifen der Andenregion bis ins südliche Peru, nördliche Chile und sogar nach Argentinien erstreckte. Seine Bewohner hinterließen imposante Monumente aus Stein und Erde, darunter Pyramiden, Tempel, Kolossalstatuen und Stelen. 3850 Meter über dem Meeresspiegel gelegen, könnte es die höchste Hauptstadt der Menschheitsgeschichte gewesen sein. In den vergangenen Jahrzehnten ist es zu einer national und international bedeutenden Touristenattraktion geworden, und seine Monumente sind heute Sinnbilder der bolivianischen Nationalidentität – dennoch sieht sich die Ausgrabungsstätte vor wachsende Herausforderungen gestellt.

### Herausforderungen des Altiplano

Das Hochplateau zwischen den westlichen und den östlichen Gebirgsketten der Anden ist als Altiplano bekannt. Nach dem Himalaya-Plateau ist es die höchste Ebene der Erde, und der Titicacasee, der seine Entstehung mehreren Flüsse verdankt, die in die Ebene münden, weil sie keinen Zugang zum Meer haben, ist der höchstgelegene See der Welt. Als Lebensraum einer größeren Zivilisation scheint er sogar noch weniger geeignet als das Siedlungsgebiet der Maya. Während der Trockenzeit herrscht hier extreme Dürre, und in der Regenzeit kann es zu sintflutartigen Niederschlägen kommen. Die Seen sind sehr flach, und aufgrund saisonaler Überschwemmungen ändert sich ihr Wasserspiegel dramatisch. Sowohl im Tages- wie im Jahresverlauf sind die Temperaturschwankungen beträchtlich, und zu alledem kommt noch die dünne Höhenluft. Nur eine begrenzte Zahl von Feldfrüchten kann hier überhaupt angebaut werden, und die Ernten fallen oft sehr klein aus. Der einfache, traditionelle Kartoffelanbau in der Region erbringt 2,4 Tonnen pro Hektar; selbst mit einer modernen mechanisierten Landwirtschaft und dem Einsatz chemischer Düngemittel erzielt man nur 14,5 Tonnen pro Hektar.

Die Bevölkerung des alten Tiahuanaco entwickelte für diese Probleme eine Reihe überaus erfolgreicher Lösungen. Berghänge wurden terrassiert, sodass man sie bebauen konnte, ohne dass die Felder weggeschwemmt wurden. Ganze Netzwerke von Kanälen bewässerten Gebiete, die sonst zu trocken gewesen wären. Große Herden von Alpakas und Lamas wurden gehalten und in den Häusern n Meerschweinchen als zusätzliche

Proteinlieferanten. Doch die alles entscheidende Erfindung war die von den Aymara »Suka Kollu« genannte Hochfeldbebauung. In Gebieten mit fruchtbaren Böden, die jedoch leicht überflutet wurden, legte man mithilfe des Aushubs aus den dazwischen verlaufenden Kanälen kleine Felder an, die über Bodenniveau lagen. Das Wasser in den Kanälen wirkte wie ein Puffer, der die Hitze tagsüber speicherts und nachts nach und nach abgab. Auf diese Weise entstand ein Mikroklima, das vor den starken Nachtfrösten schützte. Zudem setzte sich in den Kanälen, in denen auch essbare Fische gezüchtet wurden, ein aus Fischausscheidungen und faulenden Pflanzen bestehender Schlick ab, der ausgebaggert und zusammen mit Lamamist als Dünger verwendet wurde. Dank dieser intensiven Form der Landwirtschaft erzielte die Bevölkerung von Tiahuanaco Ernteerträge, die andernfalls unmöglich gewesen wären und sich nach modernen experimentellen Rekonstruktionen auf bis zu 21 Tonnen pro Hektar beliefen. Fisch stellte eine zusätzliche Proteinquelle dar. Ähnliche Kanalsysteme wurden für Hügelterrassen verwendet: An jeder Terrasse verliefen Kanäle, deren Wasser sich in Becken sammelte und von dort aus auf die nächsttiefere Terrasse floss. Auf diese Weise wurden die Felder bewässert, die Erosion kontrolliert und Aquakultur ermöglicht.

Dank dieser Errungenschaften blühte die Bevölkerung in der Region von Tiahuanaco. Schätzungen belaufen sich auf 1,4 Millionen, und man geht davon aus, dass bis zu 60.000 Menschen innerhalb des sechs Quadratkilometer großen Stadtgebiets im Zentrum von Tiahuanaco und weitere 50.000 und mehr in Trabantensiedlungen gelebt haben.

*In Stein gehauene Menschenköpfe in der Wand des halbunterirdischen Tempels. Wie viele der Überreste von Tiahuanaco ist er – vielleicht nicht fehlerfrei – rekonstruiert worden.*
*Nächste Doppelseite: Der Eingang zum Kalasasaya-Tempel, vom halbunterirdischen Tempel aus gesehen. Durch das rückwärtige Tor sieht man auf den Ponce-Monolith – auch El Fraile, »der Mönch«, genannt.*

### Stadt aus Stein

Das Gelände von Tiahuanaco wurde um 400 v. Chr. besiedelt, doch seine eigentliche Blütezeit begann um das Jahr 200 n. Chr. Ungefähr seit 500 n. Chr. wurde Tiahuanaco zur beherrschenden Stadt des Altiplano und blieb es bis zu seinem Untergang um 1000 n. Chr., wobei es den Zenit wahrscheinlich um 750 erreichte. Während dieser Zeit schufen die Bewohner von Tiahuanaco eine Reihe imposanter Steinmonumente, darunter mehrere mächtige künstliche Hügel/Pyramiden. Um diese Bauwerke zu errichten, bedienten sie sich der ausgefeiltesten aller bisher entdeckten Trockenmauertechniken, die sogar von höherer Qualität als die der Inka war. Große Steine wurden so perfekt zugehauen, dass nicht einmal eine Rasierklinge in den Zwischenräumen Platz findet. Unregelmäßige Steine wurden häufiger verwendet als Quader – vielleicht um das Mauerwerk erdbebensicherer zu machen –, und an manchen Stellen wurden i-förmige Kupferstangen benutzt, um die Steine zusätzlich aneinander zu befestigen. Viele Blöcke wurden mit Steinmetzarbeiten und riesenhaften Figuren verziert, während andere Monolithen und Stelen der Stätte den Spitznamen »Stonehenge der Neuen Welt« eingetragen haben.

Das größte Bauwerk in Tiahuanaco war die Akapana-Pyramide, ein 17 Meter hoher terrassierter Hügel mit einer Grundfläche von 61 Quadratmetern. Eine 15,25 Quadratmeter große Vertiefung an seiner Spitze weist Reste von rechteckigen Räumen auf und hat vielleicht als Wohnung für Mitglieder der Elite oder als Tempel gedient. Man hat dort Gräber mit menschlichen Überresten, rituelle Gegenstände und Opfergaben gefunden. An die Akapana-Pyramide schließen sich eine Anzahl weiterer Tempel an; die bekanntesten von ihnen sind der halbunterirdische und der Kalasasaya-Tempel. Bei ersterem handelt es sich um einen in den Boden eingelassenen Hof, dessen niedrige Wände mit in Stein gehauenen Menschenköpfen dekoriert sind. In der Mitte steht, von kleineren Stelen umgeben, der mächtige Bennett-Monolith. Diese Stele ist nach einem Archäologen benannt, der vor Ort Pionierarbeit geleistet hat. Unglücklicherweise ist dieser Tempel ein Zeugnis für das, was die archäologische Forschung an dieser Stätte hauptsächlich in Verruf gebracht hat, nämlich eine aus ideologischen Gründen schlampig und vermutlich ungenau durchgeführte Rekonstruktion.

Der Kalasasaya-Tempel ist eine 130 Meter lange Plattform aus Sandsteinblöcken, die sich mit großen aufrechten Steinen abwechseln; allerdings hat auch dieser Tempel ursprünglich vielleicht anders ausgesehen. In einer Vertiefung auf der östlichen Seite steht eine mächtige Steinstatue, der ebenfalls nach einem Archäologen benannte Ponce-Monolith. Aufregende Ergebnisse der jüngeren Arbeit an diesem Tempel verleihen dem Vergleich mit Stonehenge einiges Gewicht, denn es scheint, dass der Kalasasaya-Tempel als bemerkenswert genauer, sich selbst korrigierender astronomischer Kalender gedient haben könnte. Das Oberflächenradar hat dort, wo der Beobachter in diesem monumentalen Observatorium gestanden haben würde, einen tiefen Schacht ausgemacht, und weitere Enthüllungen werden vermutlich noch folgen.

In der Nähe der Tempel lagen Gebäude, bei denen es sich um Wohnungen der Oberschicht gehandelt haben könnte, während die Archäologen unter einem Patio in diesem Teil der Stadt die Überreste mehrerer sitzender Statuen gefunden haben, die ihr Gesicht einem Mann mit einem pumaverzierten heiligen Tongefäß zukehren. Viele der anderen Bildhauerarbeiten zeigen Figuren mit Keros – zeremoniellen Kelchen, in denen man Chicha oder Maisbier servierte. In diesem Teil der Stadt liegt auch Tiahuanacos berühmtestes Bauwerk, das Sonnentor, das an ein Trilith erinnert, wie man es ebenfalls aus Stonehenge kennt, nur dass dieses Monument tatsächlich aus einem einzigen, enorm großen Steinblock herausgeschlagen worden ist, der aus einer Entfernung von über vierzig Kilometern hierher transportiert worden sein muss. Auf dem Tor befindet sich die Reliefdarstellung des Stabgottes; obwohl die Inka diesen mit ihrem göttlichen Vorfahren Viracocha identifizieren, weiß man nicht, wer er tatsächlich war oder was er in der Hand hält. Selbst dieses gigantische Bauwerk ist während der Rekonstruktionsarbeiten von seinem ursprünglichen Platz wegbewegt worden.

Die einfachen Leute lebten wahrscheinlich in Häusern, die um diesen Zentralkomplex gruppiert waren. Das Gesamtbild ist unklar, doch manche Archäologen glauben, dass die Wohnviertel vielleicht nach Handwerken oder anderen Berufen »sortiert« waren. Die Mehrzahl der Bewohner lebte vermutlich in kleinen Komplexen aus wenigen Gebäuden mit nur einem Raum, die aus Lehmziegeln auf steinernen Fundamenten errichtet, mit Schilfbündeln gedeckt und von niedrigen Mauern umgeben waren. Manchmal wurden einige dieser Familienbasiseinheiten zu einem Riesenkomplex zusammengefasst. Jeder Komplex wurde von einem kleinen Kanal versorgt und könnte seinerseits ebenfalls auf ein bestimmtes Handwerk oder besondere Funktionen spezialisiert gewesen sein.

### Reich oder zeremonielles Zentrum?

Die für Tiahuanaco typischen Töpferwaren sind in weiten Teilen der Andenregion gefunden worden, und es kann kaum bezweifelt werden, dass seine Ikonographie und Ideologie – deren Elemente neben anderen Kulturen auch noch die Inka prägten – die Region zutiefst beeinflusst haben. Was jedoch die genaue Beschaffenheit dieser Vorrangstellung betrifft, herrscht sehr viel weniger Einigkeit: War Tiahuanaco ein Reich, das die Ressourcen eines großen Einzugsgebiets kontrollierte und nutzte; ein »Archipel« aus Kolonien, die teilweise eigens etabliert wurden, um Zugang zu fruchtbaren Gebieten zu gewinnen oder lokale Ressourcen zu nutzen, ein Handelsstaat, der mit seinen Waren eine hohe Marktdurchdringung erzielte oder ein zeremoniell-kulturelles Pilgerzentrum, das sonst keine wirkliche Macht besaß. Einiges spricht dafür, dass es sich eher um einen Ayllu, also einen losen Bund kleinerer Staaten, als um ein monolithisches Imperium gehandelt hat.

### Tiahuanacos Tod und Nachleben

Keine der an Fundstücken aus Tiahuanaco vorgenommenen Radiokohlenstoffdatierungen erbrachte einen Zeitpunkt nach 950 n. Chr., und doch glauben viele Experten, die Stadt sei erst 1100 n. Chr. untergegangen. Die Gründe für ihren Niedergang bleiben im Dunkeln, doch spricht einiges dafür, dass eine längere Dürreperiode die Ursache war. Die Grabungsergebnisse weisen darauf hin, dass seit etwa 800 n. Chr. die meisten Neubauten der Gegend in kleineren ländlichen Siedlungen lagen und die Region, nachdem die Stadt weitgehend aufgegeben worden war, in kleinen Dörfern weiterhin besiedelt wurde. Offenbar waren die Bewohner zu einer vorurbanen Lebensweise zurückgekehrt.

Damit aber ist die Geschichte von Tiahuanaco noch nicht zu Ende. Als die Inka im Zuge ihrer Expansion und Konsolidierung an diesen Ort kamen, beeilten sie sich, ihn zu ideologischen Zwecken zu vereinnahmen. Seine ehrwürdigen Ruinen, die offenkundig älter waren als ihre eigenen Ursprünge, brachten ihre Propaganda – sie hatten ihren Herrschaftsanspruch mit ihrem Status als »die Ältesten« begründet – ins Wanken. Dieses Problem schafften sie aus der Welt, indem sie die Stätte kurzerhand als legendäre Heimat der Inka bezeichneten, den Stabgott auf dem Sonnentor mit ihrer eigenen Schöpfergottheit Viracocha identifizierten und Tiahuanaco auf diese Weise mit ihren eigenen Mythen verwoben.

Vierhundert Jahre nachdem die Konquistadoren den Untergang der Inka herbeigeführt hatten, wurde Tiahuanaco erneut zu ideologischen Zwecken instrumentalisiert – dieses Mal von der bolivianischen Regierung, die unter den Folgen eines Kriegs mit dem Nachbarland Paraguay zu leiden hatte und nach einer nationalen Identität suchte, die den Peruanern mit ihrer Inka-Tradition das Wasser reichen konnte. Man verfiel auf Tiahuanacu, gab eine schlampig durchgeführte Rekonstruktion der Monumente in Auftrag und karrte die Schulkinder busseweise dorthin, damit sie ihre nationalen Ikonen bewundern konnten. Noch heute müssen Archäologen, die vor Ort forschen, die politischen Implikationen sorgfältig in Betracht ziehen, während sie gleichzeitig in einem Wettlauf gegen die Zeit versuchen, die Ruinen vor unkontrollierter Entwicklung und Ausbeutung zu bewahren, die ihnen bereits erheblichen Schaden zugefügt haben und langfristig ihre Erhaltung gefährden.

### Tiahuanaco und Atlantis

Vielleicht ist es das unausweichliche Schicksal einer megalithischen Stätte ohne schriftliche Aufzeichnungen – Tiahuanaco ist Gegenstand zahlreicher parawissenschaftlicher Theorien geworden, die es mit Atlantis oder einer vergleichbaren prähistorischen Superzivilisation in Verbindung bringen. Eine dieser Hypothesen besagt, der Komplex sei wie ein Hafen geformt und müsse einst – bevor sich der gesamte Kontinent rapide hob – auf Meeresniveau gelegen haben. Damit gehen Behauptungen einher, die Stätte gehe tatsächlich auf das Ende der letzten Eiszeit zurück. Die Fortschrittlichkeit ihrer Erbauer wird an ihrem Geschick festgemacht, mit dem sie monumentale Mauern schufen und gewaltige Steinblöcke transportierten, während Atlantologen auf Parallelen zwischen der Atlantis-Sage einerseits und Flutmythen der Aymara und lokalen Legenden von Viracocha, dem Zivilisationshelden aus dem Osten, andererseits hinweisen.

# Machu Picchu

**LAGE:** PERUANISCHE ANDEN
**ERBAUUNGSZEIT:** 1440 N. CHR.
**VERLASSEN:** CA. 1530 N. CHR.
**ERBAUER:** INKA
**BESONDERHEITEN:** CASA DEL VIGILANTE (WÄCHTERHAUS); WOHNBEREICHE, RELIGIÖSE UND HEILIGE BEZIRKE; INTIHUATANA (»DER ORT, AN DEM MAN DIE SONNE ANBINDET«); HAUPTTEMPEL; TEMPEL DER DREI FENSTER; HAUS DES WEISEN; SCHLAFRÄUME DER PRINZESSINNEN

1911 folgte der amerikanische Forscher und Archäologe Hiram Bingham seinen einheimischen Führern auf einem steilen Pfad, der aus dem Urubamba-Tal hoch in die peruanischen Anden führte. Diese hatten versprochen, ihm etwas Besonderes zu zeigen. Und er entdeckte Machu Picchu, heute die versunkene Metropole schlechthin: einen zutiefst rätselhaften und faszinierenden Ort, der, obwohl er so abgelegen und unzugänglich ist, pro Tag Tausende von Touristen anzieht. Bingham glaubte, er hätte Vilcabamba entdeckt, die letzte Zuflucht des letzten Inkaherrschers in seinem verzweifelten und vergeblichen Widerstand gegen die spanischen Eroberer – doch tatsächlich war er auf etwas Älteres und sehr viel Merkwürdigeres gestoßen.

## Landsitz des Herrschers

In Quechua, der Sprache der Inka, bedeutet Machu Picchu »alter Gipfel« und bezieht sich auf den heiligen Gipfel, auf dem die Anlage 2350 Meter über dem Meeresspiegel errichtet wurde. Sie liegt etwa siebzig Kilometer nordwestlich der alten Inkahauptstadt Cusco und war trotz dieser recht zentralen Lage seit der Zeit vor der spanischen Eroberung nur wenigen Einheimischen bekannt. Mit dem Bau begann man vermutlich um 1440 n. Chr. unter dem Sapa Inka (Hohen König) Pachacuti, vielleicht auch unter seinem Nachfolger Yupanqui, wobei der Baubeginn in diesem Fall nicht vor das Jahr 1460 zu datieren wäre. Zur Zeit der spanischen Eroberung 1532 war der Ort jedoch fast sicher bereits wieder verlassen.

Die Bezeichnung »versunkene Metropole« ist ein wenig irreführend, denn hier haben im Höchstfall 1000 Menschen gelebt. Die geographische und wirtschaftliche Isolation des Or-tes, der abseits der Hauptverbindungsstraßen liegt und mit so wenigen landwirtschaftlichen Terrassen ausgestattet war, dass er vielleicht nicht einmal autark gewesen ist, weist darauf hin, dass Machu Picchu wahrscheinlich kein wirtschaftliches, militärisches oder administratives Zentrum war. Die Historiker glauben heute, dass es ein privater Landsitz für den Inka und seine Familie gewesen ist – vergleichbar der Landvilla eines römischen Patriziers –, jedoch im Kern spirituellen und zeremoniellen Zwecken gedient und als uneinnehmbarer Stützpunkt für die Inka-Elite im Falle eines Angriffs auch eine strategische Rolle gespielt hat. So war es wohl eher eine Zitadelle als eine Stadt. Wenn der Inka, seine Familie und sein Hof anwesend waren, war die Zitadelle voll; zu anderen Zeiten wohnte dort vermutlich nur eine Notbesetzung aus Wärtern und landwirtschaftlichen Arbeitern, welche die umliegenden Terrassen pflegten.

## Heilige Stätte

Zu den zahlreichen Geheimnissen von Machu Picchu gehört auch die Frage, weshalb der Herrscher sich entschieden hatte, diesen bemerkenswerten Komplex an einem so unzugänglichen und scheinbar unbedeutenden Platz zu erbauen. Die Antwort findet sich vielleicht in der Verbindung von Landschaft und Spiritualität, die den Kern der Inka-Philosophie bildet. Die Inka verehrten Bestandteile der Natur wie Gipfel, Steine, Höhlen und Quellen als Apus (»Schreine oder heilige Plätze«), und Machu Picchu liegt inmitten einer spirituell sehr bedeutsamen

Landschaft. Sowohl Machu Picchu selbst als auch Huayna Picchu, der höhere Gipfel, der die Stätte überragt, waren vermutlich solche Apus, und viele Bauwerke der Stadt sind auf oder aus natürlichen Felsvorsprüngen und -formationen errichtet, die teilweise behauen oder veränder wurden und ihrerseits vermutlich spirituelle Bedeutung hatten. Viele der größeren Gebäude wurden als Tempel interpretiert, und wenn der Inka hier residierte, dann begleitete ihn wahrscheinlich ein ganzes Gefolge von Priestern und Astronomen, welche die örtlichen Gegebenheiten nutzten, um den Zeitpunkt wichtiger Sonnenereignisse zu bestimmen und Zeremonien, Rituale, Opfer und Gebete abzuhalten.

## Machu Picchu – ein Überblick

Die Stadt setzt sich aus zwei Hauptbereichen zusammen – dem landwirtschaftlichen und dem städtischen Sektor. Steigt man aus Südosten nach Machu Picchu hinauf, kommt man zunächst durch den landwirtschaftlichen Bereich, der aus über hundert Terrassen besteht. Sie verwandelten die steilen Hänge mit ihrem dünnen Boden und fehlenden Wasserrückhalt in schmale Ackerstreifen mit festem Erdreich, auf denen Feldfrüchte ange-

*Ruinen in Machu Picchu. Die Architekten und Erbauer bezogen natürliche Felsvorsprünge in die Anlage ein.*

baut werden konnten. Die Terrassen waren von kleinen Steinhütten, so genannten Collpa, übersät, bei denen es sich vermutlich um Lagerhäuser handelte.

Der Weg zum städtischen Bereich führt den Besucher an der Casa del Vigilante – dem Wächterhaus – vorbei, von dem aus man einen spektakulären Blick auf die Stadt und das Urubamba-Tal genießt. Folgt man dem Weg noch ein Stück weiter, gelangt man durch das Haupttor in das eigentliche Machu Picchu, das im Wesentlichen aus drei Bezirken besteht. Im Volks- oder Wohnbezirk stehen die einfachsten Gebäude; hier lebten vermutlich die Diener und Arbeiter der Zitadelle einschließlich des Notpersonals, das den Ort instandhielt, wenn die Herrschaft nicht anwesend war. Die Gebäude haben steile Giebeldächer und beherbergen Werkstätten und Betriebe.

Überquert man vom Wohnbezirk aus die zentrale Plaza, gelangt man in den religiösen Bezirk, wo eine Anzahl von Gebäuden liegt, bei denen es sich vermutlich um Tempel handelt. Auf einem Hügel an der einen Seite der Plaza befindet sich eine der Kostbarkeiten von Machu Picchu: die Intihuatana oder der Ort, an dem man die Sonne anbindet, ein großer, behauener und geformter Felsen, der in einen ungefähr viereckigen, aufrechtstehenden Pfeiler ausläuft, der, wie man glaubt, bei den Sonnenritualen und Kalenderberechnungen der Inka eine zentrale Rolle spielte. Vor der spanischen Eroberung konnte man solche Steine im Zentrum aller Inka-Gemeinden finden, doch die Invasoren zerstörten alle, deren sie habhaft werden konnten, in ihrem Versuch, die Religion der Inka zu unterdrücken. Glücklicherweise haben sie Machu Picchu nie entdeckt. Andere Höhepunkte des heiligen Bezirkes sind der Haupttempel und der absichtlich nicht überdachte Tempel der drei Fenster mit seinen charakteristischen trapezförmigen

Der dritte Bereich zwischen dem heiligen Bezirk und der landwirtschaftlichen Zone ist der königliche Distrikt, wo, wie

*Der klassische Blick über Machu Picchu auf den dahinter liegenden Gipfel des Huayna Picchu, vermutlich von der Casa del Vigilante aus aufgenommen. Rechts liegt das Wohn- und Gewerbegebiet mit seinen Werkstätten und Betrieben. Im Vordergrund auf der linken Seite befindet sich der königliche Bezirk und dahinter der heilige oder Tempelbezirk. In der Mitte liegt die zentrale Plaza. Der landwirtschaftliche Bereich befindet sich im Rücken des Betrachters.*

man glaubt, die hochrangigen Personen untergebracht waren. Die Gebäude hier sind aus feinem Mauerwerk erbaut und tragen klingende Namen wie »Haus des Weisen« und »Schlafräume der Prinzessinnen«. Die Räume sind trapezförmig, was vielleicht auch hier der Verhinderung von Erdbebenschäden diente. Gleich neben dem königlichen Palast liegt der Sonnentempel, der vermutlich als Sternwarte diente. Ein in die Bausubstanz des Sonnentempels hineingebauter Brunnen unterstreicht den wasserbaulichen Einfallsreichtum der Inka, die Aquädukte benutzten und natürliche Wasserläufe und Quellen in der Umgebung kanalisierten, um die gesamte Zitadelle mit fließendem Wasser zu versorgen.

In diesem Bezirk befinden sich auch das mutmaßliche Gefängnis und das monumentale Mausoleum. Darin fand man Mumien in ausgehauenen Wandnischen; vielleicht wurden hier auch Opferhandlungen durchgeführt. Man glaubt zudem, dass im Kondortempel, einer teilweise natürlichen Felsenkammer, deren Form an die ausgebreiteten Schwingen eines Kondors erinnert, Opfer oder rituelle Martern stattgefunden haben. Rillen im Felsen dienten womöglich dazu, Blut in eine darunterliegende Vertiefung abzuleiten. Ähnliche Rillen finden sich auch an Altären und Nischen andernorts in der Stadt. Blutvergießen und Opfer könnten im Leben von Machu Picchu eine wichtige Rolle gespielt haben: Die Archäologen fanden in der Stadt menschliche Knochen mit Spuren von Schlachtungen.

### Geheimnisse von Machu Picchu

Ohne Zweifel hinterlässt der Anblick von Machu Picchu bei allen Besuchern einen tiefen Eindruck, und zumindest teilweise ist die Stadt auch in dieser Absicht geplant und in die Umgebung eingebettet worden. Machu Picchu ist eines der großartigsten Zeugnisse der Architektur und des handwerklichen Könnens der Inka. Ihre Anlage fügt sich auf bemerkenswert harmonische Weise in den natürlichen Raum ein, den sie besetzt. Die Gebäude scheinen an unmöglichen Plätzen zu schweben und geradezu aus den Wurzeln der Berge herauszuwachsen, sodass die gesamte Stadt in der unwirtlichen Umgebung gleichsam aufgeht. Zudem haben die Erbauer sie auch als Spiegel und Hommage an die umliegende heilige Landschaft gestaltet – mit einer Subtilität, die sich dem expliziten Verständnis des modernen Besuchers vielleicht entzieht, ihre Wirkung auf ihn gleichwohl nicht verfehlt.

Ein weiteres großes Geheimnis von Machu Picchu ist technischer Natur. Wie konnte eine bronzezeitliche Kultur, die Räder nur als Kinderspielzeug benutzte, ein so beeindruckendes Ensemble an einer so abgelegenen und unzugänglichen Stelle realisieren? Vermutlich eine Kombination aus Einfallsreichtum, technischer Meisterschaft in Architektur, Maurer- und Steinmetzhandwerk sowie reiner Muskelkraft. Die Kunstfertigkeit der Inka wird vor allem an ihren außerordentlichen Trockenmauerbauten deutlich: Behauene Steinblöcke sind ohne Mörtel mit solcher Präzision zusammengefügt, dass nicht einmal die dünnste Messerklinge zwischen ihnen Platz fände.

Doch das vielleicht faszinierendste Rätsel von Machu Picchu ist die Frage, wie es unterging und was mit den Menschen geschah, die dort lebten. Archäologen haben etwa zweihundert Skelette von vor Ort begrabenen Menschen freigelegt – eine Zahl, die deutlich unter der wahrscheinlichen Bevölkerungsrate liegt, was darauf hinweist, dass die Einwohner den Ort verlassen haben oder so rasch gestorben sind, dass man sie nicht begraben konnte. Man weiß von Seuchen und Epidemien, die ganze Inka-Siedlungen ausgelöscht haben, und zuweilen wurde auch eine komplette Gemeinde zur Bestrafung oder im Krieg hingerichtet. Es gibt jedoch keinerlei Anhaltspunkte für Gewalt oder Zerstörung und auch keine unbegrabenen Toten.

Die geringe Zahl von Gräbern weist darauf hin, dass die Stadt nicht lange besiedelt, sondern insgesamt nur einige Jahrzehnte in Gebrauch war. Im Zentrum der Zitadelle befindet sich ein großer Steinbruch, der das Baumaterial lieferte und offenbar noch in Betrieb war, als die Stadt verlassen wurde. Vielleicht entschied man nach jahrelangen Anstrengungen, dass es zu aufwändig oder zu kostspielig war, den Bau und seine Instandhaltung einem so abgelegenen Ort fortzusetzen – umso mehr, wenn die Stadt das Lieblingsprojekt eines bestimmten Inkaherrschers oder königlichen Clans war und seine oder ihre Nachfolger diese Begeisterung nicht teilten. Die Tatsache, dass Machu Picchu von einigen wenigen Einheimischen abgesehen völlig in Vergessenheit geriet, gibt jedoch vor allem Aufschluss darüber, wie die Inka-Gesellschaft angesichts der Krankheiten und der physischen wie kulturellen Zerstörung, die die Konquistadoren über sie gebracht hatten, unterging. Eine Gesellschaft ohne Schrift war in ihren kulturellen Traditionen auf mündliche Weitergabe und Bildungskontinuität angewiesen, die sich auf eine kleine Elite beschränkten. Die Auswirkungen der spanischen Eroberung waren zu viel für ein so zerbrechliches System, und eine abgelegene Stadt, die nicht auf Hauptstraßen, sondern nur über einen beschwerlichen Pfad zu erreichen war, der, wenn man ihn nicht instandhielt, binnen eines Jahres vom Dschungel überwuchert wurde, konnte nur allzu leicht von der Landkarte verschwinden. Doch für uns ist zumindest dieser Teil der Inka-Tragödie ein Segen, denn er führte dazu, dass die versunkene Metropole der Brandschatzung durch die spanischen Eroberer entging.

*Blick durch ein Tor, das den Huayna Picchu – Quechua für »Junger Gipfel« – einrahmt. Dieser Berg war den Inka heilig, und sie legten einen Pfad zu seinem Gipfel an, wo sie weitere Tempel und Terrassen bauten. Um den gewaltigen Touristenandrang zu regulieren, ist der beschwerliche Anstieg zum Gipfel nur vierhundert Besuchern pro Tag erlaubt.*

### Machu Picchus Zukunft

Es ist eine Ironie der Geschichte, dass Machu Picchu, das berühmt dafür ist, mehr als fünf Jahrhunderte unversehrt überstanden zu haben, nun zu ernsthafter Besorgnis Anlass gibt. Der Massentourismus bedroht die Bausubstanz der Anlage und ihre Umwelt. Sie gehört zum Weltkulturerbe, ist jedoch offiziell als »gefährdet« eingestuft; Peru ist bereits gewarnt worden, dass man sie von der Liste streicht, wenn das Land keine Rettungsmaßnahmen ergreift. Es wäre tragisch, wenn die ungelösten Rätsel von Machu Picchu die Stätte selbst überdauern würden.

# Literaturhinweise

AMELING, Walter u.a.: Antike Metropolen. Stuttgart 2006.

ATKINSON, Austen: Lost Civilizations. Rediscovering Ancient Sites Through New Technologies. New York 2003.

BAHN, Paul (Hg.): Lost Cities. 50 Discoveries in World Archaeology. London 1999.

BAUDEZ, Claude und Picasso, Sydney: Versunkene Städte der Maya. Ravensburg 1990.

BAYKAL, Hakan: Vom Perserreich zum Iran. 3000 Jahre Kultur und Geschichte. Stuttgart 2007.

BUTTERWORTH, Alex und Laurence, Ray: Pompeii. The Living City. Phoenix 2006.

CURTIS, J. E. und Tallis, Nigel (Hgg.): Forgotten Empire. The World of Ancient Persia. London 2005.

DIAMOND, Jared: Kollaps. Warum Gesellschaften überleben oder untergehen. Frankfurt/Main 2005.

DOBBINS, J. J. und Foss, P. W. (Hgg.): The World of Pompeii. New York 2007.

FAGAN, Brian (Hg.): Entdeckungen! Neue Schätze der Archäologie. Frankfurt/Main 2007.

GOLVIN, Jean-Claude: Metropolen der Antke. Stuttgart 2005.

DERS. und Salles, Catherine: Monumente der Macht. Die Welt der römischen Kaiser. Stuttgart 2008.

GRUBE, Nikolei (Hg.): Maya. Gottkönige im Regenwald. Königswinter 2006/07.

GUAITOLI, Maria Teresa und Rambaldi, Simone: Glanzvolle Städte der Vergangenheit. München 2003.

HARRISON, Peter D: The Lords of Tikal. Rulers of an Ancient Maya City. London 2000.

JACQUES, Claude und Freeman, Michael: Angkor: Cities and Temples. London 1997.

DERS. und Held, Suzanne: Angkor. München 1997.

KENOYER, Jonathan Mark: Ancient Cities of the Indus Valley Civilization. Oxford 1998.

LANE FOX, Robin: The Classical World. An Epic History from Homer to Hadrian. London 2005.

LEICK, Gwendolyn: Mesopotamia. The Invention of the City. London 2002.

LEVY, Joel: Lost Histories. London 2006.

DERS.: The Atlas of Atlantis and Other Lost Civilisations. London 2007.

MAQSOOD, Rosalyn: Petra. A Traveller's Guide. Berkshire 1996.

OTH, René: Völker der Sonne. Versunkene Kulturen Südamerikas. Stuttgart 2005.

OWENS, E. J.: The City in the Greek and Roman World. New York 1992.

PAPPALARDO, Umberto: Im Schatten des Vesuv. Versunkene Städte der Antike. Stuttart 2005.

RIESE, Berthold: Machu Pichu. München 2004.

STEFOFF, Rebecca: Finding the Lost Cities. The Golden Age of Archaeology. London 1997.

TOMLINSON, R. A.: From Mycenae to Constantinople. Evolution of the Ancient City. New York 1992.

ZICK, Michael: Türkei – Wiege der Zivilisation. Stuttgart 2008.

# Empfehlenswerte Websites

## Antike Städte und Geschichte allgemein

Archäologosches Magazin: AiD Archäologie in Deutschland: www.aid-magazin.de
Archäologie, Internet-Plattform: www.archaeologie-online.de
Archäologisches Magazin: www.archaeology.org
Ägyptologie online: www.egyptologyonline.com
Alte Geschichte bei BBC: www.bbc.co.uk/history/ancient/
Catholic Encyclopedia: www.newadvent.org/cathen/index.html
Common-place: Das interaktive Journal zum Leben im früheren Amerika: www.common-place.org
Digitales Ägypten für Universitäten: www.digitalegypt.ucl.ac.uk
Deutsches Archäologisches Institut: www.dainst.org
Encyclopaedia Romana: http://penelope.uchicago.edu/~grout/encyclopaedia_romana/index.html
Stiftung der Hellenischen Welt: www.fhw.gr/index_en.html
Jewish Encylopaedia: www.jewishencyclopedia.com/index.jsp
LexicOrient: http://i-cias.com
Livius: Artikel zur alten Geschichte: www.livius.org
Metropolitan Museum of Art: www.metmuseum.org
Lateinamerikanische Frühgeschichte an der Staatlichen Universität Minnesota: www.mnsu.edu/emuseum/prehistory/latinamerica/
National Geographic Nachrichten: http://news.nationalgeographic.com/news/index.html
Naturgeschichtliches Magazin: http://nhmag.com/
Prähistorische Archäologie der Ägäis: http://projectsx.dartmouth.edu/history/bronze_ag
Magazin der Smithsonian: www.smithsonianmag.com
Enzyklopädie des Orients: http://lexicorient.com/e.o/index.htm
Features bei Tour Egypt: www.touregypt.net/featurestories/

## Websites zu den einzelnen Ausgrabungsstätten

### CAHOKIA

Die Mountbuilders vom Mississippi und ihre Artefakte: www.mississippian-artifacts.com
Cahokia Mounds State Historic Site: www.cahokiamounds.com

### CHICHÉN ITZÁ

American Egypt: www.americanegypt.com

### ENTREMONT

Die Gallier in der Provence: Das Oppidum von Entremont: www.culture.gouv.fr/culture/arcnat/entremont/en/

### FUJIWARA-KYŌ

Historisches Museum Asuka: www.asukanet.gr.jp/asukahome/

### HARAPPA

Das alte Indus-Tal: www.harappa.com

### KNOSSOS

Britische Schule in Athen: www.bsa.ac.uk/knosos/

### MOHENJO-DARO

Mohenjo-Daro, die Stadt im alten Indus-Tal: www.mohenjodaro.net

### TIAHUANACO

Forschungsprojekt im Nationalmuseum Peru: www.museum.upenn.edu/new/research/Exp_Rese_Disc/Americas/tiwanaku/index.shtml

# Register

Die fettgedruckten Seitenzahlen beziehen sich auf die illustrierten Hauptteile.
Die kursivgedruckten Seitenzahlen beziehen sich auf andere Illustrationen/Bildunterschriften.

# Danksagungen und Bildnachweise

Verfasser und Verlag danken den folgenden Personen für das Korrekturlesen von Teilen des Buchs sowie für ihren fachmännischen Rat und ihre Hilfe im Hinblick auf die Geschichte der einzelnen Stätten:
Gina Barnes, John J. Dobbins, Aidan Dodson, Shahina Farid, Andrew George, Bill Iseminger, C.T. Keally, Jonathan Mark Kenoyer, Andreas Kropp und Matthew W. Stolper.

Für die zur Verfügung gestellten Bildmaterialien danken wir insbesondere Andrew George und Martin Schøyen für die Zeichnung auf S. 31, ferner:
S. 1: ©iStockphoto.com/Salem;
S. 2: ©Pictures Colour Library;
S. 3: ©iStockphoto.com/John Said;
S. 4–5: ©Pictures Colour Library;
S. 6 (großes Bild): ©iStockphoto.com/Amanda Lewis;
S. 7: ©Pictures Colour Library;
S. 9: ©Pictures Colour Library;
S. 15: ©Pictures Colour Library;
S.s 16–21: ©The Çatalhöyük Research Project/Jason Quinlan;
S. 23: ©iStockphoto.com/Jakub Sobczak;
S. 24: ©Robert Harding;
S. 27: ©iStockphoto.com/ Asli Orter;
S. 29: ©Nico Tondini/Robert Harding;
S. 31: ©Andrew George;
S. 32: ©iStockphoto.com/ John Said;
S. 35: ©Pictures Colour Library;
S. 37: ©iStockphoto.com/Dean Robertson;
S. 38: ©iStockphoto.com/Adrian Beesley;
S. 41: ©iStockphoto.com/Adrian Beesley;
S. 43: ©Pictures Colour Library;
S. 44: ©iStockphoto.com/Adrian Beesley;
S. 47: ©Pictures Colour Library;
S. 49: ©iStockphoto.com/Richard Cano;
S. 50–51: ©Michael Jenner/Robert Harding;
S. 53: ©iStockphoto.com/Adrian Beesley;
S.s 54–55: ©Pictures Colour Library;
S. 56: ©iStockphoto.com/Karen Moller;
S. 57: ©iStockphoto.com/Heather Faye Bath;
S. 59: ©iStockphoto.com/domin23;
S. 60–61: ©Christopher Rennie/Robert Harding;
S. 62: ©Pictures Colour Library;
S. 65: ©Cubo Images/Robert Harding;
S. 67: ©CGavin Hellier/Robert Harding;
S. 68–69: ©Marco Simoni/Robert Harding;
S. 73: ©iStockphoto.com/Marisa Allegra Williams;
S. 74–75: ©Tony Waltham/Robert Harding;
S. 76: ©iStockphoto.com/Danilo Ascione;
S. 77: ©iStockphoto.com/DHuss;
S. 78: ©iStockphoto.com/Danilo Ascione;
S. 81: ©iStockphoto.com/Paul Cowan;
S. 82–83: ©Pictures Colour Library;
S. 85: ©iStockphoto.com/Paul Cowan;
S. 87–91: ©Troels Myrup Kristensen;
S. 93: ©Sergio Pitamitz/Robert Harding;
S. 96–97: ©Pictures Colour Library;
S. 98: ©iStockphoto.com/Robert Kerton;
S. 101: ©Reza, Webistan/CORBIS;
S. 102–103: ©Pictures Colour Library;
S. 107: ©Andrew McConnell/Robert Harding;
S. 108–109: ©JJ Travel/Robert Harding;
S. 113: mit freundlicher Genehmigung von Alan Marshall;
S. 114–115: ©Pictures Colour Library;
S. 116: ©iStockphoto.com/Karen Moller;
S. 119: ©iStockphoto.com/Amanda Lewis;
S. 120–121: ©Pictures Colour Library;
S. 123: ©iStockphoto.com/Amanda Lewis;
S. 125: ©Pictures Colour Library;
S. 127 ©Robert Harding;
S. 132–133: ©Luca Tettoni/Robert Harding;
S. 134: ©Robert Harding;
S. 137: ©iStockphoto.com/Simon Gurney;
S. 138–139: ©Pictures Colour Library;
S. 145: ©The Yomiuri Shimbun;
S. 147: ©Rob Cousins/Robert Harding;
S. 148: ©Cahokia Mounds State Historic Site;
S. 149: ©Richard A. Cooke/Corbis;
S. 152-153: ©Michael S. Lewis/Corbis;
S. 155: ©iStockphoto.com/ Daniel Fiverson;
S. 156: ©iStockphoto.com/Daniel Fiverson;
S. 158: ©Walter Rawlings/Robert Harding;
S. 159: mit freundlicher Genehmigung von Alan Marshall;
S. 161: ©Charles & Josette Lenars/Corbis;
S. 165: ©iStockphoto.com/Valerie Loiseleux;
S. 166–167: ©Pictures Colour Library;
S. 169: ©iStockphoto.com/Luis Seco;
S. 171: ©Sybil Sassoon/Robert Harding;
S. 172: ©iStockphoto.com/Brian Raisbeck;
S. 175: ©iStockphoto.com/Tatiana Murcova;
S. 176–177: ©Christophe Boisvieux/Corbis;
S. 181: ©Pictures Colour Library;
S. 182–183: ©Christopher Rennie/Robert Harding;
S. 185: ©iStockphoto.com/Maxime Vige

Cahokia
Pueblos im Chaco Canyon
Tenochtitlán
Chichén Itzá
Tikal
Machu Picchu
Tiahuanaco